智慧景区开发与管理专业
国家级教学资源库
建设与应用研究

郎富平 ◎ 著

中国旅游出版社

项目策划：段向民
责任编辑：武　洋
责任印制：钱　宬
封面设计：武爱昕

图书在版编目（ＣＩＰ）数据

智慧景区开发与管理专业国家级教学资源库建设与应
用研究 / 郎富平著. -- 北京 ：中国旅游出版社，
2023.11
　　ISBN 978-7-5032-7236-3

　　Ⅰ．①智… Ⅱ．①郎… Ⅲ．①风景区－信息化建设－
教学研究 Ⅳ．①F590.6

中国国家版本馆CIP数据核字(2023)第225699号

书　　　名：智慧景区开发与管理专业国家级教学资源库建设与应用研究

作　　者：郎富平
出版发行：中国旅游出版社
　　　　　（北京静安东里 6 号　邮编：100028）
　　　　　http://www.cttp.net.cn　E-mail:cttp@mct.gov.cn
　　　　　营销中心电话：010-57377103，010-57377106
　　　　　读者服务部电话：010-57377107
排　　版：北京旅教文化传播有限公司
经　　销：全国各地新华书店
印　　刷：北京工商事务印刷有限公司
版　　次：2023 年 11 月第 1 版　2023 年 11 月第 1 次印刷
开　　本：720 毫米 ×970 毫米　1/16
印　　张：18.5
字　　数：269 千
定　　价：59.80 元
ＩＳＢＮ　978-7-5032-7236-3

前　言

　　2016年年底，浙江省教育厅正式公布浙江省高校"十三五"优势专业建设项目，浙江旅游职业学院景区开发与管理专业位列其中。2017年年初，浙江旅游职业学院正式启动了景区开发与管理专业教学资源库的建设工作。经过近两年的筹备，在全国旅游职业教育教学指导委员会和高等教育出版社高职事业部的大力支持下，分别于2018年12月底和2019年4月召开了资源库建设启动会与资源库建设研讨会。不仅联合成立了全国高等职业教育旅游大类在线开放课程联盟，还正式形成了由浙江旅游职业学院、太原旅游职业学院与云南旅游职业学院牵头的景区开发与管理专业教学资源库共建共享联盟。本人作为联盟副秘书长、智慧景区开发与管理专业教学资源库（以下简称智慧景区资源库）的执行负责人，主要职责就是充分利用智慧景区资源库建设、应用与推广的项目载体，积极促进旅游类职业院校快速实现在线开放课程的建设及专业、课程以及教材的数字化改造与升级工作，积极促进旅游类专业院校与教师的协同创新。功夫不负有心人，2019年11月，智慧景区资源库被正式列入教育部职业教育教学资源库建设项目，编号2019-17。

　　智慧景区资源库由浙江旅游职业学院、太原旅游职业学院、云南旅游职业学院联合主持，由郑州旅游职业学院等13所院校与蜗牛（北京）景区管理有限公司、上海华侨城投资发展有限公司等8家旅游景区相关企业联合申报。共建院校中，有 5 所国家示范性高职院校或国家重点职业院校、5 所省级示范性高职院校、2 所应用型本科院校；共建企业均为国内知名品牌企业，积极支持高等职业教育，与浙江旅游职业学院等共建院校联合成立了企业制学院或产业学院，联合开展了人才储备班、订单班培养或师徒制培养，联合成立了师资发展共同体，具有很强的示范合作效应与社会影响力。

智慧景区资源库自 2019 年 11 月正式立项以来，各项建设工作有条不紊地推进：2019 年 11 月 25 日召开了智慧景区资源库建设动员大会；2020 年 1 月，面对来势汹汹的疫情，智慧景区资源库积极响应国家"停课不停学"，利用 2 周时间迅速上线了 18 门各个院校急需的慕课；2020 年 2 月完成了 38 门标准化课程的建设方案及其课程标准的制（修）订；2020 年 7 月正式上报建设任务书与建设方案，通过腾讯会议形式，顺利召开全国高等职业教育旅游大类在线开放课程联盟师资培训班暨景区专业国家教学资源库建设与应用培训班；2020 年 10—11 月，成功举办了 2020 年智慧景区资源库教学系列比赛；2020 年 11 月，太原旅游职业学院牵头，举办全国高等职业教育旅游大类在线开放课程联盟师资培训班暨景区专业国家教学资源库建设与应用研讨会；2021 年 1 月，联合蜗牛（北京）景区管理有限公司成功举办全国景区接待服务与管理证书师资培训班；2021 年 4 月，联合海南经贸职业技术学院、高等教育出版社等单位，举办全国高等职业教育旅游大类"双高"专业群建设研讨会暨全国旅游大类专业群建设师资培训班；2021 年 5 月，联合太原旅游职业学院、云南旅游职业学院，举办智慧景区资源库验收启动大会；2021 年 7 月，智慧景区资源库 38 门标准化课程、38 门慕课全部上线，同时成功举办了全国旅游院校景区专业师资培训班；2021 年 9—10 月，成功举办了 2021 年智慧景区资源库教学系列比赛；2021 年 10 月，云南旅游职业学院牵头，成功举办了全国旅游大类教学创新团队师资培训班暨"岗课赛证"教学研讨会；2021 年 12 月，成功举办智慧景区资源库子项目课程验收暨教学技能演示会议。

智慧景区资源库积极打造了"一库、两馆、三中心、四基地"的系统架构，设计了一套智慧景区专业相关的标准体系，形成了旅游类基础通用课程、智慧景区专业核心课程、岗位技术方向与地方特色课程三个层次的课程模块。截至 2022 年 9 月 15 日，智慧景区资源库已经完成全部建设目标。其中，标准化课程 38 门，完成率达 100%；颗粒化素材资源 20460 个，完成率达 112.12%；注册用户 138652 个，完成率达 244.21%。

智慧景区资源库不仅促进了 14 所共建院校的专业建设、师资团队建设与"三教"改革，而且加强了院校与行业、协会、政府的深度融合。立项三年多来，共建单位取得了巨大的进步：首先，在专业层面，浙江旅游职业学院分别于 2017—2019 年和 2020—2022 年牵头制（修）订了智慧景区专业教学标准与配套课程标准体系；3 所共建院校相应 3 个文体旅游（二）团队入选教育部第二批职业教育国家级教师教学创新团队，其中浙江旅游职业学院智慧景区专业教师教学创新团队是主课题及协作共同体牵头单位；浙江旅游职业学院智慧景区专业入选国家级"双高"专业群重点专业；1 所学校入选教育部国家级职业教育集团——浙江旅游职业教育集团。其次，在课程与教材层面，6 门课程入选国家级精品在线开放课程、19 门课程入选各省级精品在线开放课程、2 门课程入选省级课程思政示范课程，3 本教材入选"十二五"和"十三五"职业教育国家规划教材、1 本教材入选"十四五"职业教育国家规划教材。再次，在教学改革层面，成功发表核心期刊论文 23 篇、立项省级及以上教改课题 44 项，其中浙江旅游职业学院依托智慧景区资源库的教改成果《技能迭代跨界融通：复合型导游人才培养模式的创新与实践》和《乡村出卷·高校答卷·六方联动：乡村旅游运营人才培养实践教学模式创新》均获省级教学成果一等奖，其中前者还获国家级教学成果奖二等奖。最后，在技能比赛方面，教师成功获得省级及以上教学技能比赛奖项 26 项，其中国家级奖项 11 项；学生成功获得省级及以上专业技能比赛奖项 119 项，其中国家级奖项 27 项。

智慧景区资源库虽然已经成功通过验收，但是这并不是终点，而是新时期职业教育新发展的新起点。因此，本人充分借助作为智慧景区资源库执行负责人的辛酸历程与心得体会，希冀基于系统剖析专业教学资源库建设的背景与意义、阐述专业教学资源库建设十多年的研究现状、存在问题及未来趋势，科学回顾与总结智慧景区资源库的建设历程与主要成效，重点通过数据中心的监测数据来剖析智慧景区资源库子项目课程存在的问题与原因，通过问卷调查与人物访谈等分析主要师生群体的行为特征及意愿，提出未来教学资源库迭代升级的对策措施，明确未来促进"三教"改革的路径。

本书由郎富平负责统筹设计框架及研究技术路线、调查问卷，负责前言、第一章、第三章、第六章、附录的撰写工作，并负责统稿与审核校对工作；刘婉昆负责第二章的撰写工作，袁子薇负责第四章的撰写工作，陈添珍负责第五章的撰写工作；邵雨薇负责致谢部分的撰写工作与全书的文字校对工作。本书的成稿还得到了王昆欣、王方、张卫等领导和老师的悉心指导，得到了侯玉鑫、王涵、邵雨薇、陈璐等同志在数据获取与分析方面的支持，一并表示感谢。希望此书能有利于助推专业数字化改造升级及学校"双高"建设、助推国家级教师教学创新团队建设，能为新一轮国家级教学资源库建设提供有益借鉴或参考。

郎富平

2023 年 8 月 1 日于华夏湖畔

目　录

1

第一章　项目研究的背景与意义

2010 年 5 月 5 日，国务院总理温家宝主持召开国务院常务会议，审议并通过《国家中长期教育改革和发展规划纲要（2010—2020 年）》，明确提出要"加强优质教育资源开发与应用"，加快教育信息化进程。2010 年 6 月 25 日，《教育部关于确定高等职业教育专业教学资源库 2010 年度立项建设项目的通知》（教高函〔2010〕9 号）正式确定立项了我国首批数控技术、汽车检测与维修、道路与桥梁工程技术、模具设计与制造、建筑工程技术、应用化工技术、物流管理、会计、护理、眼视光技术 10 个专业教学资源库。2019 年 11 月 8 日，《关于公布 2019 年第二批职业教育专业教学资源库立项建设项目名单的通知》（教职成司函〔2019〕100 号）又确定立项了 76 个专业教学资源库建设项目。至此，我国已经正式立项的国家级教学资源库已经达到了 203 个，覆盖了全国 19 个专业大类，吸引了 1385 所院校参与，新建了 13139 门标准化课程，参与教师 140 万、学生 2878 万[①]。确切地说，经过 10 余年的发展与积淀，专业教学资源库对我国职业教育尤其是高等职业教育的发展促进与影响是全天候的、全方位的。进入"十四五"规划以来，我国职业教育发展及国民经济发展迎来了新的伟大变革，又面临着新的伟大征程。党的二十大报告明确指出要实施科教兴国战略，要"统筹职业教育、高等教育、继续教育协同创新，推进职普融通、产教融合、科教融汇，优化职业教育类型定位"。因此，本章拟通过分析与解读近几年来职业教育发展的背景与趋势、文旅行业发展的背景与趋

[①]　数据引用自职业教育专业教学资源库项目管理与监测系统（http://zyk.ouchn.cn/portal/index）。

势，得出新时代职业教育专业教学资源库发展的背景与趋势，提出本项目研究的重要意义。

一、项目研究的相关背景与趋势

（一）职业教育发展的背景与趋势

1. 重视类型教育

随着我国综合国力的提升，尤其是伴随着国民经济与产业结构迅速转型升级，对高素质技术技能人才的需求快速增加。甚至可以说，在一定程度上，因缺乏一定数量与质量高素质技术技能人才的支撑，已经在一定程度上限制或阻碍了国民经济与产业结构的高质量发展。然后，受众所周知的原因和因素影响，我国职业教育发展的社会地位与作用，尤其是在社会大众的认知中依然"不受待见"或"低人一等"。为此，党中央、国务院审时度势，明确提出要提升职业教育的地位与作用，强调职业教育是与普通教育具有同等重要地位的教育类型，具体如表 1-1 所示。其中，2019 年国务院发布实施的《国家职业教育改革实施方案》首次提出了职业教育是一种类型教育的概念，引起了职业教育领域乃至全社会的积极反响；2022 年，职业教育作为一种教育类型，正式写入《中华人民共和国职业教育法》，正式明确了其地位与作用；尤其是2022 年 10 月，党的二十大报告中再次明确了要"优化职业教育类型定位"。可以预见的是，我国职业教育正在迎来高质量发展的新阶段，包括教学资源建设在内的转型升级要求也必然要求具有国际竞争力。

表 1-1　职业教育类型定位的相关表述摘录（部分）

序号	文件或政策名称	相关内容或摘要	备注
1	中华人民共和国职业教育法	职业教育是与普通教育具有同等重要地位的教育类型，是国民教育体系和人力资源开发的重要组成部分，是培养多样化人才、传承技术技能、促进就业创业的重要途径。	法律法规，2022 年 4 月审议修订
2	关于教育工作的表述	统筹职业教育、高等教育、继续教育协同创新，推进职普融通、产教融合、科教融汇，优化职业教育类型定位。	2022 年，党的二十大报告

续表

序号	文件或政策名称	相关内容或摘要	备注
3	关于深化现代职业教育体系建设改革的意见	以习近平新时代中国特色社会主义思想为指导，深入贯彻党的二十大精神，坚持和加强党对职业教育工作的全面领导，把推动现代职业教育高质量发展摆在更加突出的位置。	政策文件，中共中央办公厅、国务院办公厅，2022 年 12 月
4	关于加强新时代高技能人才队伍建设的意见	优化职业教育类型、院校布局和专业设置。	政策文件，中共中央办公厅、国务院办公厅，2022 年 10 月
5	关于推动现代职业教育高质量发展的意见	坚持党的领导，坚持正确办学方向，坚持立德树人，优化类型定位，深入推进育人方式、办学模式、管理体制、保障机制改革。 巩固职业教育类型定位。因地制宜、统筹推进职业教育与普通教育协调发展。加快建立"职教高考"制度，完善"文化素质＋职业技能"考试招生办法，加强省级统筹，确保公平公正。加强职业教育理论研究，及时总结中国特色职业教育办学规律和制度模式。	政策文件，中共中央办公厅、国务院办公厅，2021 年 10 月
6	国家职业教育改革实施方案	职业教育与普通教育是两种不同教育类型，具有同等重要地位。 随着我国进入新的发展阶段，产业升级和经济结构调整不断加快，各行各业对技术技能人才的需求越来越紧迫，职业教育重要地位和作用越来越凸显。……坚持以习近平新时代中国特色社会主义思想为指导，把职业教育摆在教育改革创新和经济社会发展中更加突出的位置。	政策文件，国务院，2019 年 1 月
7	职业教育提质培优行动计划（2020—2023 年）	坚持服务高质量发展、促进高水平就业的办学方向，坚持职业教育与普通教育不同类型、同等重要的战略定位	部委文件，教育部等九部门，2020 年 9 月

注：本表仅摘录了 2019 年至今部分有关职业教育的法律法规与政策文件，下同。

2. 重视职教体系

随着经济社会的快速发展，我国职业教育发展的协同性滞后现象已然凸显，尤其是当下普通高等教育扩招后引起的"产能过剩"以及社会大众对劳动教育甚至职业教育的认知不足，一定程度上阻碍了学习型社会的构建，也导致无法保证"人人时时处处"都能有效提升自己。为此，党中央、国务院高度重视，明确提出要建立现代职业教育体系，实现从职业启蒙教育、职业中等教育、职业高等教育到职业继续教育或职业终身教育的纵向贯通，同步实现各个层级的横向融通：一是职业启蒙教育需要普通中小学校与职业中等、高等教育来辅助实施；二是通过职业中考制度、高考制度的设计，实现普通中等教育与职业中等教育、普通高等教育与职业高等教育的相互融通；三是联合普通高等教育与职业高等教育，协同行业企业与社会机构等，共同推进职业继续教育或职业终身教育。如此构建的现代职业教育体系，也对教学资源库的转型升级提出了三个方面的要求：一是要充分利用研学旅行实践教育的契机与职业教育周等活动平台，增加面向中小学生职业启蒙教育的相关内容与课程；二是要充分考虑学生纵向贯通、横向融通发展的需要，尤其是要充分借鉴中高本一体化与中本衔接、专升本衔接的机制作用，增加课程的分层分类教育特征，提升课程的适用性；三是要充分考虑社会大众的职业继续教育或再就业需求，增加终身教育的课程内容（见表1-2）。

表 1-2　现代职业教育体系的相关表述摘录（部分）

序号	文件或政策名称	相关内容或摘要	备注
1	中华人民共和国职业教育法	国家建立健全适应经济社会发展需要，产教深度融合，职业学校教育和职业培训并重，职业教育与普通教育相互融通，不同层次职业教育有效贯通，服务全民终身学习的现代职业教育体系。	法律法规，2022年4月审议修订
2	关于教育工作的表述	统筹职业教育、高等教育、继续教育协同创新，推进职普融通、产教融合、科教融汇，优化职业教育类型定位。 推进教育数字化，建设全民终身学习的学习型社会、学习型大国。	2022年，党的二十大报告
3	关于深化现代职业教育体系建设改革的意见	以深化产教融合为重点，以推动职普融通为关键，以科教融汇为新方向。 统筹职业教育、高等教育、继续教育协同创新，有序有效推进现代职业教育体系建设改革。 建立现代职业教育体系建设部省协同推进机制，在职业学校关键能力建设、产教融合、职普融通、投入机制、制度创新、国际交流合作等方面改革突破。	政策文件，中共中央办公厅、国务院办公厅，2022年12月
4	关于加强新时代高技能人才队伍建设的意见	构建以行业企业为主体、职业学校（含技工院校）为基础、政府推动与社会支持相结合的高技能人才培养体系。	政策文件，中共中央办公厅、国务院办公厅，2022年10月

续表

序号	文件或政策名称	相关内容或摘要	备注
5	关于推动现代职业教育高质量发展的意见	加快构建现代职业教育体系，建设技能型社会。 推进不同层次职业教育纵向贯通。一体化设计职业教育人才培养体系，推动各层次职业教育专业设置、培养目标、课程体系、培养方案衔接，支持在培养周期长、技能要求高的专业领域实施长学制培养。 促进不同类型教育横向融通。加强各学段普通教育与职业教育渗透融通，在普通中小学实施职业启蒙教育，培养掌握技能的兴趣爱好和职业生涯规划的意识能力。……制定国家资历框架，建设职业教育国家学分银行，实现各类学习成果的认证、积累和转换，加快构建服务全民终身学习的教育体系。	政策文件，中共中央办公厅、国务院办公厅，2021年10月
6	国家职业教育改革实施方案	将标准化建设作为统领职业教育发展的突破口，完善职业教育体系，为服务现代制造业、现代服务业、现代农业发展和职业教育现代化提供制度保障与人才支持。 鼓励中等职业学校联合中小学开展劳动和职业启蒙教育，将动手实践内容纳入中小学相关课程和学生综合素质评价。加强社区教育和终身学习服务。 有序开展学历证书和职业技能等级证书所体现的学习成果的认定、积累和转换，为技术技能人才持续成长拓宽通道。	政策文件，国务院，2019年1月
7	深化新时代教育评价改革总体方案	深化职普融通，探索具有中国特色的高层次学徒制，完善与职业教育发展相适应的学位授予标准和评价机制。	政策文件，中共中央、国务院，2020年10月
8	职业教育提质培优行动计划（2020—2023年）	着力夯实基础、补齐短板，着力深化改革、激发活力，加快构建纵向贯通、横向融通的中国特色现代职业教育体系，大幅提升新时代职业教育现代化水平和服务能力。 推进国家资历框架建设，建立各级各类教育培训学习成果认定、积累和转换机制。	部委文件，教育部等九部门，2020年9月

3. 重视育训并举

目前，国内职业院校开展学历教育和职业培训"坡脚"现象普遍存在。究其原因，从浅层次来看，是学校和教师的主动性不高、课程及资源不足、针对性和适用性不够、教师实践教学能力不强或行业技术水平不高等问题；从深层次来看，是职业院校的办学机制或经费来源与教师来源单一造成的，是教师教学创新团队建设不足或教师尚未达到真正的"双师"水平，也就直接导致了教师的主动性不高或意愿性不强，并进一步导致了课程与资源建设的不足乃至适应性不够等问题。目前，国内教学资源库建设实际上也相对普遍存在类似的问题。虽然明确要求企业参与教学资源库建设并投入相应的资金或设施设备，但是实际上企业用户只有学生用户的1.63%[①]，说明当前教学资源库建设在育训并举方面依然有很大的改进空间。因此，自党的十九大以来，国家各类相关政策文件均特别重视职业院校学历教育与职业培训协同发展的问题（具体如表1-3所示），尤其是2019年国务院《国家职业教育改革实施方案》和2022年《中华人民共和国职业教育法》均明确了职业院校要育训并举。

表1-3 育训并举的相关表述摘录（部分）

序号	文件或政策名称	相关内容或摘要	备注
1	中华人民共和国职业教育法	职业教育，是指为了培养高素质技术技能人才，使受教育者具备从事某种职业或者实现职业发展所需要的职业道德、科学文化与专业知识、技术技能等职业综合素质和行动能力而实施的教育，包括职业学校教育和职业培训。 职业培训包括就业前培训、在职培训、再就业培训及其他职业性培训……职业培训可以由相应的职业培训机构、职业学校实施。	法律法规，2022年4月审议修订
2	中华人民共和国就业促进法	国家依法发展职业教育，鼓励开展职业培训，促进劳动者提高职业技能，增强就业能力和创业能力。	法律法规，2015年4月审议修订
3	关于教育工作的表述	推进教育数字化，建设全民终身学习的学习型社会、学习型大国。	2022年，党的二十大报告
4	关于深化现代职业教育体系建设改革的意见	面向新业态、新职业、新岗位，广泛开展技术技能培训，服务全民终身学习和技能型社会建设。 健全公共职业技能培训体系，实施职业技能培训共建共享行动，开展县域职业技能培训共建共享试点。	政策文件，中共中央办公厅、国务院办公厅，2022年12月
5	关于加强新时代高技能人才队伍建设的意见	支持办好面向农村的职业教育，强化校地合作、育训结合，加快培养乡村振兴人才，鼓励更多农民、返乡农民工接受职业教育。	政策文件，中共中央办公厅、国务院办公厅，2022年10月

[①] 数据引用自职业教育专业教学资源库项目管理与监测系统（http://zyk.ouchn.cn/portal/index）。

续表

序号	文件或政策名称	相关内容或摘要	备注
6	国家职业教育改革实施方案	完善学历教育与培训并重的现代职业教育体系，畅通技术技能人才成长渠道。落实职业院校实施学历教育与培训并举的法定职责，按照育训结合、长短结合、内外结合的要求，面向在校学生和全体社会成员开展职业培训。	政策文件，国务院，2019年1月
7	关于深化产教融合的若干意见	创新教育培训方式，鼓励企业向职业学校、高等学校和培训机构购买培训服务。支持有条件的社会组织整合校企资源，开发立体化、可选择的产业技术课程和职业培训包。	政策文件，国务院办公厅，2017年12月
8	深化新时代教育评价改革总体方案	重点评价职业学校（含技工院校）德技并修、产教融合、校企合作、育训结合、学生获取职业资格或职业技能等级证书、毕业生就业质量、"双师型"教师（含技工院校"一体化"教师）队伍建设等情况，扩大行业企业参与评价，引导培养高素质劳动者和技术技能人才。加大职业培训、服务区域和行业的评价权重，将承担职业培训情况作为核定职业学校教师绩效工资总量的重要依据，推动健全终身职业技能培训制度。	政策文件，中共中央、国务院，2020年10月
9	职业院校全面开展职业培训促进就业创业行动计划	充分发挥职业教育资源优势，以健全政行企校多方协同的培训机制为突破口，增强院校和教师主动性，调动参训人员积极性，面向全体劳动者特别是重点人群及技术技能人才紧缺领域开展大规模、高质量的职业培训，加快形成学历教育与培训并举的办学格局，为实现更高质量和更充分就业提供有力支持。积极开展面向重点人群的就业创业培训。	部委文件，教育部办公厅等十四部门，2019年10月
10	职业教育提质培优行动计划（2020—2023年）	落实职业学校并举实施学历教育与培训的法定职责，按照育训结合、长短结合、内外结合的要求，面向在校学生和全体社会成员开展职业培训。支持职业学校承担更多培训任务……实现优质职业学校年培训人次达到在校生规模的2倍以上。面向在职员工、现役军人、退役军人、进城务工人员、转岗人员、城镇化进程中的新市民、城乡待业人员、残疾人、农村实用人才等社会群体开展多种形式的继续教育。	部委文件，教育部等七部门，2020年9月
11	"十四五"职业技能培训规划	坚持共建共享、协同发力。加强对职业技能培训资源的统筹利用，发挥公共实训基地和职业院校（含技工院校）等功能作用，鼓励支持龙头企业、社会资源依法参与职业技能培训，推动共建共享，形成工作合力。充分发挥职业院校培训资源优势，提升培训规范化、专业化水平。实施院校职业技能培训行动，动员和支持各类职业院校积极开展职业培训，推行"学历证书+职业技能等级证书"制度。	部委文件，人社部等四部门，2021年12月

4. 重视产教融合

与普通教育的区别是，职业教育姓"职"，具有天然的行业依托性或行业本质特征。然而，我国职业教育的职业属性或行业特征依然不够鲜明，这在前述重视职教体系、重视育训并举中已有简单说明，即除了职业院校办学机制与经费来源单一与教师"双师"能力不足的因素以外，职业院校的招生与企业招工脱离、学生毕业要求与企业招聘要求脱离、院校教育的相对公开性、公益性与企业的私立性或商业性脱离等问题，使得校企合作在体制、机制上依然有待寻求突破。为此，党的十八大以来，国家特别重视包括职业院校在内的校企合作工作，出台了系列规章制度与政策文件（具体见表1-4），产教融合已经成为现代职业教育的核心动力与重要组成部分。事实上，目前国内已有部分大型头部企业集团或国有企业开始关注并致力于开展深度校企合作或产教融合，如何解决财务风险、规避商业机密或知识产权泄露是必须要解决的两道难题。因此，未来教学资源库转型升级过程中，要在原有行业企业共建的基础之上，既要秉承育训并举的理念，充分借助行业头部企业集团或国有企业脱敏后的培训资源、技术标准等资源，充实教学资源与素材，又要创新教学资源库的资源认证与交易机制，有效彰显企业的投入价值。

表 1-4　职业教育产教融合的相关表述摘录（部分）

序号	文件或政策名称	相关内容或摘要	备注
1	中华人民共和国职业教育法	国家鼓励发展多种层次和形式的职业教育，推进多元办学，支持社会力量广泛、平等参与职业教育。国家发挥企业的重要办学主体作用，推动企业深度参与职业教育，鼓励企业举办高质量职业教育。 职业学校、职业培训机构实施职业教育应当注重产教融合，实行校企合作。	法律法规，2022年4月审议修订
2	中华人民共和国就业促进法	职业院校、职业技能培训机构与企业应当密切联系，实行产教结合，为经济建设服务，培养实用人才和熟练劳动者。	法律法规，2015年4月审议修订
3	关于教育工作的表述	统筹职业教育、高等教育、继续教育协同创新，推进职普融通、产教融合、科教融汇，优化职业教育类型定位。	2022年，党的二十大报告

序号	文件或政策名称	相关内容或摘要	备注
4	关于深化现代职业教育体系建设改革的意见	以深化产教融合为重点，以推动职普融通为关键，以科教融汇为新方向。 打造市域产教联合体。省级政府以产业园区为基础，打造兼具人才培养、创新创业、促进产业经济高质量发展功能的市域产教联合体。……有效推动各类主体深度参与职业学校专业规划、人才培养规格确定、课程开发、师资队伍建设，共商培养方案、共组教学团队、共建教学资源，共同实施学业考核评价。 组建学校、科研机构、上下游企业等共同参与的跨区域产教融合共同体，汇聚产教资源，制定教学评价标准。 对标产业发展前沿，建设集实践教学、社会培训、真实生产和技术服务功能为一体的开放型区域产教融合实践中心。	政策文件，中共中央办公厅、国务院办公厅，2022年12月
5	关于加强新时代高技能人才队伍建设的意见	探索中国特色学徒制。深化产教融合、校企合作，开展订单式培养、套餐制培训，创新校企双制、校中厂、厂中校等方式。	政策文件，中共中央办公厅、国务院办公厅，2022年10月
6	关于推动现代职业教育高质量发展的意见	坚持产教融合、校企合作，推动形成产教良性互动、校企优势互补的发展格局。 支持办好面向农村的职业教育，强化校地合作、育训结合，加快培养乡村振兴人才，鼓励更多农民、返乡农民工接受职业教育。 协同推进产教深度融合。各级政府要统筹职业教育和人力资源开发的规模、结构和层次，将产教融合列入经济社会发展规划。 拓展校企合作形式内容。职业学校要主动吸纳行业龙头企业深度参与职业教育专业规划、课程设置、教材开发、教学设计、教学实施，合作共建新专业、开发新课程、开展订单培养。	政策文件，中共中央办公厅、国务院办公厅，2021年10月
7	国家职业教育改革实施方案	深化产教融合、校企合作，育训结合，健全多元化办学格局，推动企业深度参与协同育人，扶持鼓励企业和社会力量参与举办各类职业教育。 职业院校应当根据自身特点和人才培养需要，主动与具备条件的企业在人才培养、技术创新、就业创业、社会服务、文化传承等方面开展合作。	政策文件，国务院，2019年1月
8	关于深化产教融合的若干意见	统筹协调，共同推进。将产教融合作为促进经济社会协调发展的重要举措，融入经济转型升级各环节，贯穿人才开发全过程，形成政府、企业、学校、行业、社会协同推进的工作格局。 校企协同，合作育人。充分调动企业参与产教融合的积极性和主动性，强化政策引导，鼓励先行先试，促进供需对接和流程再造，构建校企合作长效机制。 坚持职业教育校企合作、工学结合的办学制度，推进职业学校和企业联盟、与行业联合、同园区联结。	政策文件，国务院办公厅，2017年12月

序号	文件或政策名称	相关内容或摘要	备注
9	深化新时代教育评价改革总体方案	重点评价职业学校（含技工院校）德技并修、产教融合、校企合作、育训结合、学生获取职业资格或职业技能等级证书、毕业生就业质量、"双师型"教师（含技工院校"一体化"教师）队伍建设等情况，扩大行业企业参与评价，引导培养高素质劳动者和技术技能人才。	政策文件，中共中央、国务院，2020年10月
10	职业院校全面开展职业培训促进就业创业行动计划	鼓励职业院校联合行业组织、大型企业组建职工培训集团，发挥各方资源优势，共同开展补贴性培训、中小微企业职工培训和市场化社会培训。支持职业院校与企业合作共建企业大学、职工培训中心、继续教育基地。	部委文件，教育部办公厅等十四部门，2019年10月
11	职业教育提质培优行动计划（2020—2023年）	支持职业学校根据自身特点和人才培养需要，主动与具备条件的企业在人才培养培训、技术创新、就业创业、社会服务、文化传承等方面开展合作。 实施新一周期"全国职业院校教师素质提高计划"，校企共建"双师型"教师（含技工院校"一体化"教师）培养培训基地和教师企业实践基地，落实5年一轮的教师全员培训制度。探索有条件的优质高职学校转型为职业技术师范类院校或开办职业技术师范专业，支持高水平工科院校分专业领域培养职业教育师资，构建"双师型"教师培养体系。	部委文件，教育部等九部门，2020年9月
12	"十四五"职业技能培训规划	鼓励各类企业特别是规模以上企业建立职工培训中心、网络学习平台、职业院校，开展职工培训。积极建设培育一批产训结合型企业，鼓励企业设立高技能人才培训基地和技能大师工作室。	部委文件，人社部等四部门，2021年12月

5. 重视师资队伍

唐代韩愈指出："师者，所以传道授业解惑也。"因此，教师既承担着传播知识、传播思想、传播真理的历史使命，又肩负着塑造灵魂、塑造生命、塑造人才的时代重任，是教育发展的第一资源，是国家富强、民族振兴、人民幸福的重要基石。党的二十大报告明确指出"必须坚持科技是第一生产力、人才是第一资源、创新是第一动力"，那么教师及其所在的院校就是人才培养的基石与摇篮。为此，党和国家历来高度重视教师工作（具体如表1-5所示），积极推动新时代教师队伍建设，力推教师能力评价体系改革，重视职业教育教师队伍建设。尤其是2019年启动第一批职业教育国家级教师教学创新团队以来，职业教育师资队伍建设成为各个学校建设的重点与核心，更是职业本科教育试点建设的重要内容之一。除了传统的师资结构优化与专业能力提升以外，职业教育师资队伍建设更加重视师德师风建设、更加重视"双师"能力培养、更加重视"三教"改革、更加重视产教融合与企业实践。因此，未来专业教学资源库也应重视对教师群体的培训带动作用，通过夯实专业园地建设、专业标准体系建设、课程设计与应用实践、企业案例与实践等模块教学资源的设计，更好地满足教师综合素质与能力的提升。

表 1-5　职业教育师资队伍的相关表述摘录（部分）

序号	文件或政策名称	相关内容或摘要	备注
1	中华人民共和国职业教育法	国家建立健全职业教育教师培养培训体系。国家建立健全符合职业教育特点和发展要求的职业学校教师岗位设置和职务（职称）评聘制度。	法律法规，2022年4月审议修订
2	关于教育工作的表述	加强师德师风建设，培养高素质教师队伍，弘扬尊师重教社会风尚。	党的二十大报告，2022年
3	关于深化现代职业教育体系建设改革的意见	依托龙头企业和高水平高等学校建设一批国家级职业教育"双师型"教师培养培训基地，开发职业教育师资培养课程体系，开展定制化、个性化培养培训。	政策文件，中共中央办公厅、国务院办公厅，2022年12月
4	关于推动现代职业教育高质量发展的意见	继续实施职业院校教师素质提高计划。	政策文件，中共中央办公厅、国务院办公厅，2021年10月
5	国家职业教育改革实施方案	实施职业院校教师素质提高计划，建立100个"双师型"教师培养培训基地，职业院校、应用型本科高校教师每年至少1个月在企业或实训基地实训，落实教师5年一周期的全员轮训制度。探索组建高水平、结构化教师教学创新团队，教师分工协作进行模块化教学。定期组织选派职业校专业骨干教师赴国外研修访学。	政策文件，国务院，2019年1月
6	关于深化产教融合的若干意见	加强产教融合师资队伍建设。支持企业技术和管理人才到学校任教，鼓励有条件的地方探索产业教师（导师）特设岗位计划。探索符合职业教育和应用型高校特点的教师资格标准和专业技术职务（职称）评聘办法。允许职业学校和高等学校依法依规自主聘请兼职教师和确定兼职报酬。推动职业学校、应用型本科高校与大中型企业合作建设"双师型"教师培养培训基地。完善职业学校和高等学校教师实践假期制度，支持在职教师定期到企业实践锻炼。	政策文件，国务院办公厅，2017年12月

续表

序号	文件或政策名称	相关内容或摘要	备注
7	关于全面深化新时代教师队伍建设改革的意见	全面提高职业院校教师质量，建设一支高素质双师型的教师队伍。继续实施职业院校教师素质提高计划，引领带动各地建立一支技艺精湛、专兼结合的双师型教师队伍。	政策文件，中共中央、国务院，2018年1月
8	深化新时代教育评价改革总体方案	重点评价职业学校（含技工院校）德技并修、产教融合、"双师型"教师（含技工院校"一体化"教师）队伍建设等情况。	政策文件，中共中央、国务院，2020年10月
9	深化新时代职业教育"双师型"教师队伍建设改革实施方案	分年度、分批次、分专业遴选建设360个国家级职业教育教师教学创新团队，全面提升教师开展教学、培训和评价的能力以及团队协作能力，为提高复合型技术技能人才培养培训质量提供强有力的师资保证。把国家职业标准、国家教学标准、1+X证书制度和相关标准等纳入教师培训的必修模块。……健全完善职业教育师资培养培训体系，推进"双师型"教师培养培训基地在教师培养培训、团队建设、科研教研、资源开发等方面提供支撑和服务。	部委文件，教育部等四部门，2019年8月
10	职业院校全面开展职业培训促进就业创业行动计划	落实好职业院校教师定期到企业实践制度，鼓励教师参与企业培训、技术研发等活动，提升实践教学能力。充分利用学校实习实训基地、产教融合型企业等，对专业教师进行针对性培训，培养一大批适应"双岗"需要的教师，使教师能驾驭学校、企业"两个讲台"。健全职业院校自主聘任企业兼职教师制度。鼓励职业院校聘请劳动模范、能工巧匠、企业技术人才、高技能人才等担任兼职教师，承担培训任务。	部委文件，教育部办公厅等十四部门，2019年10月
11	职业教育提质培优行动计划（2020—2023年）	引导职业学校开展信息化全员培训，提升教师和管理人员的信息化能力。统筹利用现有资源，实施"职业院校教师教学创新团队境外培训计划"，选派一大批专业带头人和骨干教师出国研修访学。	部委文件，教育部等九部门，2020年9月

6. 重视数字改革

自2020年教育部启动新一轮职业教育专业目录修订工作以来，如何紧跟行业的数字化发展新态势，如何紧扣行业的标准化发展新要求，如何紧抓行业的创新化发展新工艺，已经成为当前职业教育发展的首要任务。据此，2021年教育部又紧跟着推动了新一轮职业教育专业简介与专业教学标准的制（修）订工作，其主要目的就是更好地指导各个职业院校推进专业的数字化改造与升级。值得注意的是，专业的数字化改造升级，其核心与本质是课程的数字化改造升级，最终是教师队伍的数字化发展意识、能力及"三教"改革的实施能力。在这个过程中，教学资源库恰恰是专业、课程、教师等各个层面数字化改造与升级的重要载体，尤其是教师开展"三教"改革的重要平台与"战场"。为此，党和国家的各项政策文件也特别重视数字化改造与职业教育的教学改革与创新（具体如表1-6所示）。因此，未来教学资源库既要根据行业发展新标准、新工艺、新技术以及新的专业简介、专业教学标准、专业课程标准进行相应的改造与升级，又要强化数字化、系统化的教学与管理思维促进"三教"改革走深走实。

表 1-6 职业教育数字化发展与教学改革的相关表述摘录（部分）

序号	文件或政策名称	相关内容或摘要	备注
1	中华人民共和国职业教育法	支持运用信息技术和其他现代化教学方式，开发职业教育网络课程等学习资源，创新教学方式和学校管理方式，推动职业教育信息化建设与融合应用。	法律法规，2022年4月审议修订
2	关于教育工作的表述	推进教育数字化，建设全民终身学习的学习型社会、学习型大国。	2022年，党的二十大报告
3	关于深化现代职业教育体系建设改革的意见	做大做强国家职业教育智慧教育平台，建设职业教育专业教学资源库、精品在线开放课程、虚拟仿真实训基地等重点项目，扩大优质资源共享，推动教育教学与评价方式变革。	政策文件，中共中央办公厅、国务院办公厅，2022年12月
4	关于加强新时代高技能人才队伍建设的意见	围绕建设网络强国、数字中国，实施提升全民数字素养与技能行动，建立一批数字技能人才培养试验区，打造一批数字素养与技能提升培训基地，举办全民数字素养与技能提升活动，实施数字教育培训资源开放共享行动。加快探索"互联网＋职业技能培训"，构建线上线下相结合的培训模式。	政策文件，中共中央办公厅、国务院办公厅，2022年10月
5	关于推动现代职业教育高质量发展的意见	创新教学模式与方法。……普遍开展项目教学、情境教学、模块化教学，推动现代信息技术与教育教学深度融合，提高课堂教学质量。全面实施弹性学习和学分制管理，支持学生积极参加社会实践、创新创业、竞赛活动。办好全国职业院校技能大赛。改进教学内容与教材。完善"岗课赛证"综合育人机制，开发模块化、系统化的实训课程体系。深入实施职业技能等级证书制度……及时更新教学标准，将新技术、新工艺、新规范、典型生产案例及时纳入教学内容。	政策文件，中共中央办公厅、国务院办公厅，2021年10月

续表

序号	文件或政策名称	相关内容或摘要	备注
6	国家职业教育改革实施方案	实施教师和校长专业标准，提升职业院校教学管理和教学实践能力。持续更新并推进专业目录、专业教学标准、课程标准、顶岗实习标准、实训条件建设标准（仪器设备配备规范）建设和在职业院校落地实施。 健全专业教学资源库，建立共建共享平台的资源认证标准和交易机制，进一步扩大优质资源覆盖面。遴选认定一大批职业教育在线精品课程，建设一大批校企"双元"合作开发的国家规划教材，倡导使用新型活页式、工作手册式教材并配套开发信息化资源。……适应"互联网＋职业教育"发展需求，运用现代信息技术改进教学方式方法，推进虚拟工厂等网络学习空间建设和普遍应用。	政策文件，国务院，2019年1月
7	关于深化产教融合的若干意见	深化"引企入教"改革。支持引导企业深度参与职业学校、高等学校教育教学改革，多种方式参与学校专业规划、教材开发、教学设计、课程设置、实习实训，促进企业需求融入人才培养环节。 鼓励教育培训机构、行业企业联合开发优质教育资源，大力支持"互联网＋教育培训"发展。	政策文件，国务院办公厅，2017年12月
8	关于全面深化新时代教师队伍建设改革的意见	开展中小学教师全员培训，促进教师终身学习和专业发展。转变培训方式，推动信息技术与教师培训的有机融合，实行线上线下相结合的混合式研修。	政策文件，中共中央、国务院，2018年1月
9	职业学校校企合作促进办法	推进信息技术与教学有机融合。适应"互联网＋职业教育"新要求，全面提升教师信息技术应用能力，推动大数据、人工智能、虚拟现实等现代信息技术在教育教学中的广泛应用，积极推动教师角色的转变和教育理念、教学观念、教学内容、教学方法以及教学评价等方面的改革。加快建设智能化教学支持环境，建设能够满足多样化需求的课程资源，创新服务供给模式，服务学生终身学习。	部委文件，教育部等六部门，2018年2月
10	深化新时代职业教育"双师型"教师队伍建设改革实施方案	各地各校对接本区域重点专业集群，促进教学过程、教学内容、教学模式改革创新，实施团队合作的教学组织新方式、行动导向的模块化教学新模式。 全面提升教师信息化教学能力，促进信息技术与教育教学融合创新发展。	部委文件，教育部等四部门，2019年8月

序号	文件或政策名称	相关内容或摘要	备注
11	职业院校全面开展职业培训促进就业创业行动计划	通过开展现代学徒制、职业技能竞赛、在线学习等方式，促进企业职工岗位技术技能水平提升。 积极开发微课、慕课、VR（虚拟现实技术）等数字化培训资源，完善专业教学资源库，进一步扩大优质资源覆盖面。要加强大数据技术的应用，多渠道整合培训资源，鼓励共建共享。突出"短平快"等特点，探索推行"互联网＋培训"模式，通过智慧课堂、移动 App（应用程序）、线上线下相结合等，开展碎片化、灵活性、实时性培训。	部委文件，教育部办公厅等十四部门，2019 年 10 月
12	职业教育提质培优行动计划（2020—2023 年）	根据职业学校学生特点创新教材形态，推行科学严谨、深入浅出、图文并茂、形式多样的活页式、工作手册式、融媒体教材。 加强课堂教学日常管理，规范教学秩序。推动职业学校"课堂革命"，适应生源多样化特点，将课程教学改革推向纵深。……鼓励教师团队对接职业标准和工作过程，探索分工协作的模块化教学组织方式。 主动适应科技革命和产业革命要求，以"信息技术＋"升级传统专业，及时发展数字经济催生的新兴专业。鼓励职业学校利用现代信息技术推动人才培养模式改革，满足学生的多样化学习需求，大力推进"互联网＋""智能＋"教育新形态，推动教育教学变革创新。探索建设政府引导、市场参与的职业教育资源共建共享机制，服务课程开发、教学设计、教学实施、教学评价。建立健全共建共享的资源认证标准和交易机制，推进国家、省、校三级专业教学资源库建设应用，进一步扩大优质资源覆盖面。……分级遴选 5000 门左右职业教育在线精品课程。	部委文件，教育部等九部门，2020 年 9 月
13	"十四五"职业技能培训规划	探索"互联网＋""智能＋"培训新形态，推动培训方式变革创新。 鼓励各地依托企业、高等学校、职业院校、社会培训机构的数字职业技能培训资源，推进培训资源库开发应用，支持职业技能线上培训平台建设。加速推进规范化管理，形成线上培训平台审核、评价与退出机制，探索开展"互联网＋职业技能培训"。 适应数字经济发展，加快培养全民数字技能，实现信息服务全覆盖。加大人工智能、云计算、大数据、数字营销等新技术培训力度。	部委文件，人社部等四部门，2021 年 12 月

（二）文旅行业发展的背景与趋势

1. 文旅深度融合是主流发展方向

2018 年年初，国务院正式组建文化和旅游部，主要负责文化事业、文化产业和旅游业的发展。自此开始，我国文化和旅游融合进入了快车道。事实上，旅游作为人民群众日常生活中的重要组成部分，与文化具有天然的伴生性或相容性。党的二十大报告明确指出，要"坚持以文塑旅、以旅彰文，推进文化和旅游深度融合发展"，助力中华优秀传统文化的创造性转化和创新性发展，不仅在国内要满足人民群众对美好生活的向往，实现物质精神双富裕、双满足，而且在国际上要助力"加快构建中国话语和中国叙事体系，讲好中国故事、传播好中国声音，展现可信、可爱、可敬的中国形象"，最终助力实现"文化自信"。因此，旅游类专业教学资源库，也要紧跟国家战略步伐与"一带一路"倡议，站在国际视野与需求，强化课程思政，既要服务中国游客、中国旅游企业走出去，又要协助地方文旅产业发展、文化交流，更要助力中国树立良好窗口形象与话语体系。

2. 数字改造升级是主要迭代动力

随着现代信息技术的发展，尤其是 5G 技术、物联网技术、AR/VR/XR 等技术的发展，对全球各个行业与人类生活都形成了很大的影响，文旅行业也不例外。尤其是受到历经三年新冠感染疫情的"催化"与"加速"作用，使得数字化与智慧化设施设备快速得到行业的应用与实践，也涌现了一批新技术、新规范、新工艺及新标准。具体而言，主要体现在四个方面：一是智慧旅游接待服务流程的优化。随着现代数字化技术的应用，旅游企业在面向游客接待服务过程中，无论是游前的咨询、决策、预约，游中的接待与各个环节消费，还是游后的总结与评价，都可以实现全天候自主或自助服务，也可以借助机器人或智能设备完成。二是智慧旅游市场营销的精准化。随着物联网技术与大数据分析技术的快速发展，各类手机 App 等软件的算法技术应用越来越熟练，使得游客的各类行为不断被标签化，游客画像已经越来越清晰，就可以使得旅游市场营销的渠道、内容、手段都能实现精准推送并促成精准售卖。三是智慧旅游企业运营管理的高效化。在传统 OA 办公系统自动化的基础上，融合各类安全监控与应急管理系统、资源环境监测系统、游客流量管理、财务管理系统与预约销售系统等，使得旅游企业能够在运营管理方面更加高效。四是智慧旅游产品体验消费的沉浸化。现代信息技术与设施设备的加持，使得游客在"食、住、行、游、购、娱"等各个产业要素中都得到了全新的蝶变，尤其是娱乐活动的设计与数字购物藏品的出现，极大地丰富了游客的感官体验。因此，未来专业教学资源库应紧紧围绕这四个方面，尽快丰富与完善新的课程体系及其课程标准体系、实践实训体系并融入素材资源的建设。

3. 跨界综合发展是主要功能导向

文化和旅游产业发展已经进入目的地发展或综合发展时代，即人民群众的文旅消费需求或目标并不明确或并不单一，也就是说文旅消费需求已经越来越泛化，使得传统旅游企业或业态的相互融合或功能也越来越多元化。比如，旅游景区开始通过配备住宿、餐饮、娱乐、演艺等设施或产品，使得其岗位群更加丰富多元，同样要求岗位从业人员掌握更多的技能技巧；又如，在研学旅行快速崛起的当下，各个旅行社、旅游景区、酒店、民宿、会务公司乃至培训机构，都在开展相关的研学业务，使得旅游行业内部的共性岗位或关联性岗位也越来越多。因此，未来旅游类专业教学资源库建设过程中，一方面可以坚持大旅游发展思路，突出专业群协同发展的理念，便于未来相关院校专业或行业企业自选教学或培训模块；另一方面是应强化旅游行业企业内相关共性课程与岗位群培训课程的建设，包括但不限于旅游职业礼仪、旅游市场营销、人力资源管理、新媒体运营、研学课程设计与实施，等等。

（三）教学资源库发展的背景与趋势

1. 教学资源库是职业教育发展的重要现实基础

启动于 2010 年的教学资源库项目，是中国乃至全世界职业教育发展史上的一个奇迹，其发展速度快、影响范围广、覆盖人群多、综合效益大。因此，无论未来中国职业教育如何发展，都离不开过去 12 年教学资源库建设发展所做出的重大贡献：一是真正打造了一批优质的高水平专业群或专业（方向）；二是真正培育了一批集精品在线课程、职业教育规划教材、课程思政示范课、教学能力大赛乃至教学成果奖于一体的教学名师、名匠；三是真正促成了一批示范性校企、校政、校协以及校校合作的典范，为后续促进校企深度融合、打造教师教学创新团队及协作共同体奠定了基础。

2. 教学资源库是职业教育发展的改革创新载体

假如用一个积木零件来比喻素材资源，那么一个特定的积木组合就是一个技能模块，一个成品玩具就是一个标准化课程，而教学资源库又是由多个标准化课程组成的玩具库。对于使用者而言，既可以直接引用标准化课程，又可以根据自身学习、教学或者培训等不同使用目的，设计相应的个性化课程或微课。目前，绝大部分教学资源库的共建单位，都能非常有效地利用教学资源库的海量素材资源，积极推进职业教育的"三教"改革：首先是真正形成了一批好教材，其中包括最早的一批新形态教材、工作手册式教材、培训教材以及数字课程（教材）等，大部分脱胎于教学资源库；其次是积极探索线上线下混合式教学改革与实践，共建院校共同开展课程标准共同研制、课程素材共同制作、课程题库共同制作、课程考核共同实施等改革实践，均取得了较好的成效；最后是真正培养了一批"双师型"教师或骨干教师。因此，教学资源库现在是未来也必然是职业教育改革创新的重要载体。

3. 教学资源库是职业教育发展的产教融合平台

教学资源库从谋划立项开始，就特别注重校企合作。合作内容可以涉及共同研判需求、共同制作标准、共同制作素材、共同开展应用、共同宣传推广，等等，尤其是教学资源库是需要企业投入相应的人力与财力，并最终能反馈给企业，如提供给企业培训包等。比如，智慧景区资源库在谋划立项之初，就已联合已有深度合作的单位，在既有合作的基础上，共同筹集资金来调研需求、购买设备、制作素材、编写教材、宣传推广、培训办班等，真正全面拓宽了校企合作范围，稳步推进了校企合作深度，为后续开展深度产教融合奠定了比较有利的基础条件。

4. 教学资源库是职业教育发展的社会价值窗口

首先，通过教学资源库的建设，真正体现了优质院校与骨干专业的先进性、示范性与辐射性，尤其是对中西部院校的帮助及对新成立相关专业的院校帮助都是极大的。其次，2020 年年初的新冠感染疫情肆虐全球，各个专业教学资源库积极响应教育部"停课不停学"的号召，快速组织相应力量，积极帮扶各个院校开设相应的课程，便于同类院校组织开设网课。再次，各个专业教学资源库在服务"百万扩招"过程中也是功不可没，对助力相关院校扩招专业实施"线上＋线下"的混合式教学起到了不可替代的作用。最后，各个专业教学资源库均从各自专业角度积极服务国家相关战略，如智慧景区资源库就积极响应国家乡村振兴战略，不仅直接开设了"乡村旅游开发与经营管理"标准化课程，还通过"送教下乡"和助力浙江省山区 26 县共同富裕等方式设置了系列专题培训课程，并取得了很好的效果。因此，未来教学资源库的建设过程中，应该继续挖掘其潜在的社会价值，使之成为职业院校及其专业展示形象的窗口。

二、项目研究的重要意义

（一）有利于回顾梳理与总结教学资源库建设的经验

智慧景区资源库自 2017 年开始探索教学资源库建设以来，从前期的政策摸索、框架设计、申报立项、全面建设、应用推广以及验收总结，都有较多的切身体会与感触。课题组希冀通过本次研究，能够分别从政策背景、技术路线、建设过程、绩效应用、宣传推广等维度，对智慧景区资源库进行系统的回顾与梳理，总结相关经验与教训、厘清相关优势与短板。不仅有利于其自身在接下来转型升级过程中能不断完善、扬长补短，而且有利于在下一轮"双高"建设过程中为相关专业或专业群提供一些经验借鉴。

（二）有利于深入剖析影响国内职业教育发展的因素

智慧景区资源库经过近 6 年的数据积累，已经形成了海量的课程资源、用户使用、教学日志等各种类型的数据。课题组希冀通过本次研究的系列数据分析，能够精准得出目前"三教"改革中的痛点与难点，能够剖析课程建设与教材建设过程中存在的限制性因素及其与教师个人条件之间的关系，能够找出当前校企合作有待深入的原因与未来可供深入的领域。与此同时，课题组还期望能"以小见大"，能够基于教学资源库建设、应用与推广的系列数据分析，得出可能影响国内职业教育发展的影响因素，并提出未来高质量发展的对策措施。

（三）有利于丰富专业教学资源库建设研究的内容

通过课题组的研究，结合前述分析的未来职业教育高质量发展的趋势以及文旅深度融合高质量发展的态势，提出未来智慧景区资源库以及旅游类专业教学资源库的转型升级或新建思路、框架与内容，尤其是希冀通过相关数据的分析，基于实际绩效视角，不断丰富资源以真正能够满足不同层次的学生、不同水平的教师、相关文旅行业企业以及社会大众的服务或学习需求。与此同时，也能够充实国内职业教育有关教学资源库的相关研究。

第二章　研究现状与技术路线

一、教学资源库的研究现状与述评

教学资源库作为职业教育教学改革内容中重要的一项，经历了从共建共享教学资源，到明确提出职业教育专业教学资源库建设的历程，其相关的研究也从 21 世纪初开始，经历了起步、发展和探索等阶段，逐渐形成固定的研究领域。现有的研究整体表现出政策引领、实践为基、经验升华等特点，也显露出在研究热点、研究方法和研究主体方面的不足。未来针对教学资源库的研究，可以更多地跳出研究者的固有角色属性，增强定量与定性结合的分析方法，面向多元主体开展研究，促进教学资源库研究更好地转型和提升。

（一）教学资源库的概念界定

我国关于"教学资源库"的研究最早可追溯到 1999 年，此时教学资源库一词还不是一个特定概念，其由"教学资源"和"库"两种概念结合而来，指数字化教学资源的集合形态，多出现在教学信息化、教育现代化建设的内容之中。21 世纪初，我国互联网行业和信息技术快速发展，其所带来的数字化变革影响到各行各业，对教育行业的影响从教学用具的技术化，到教学内容的信息化，再到教学资源的数字化，逐渐改变传统的教学方式，引领新的教学改革。此时已有学者提出"多媒体教学资源库"这一理念[1]，并认为计算机辅助教学（CAI）在课堂中推广应用，需要更多的多媒体教学资源，而这些多媒体教学资源需要有组织地进行编辑、查询和呈现，因此需要用"库"的形式来收集与分类。这是学术界对于教学资源库比较早期的理解，内涵较为简单，但已粗具教学资源库的雏形。随着技术的不断进步，这种"资源库"的形态已经从最初的概念设计发展到平台开发与实际应用的阶段，越来越多的教学内容开始以数字化的方式在互联网上呈现，相关的辅助教学的资源，包括视频、动画、音频、教辅软件、虚拟仿真场景等教学资源库内容也在不断丰富和扩充。伴随着资源的丰富和网络平台的建设，教学资源库开始逐步在实际教学活动中开展应用，可以帮助教师更好地开展备课及课堂教学，也可以帮助学生实现个别化学习和远距离学习[2]。基本实现了其"能学、辅教"的职能，使得教学开始不受时间、空间等因素的影响，逐渐变得灵活多元。

　　本次研究中所涉及的"教学资源库"是在此基础上发展而来的。但是随着教育事业的发展和职业教育方面国家政策的推动，教学资源库已经从简单的数字资源的聚集与组合，转变为更加专业且有针对性地建设和应用推广，甚至全面渗透到专业（群）建设的方方面面。本次研究中"教学资源库"特指代"职业教育专业教学资源库"，这一概念最早出现于2006年。为促进高等职业教育健康发展，全面提高高等职业教育教学质量，2006年教育部印发《关于全面提高高等职业教育教学质量的若干意见》（教高〔2006〕16号），提出"推进教学资源的共建共享，提高优质教学资源的使用效率，扩大受益面"的要求，这标志着职业教育专业教学资源库的初步发展[3]。之后职业教育专业教学资源库的概念在2010年的《国家中长期教育改革和发展规划纲要（2010—2020年）》以及《关于开展高等职业教育专业教学资源库2010年度项目申报工作的通知》（教高司函〔2010〕129号）等文件中被不断解读和强调[4]，使得高等职业教育领域的学者将更多的目光投向教学资源库。与此同时，各级各类教学资源库项目不断立项并开展建设，教学资源库或专业教学资源库的概念正式在职业教育的研究中拿到一席之地，并不断被强化和赋予丰富的实践内涵，"教学资源库"也以更为精练的形式替代"职业教育专业教学资源库"而成为一种特指。本次研究所指的"教学资源库"即"职业教育专业教学资源库"，相关研究从2006年之后进行整理和分析。

（二）我国教学资源库研究概况

以"教学资源库""专业教学资源库"等为主题或关键词在"中国知网CNKI"进行搜索（2023年6月25日数据），选择高质量论文后，可以得到相关文献共860篇。从研究论文发表年度趋势图（见图2-1）中可以看出，相关研究文献从2007年开始出现，在2007—2010年发文量呈缓慢上升的趋势，从2010年开始相关的研究数量有大幅度的增加，并稳步上升，到2015年后每年的发文数量不再有大幅度的增长，年度发文量基本保持在80篇左右，到2020年又出现了短暂的发文小高峰，最高峰值达到一年103篇，2020年后发文量开始不断下降，且下降趋势较为明显。从缓慢增长到快速发展再到保持稳定后逐渐下降，出现数据重要拐点的时间，对应了与教学资源库建设相关的国家政策的颁布以及重要的社会性事件的发生、教学资源库的立项情况等。由此可见，国家政策以及社会的关注度对学界的研究起着方向性的指导作用。

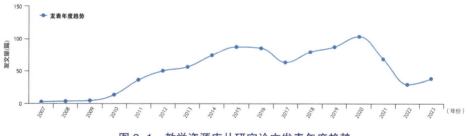

图2-1　教学资源库从研究论文发表年度趋势

从发文量再进一步深入了解到文献内容，可以发现研究从政策分析到开发应用再到成效总结，由表及里、由浅入深，伴随着实践的深入而不断涌现高质量的研究内容，形成相关的理论总结后再应用于实践，指导实践的开展，形成了一个循环递进的结构。由此，本次研究结合教学资源库的年度发文量，将现有的研究划分为三个阶段，并尝试挖掘每一阶段的研究重点，为后续研究提供借鉴。

1. 起步阶段（2006—2009年）：理论探索与建设构思

2006—2009年是教学资源库研究的起步阶段，这个阶段学者对于教学资源库的关注非常少，四年内仅发表论文 9 篇，处于研究的理论探索与建设构思阶段。将学者的目光引向教学资源库这一新生事物的是 2006 年教育部发布的《关于全面提高高等职业教育教学质量的若干意见》（教高〔2006〕16 号）中提出"重视优质教学资源和网络信息资源的利用，把现代信息技术作为提高教学质量的重要手段，不断推进教学资源的共建共享，提高优质教学资源的使用效率，扩大受益面"。该文件在提出建设网络教学资源的同时，更为重要的是提出将开展示范性高等职业院校建设计划，重点支持建设 100 所示范性院校。因此，时任教育部副部长吴启迪在对国家示范性高等职业院校建设计划总体框架进行解读时也指出，开展共享型的专业教学资源库项目是建设示范校的主要内容之一。计划针对需求量大、覆盖面广的专业，有重点地支持、开发、研制若干共享型的专业教学资源库，利用 IT 技术使得全国高等学校共享课程体系、教学内容、实验实训、教学指导、学习评价等资源[5]。建设专业教学资源库，共建共享网络教学资源已经在彼时进入了教学改革的范围，并成为示范校建设的重要内容。因此，学者们开始对此开展探索和研究。

起步阶段一部分学者对资源库的建设开展了前期的思考。学者们在自身院校专业的基础上，对于资源库的资源、功能、类型、模块等进行了分析和设想，对资源内容的分类有按组织结构划分[6]、按学生技能学习阶段划分[7]、按理论学习和实践学习划分[8]等多种方式，试图对资源进行概念的确定和分类选择。另一部分学者尝试寻找校内可行的建设路径，将资源库建设与图书馆数字资源建设相联系，这一建设观点以许云川（2007）[9]、李剑飞（2008）[10]、姜敏凤（2008）[11]等学者为代表。这类学者主要从两个角度出发来进行探讨：一是资源整合，图书馆是一所学校资源最为丰富的地方，具有大量的报刊书籍、视听资料、网络数据等，可以为教学资源库的建设提供基础的数据材料支撑；二是平台承载，同一时期图书馆数字资源建设也在同步推动进行，其两者在组织、筛选、分类等方面存在相似性，可以借由数字图书馆的平台来服务教学资源建设。

起步阶段的研究思路较为发散，是研究初期的探索和尝试。这个阶段虽然在国家政策上强调了教学资源库需要共建共享，但是更多的学者还是将视角集中在学校内部，突出的是学校内部各部门间的联系与沟通，以期通过利用校内平台和资源来建设教学资源库，并没有将更多的目光投向校外合作或商业平台。从建设的目的上来看，起步阶段的研究更多地局限在纸质资源的电子化或是校内工作的信息化，这与国家提倡的教学资源库建设的目标并不十分吻合。起步阶段的探索和构思，现在回看起来可能幼稚又存在着诸多不足，但正是这种初期的研究，也让一部分人窥见了教学资源库这一新生概念，为后续资源库的大规模研究和建设提供了一定的研究基础。

2. 探索阶段（2010—2014 年）：顶层设计与实践建设

2010—2014 年是教学资源库研究的探索阶段，这个阶段涌现了大量的文章，且年度论文发表数量呈现逐年上升趋势，多数研究者为教学资源库建设的专业教师，即一线建设者。此阶段的研究以教学资源库的顶层设计和实践建设总结为主，处于大规模的探索研究阶段。2010 年教育部发布《国家中长期教育改革和发展规划纲要（2010—2020 年）》，提出加快教育信息化进程，加强网络教学资源体系建设。同年发布《关于开展高等职业教育专业教学资源库2010 年度项目申报工作的通知》（教高司函〔2010〕129 号）（以下简称《通知》），正式将教学资源库建设设定为一项国家级项目。《通知》中明确指出了教学资源库的建设目标、建设方式以及建设计划，并对资源素材类型、资源共享形式等给出了具体、清晰的要求，这为资源库的建设指明了方向。因此，大量高职院校开始了教学资源库的建设，与此同时也伴随着大量理论研究的出现。

探索阶段对应着实际建设的起步，大量学者从不同角度提出了不同专业的资源库顶层设计思路。如丁佩芬（2010）从普通用户、资源管理员和系统管理员三种用户的角度出发，搭建了资源库基本功能构架[12]；张力（2012）以学习者为中心，按照学习者职业成长路径及认知规律进行课程分类，构建个性化课程体系[13]；章晓兰（2013）基于工作过程构建专业教学资源库的专业建设基础框架[14]。研究者从不同的角度切入，结合自身所在专业，选择适合的理论与方式进行资源库结构的设计和搭建。在探索阶段，前一阶段中被学者们忽视的"共建共享"的理念也逐渐进入了研究视野。一方面，学者们积极探索校企合作在资源库建设中能够发挥的作用，如发挥网络信息方面的专业技术力量，提升资源库建设质量[15]、补充行业信息丰富教学资源[16]、扩充"双师"队伍开展空中教学[17]等，相关的研究都在提倡要充分调动行业企业的积极性，促进教学资源库对接行业发展。另一方面，也有学者认为共建共享要在院校之间打通教学资源，资源库建设面向的主要人群仍为学生，要打通相关高职院校资源库的壁垒，化"信息孤岛"为"信息高速路"，支持资源的交换与应用[18]。

探索阶段的研究是理论与实践相交织的，关注点在顶层设计和实践建设上。专业教师们急需寻找到合适的理论方法和框架来指导实践的开展，因此从不同的角度出发来搭建框架并付诸实践。研究的视角也有所转变，已经从自身资源开发向社会资源合作的方向发展。由于这个阶段政策的指向性较强，研究内容较为趋同，从文章题目即可发现，以"建设与思考""研究与实践"等为题的文章比比皆是，其所构建的框架是否具有代表性和典型性、是否可以运用到其他专业的教学资源库建设中仍有待商榷。

3. 发展阶段（2015 年至今）：成效总结与细化研究

2015 年至今是教学资源库研究的发展阶段，这个阶段论文发表数量经历了一次高峰后开始逐渐下降，此阶段的研究内容逐渐细化，研究方向从应用研究向着成效总结转变。2015 年教育部颁布《教育部关于印发〈高等职业教育创新发展行动计划（2015—2018 年）〉的通知》（教职成〔2015〕9 号），强调推进信息技术应用，顺应"互联网+"的发展趋势，构建国家、省、学校三级数字教育资源共建共享体系，新建一批国家级职业教育专业教学资源库，建设 200 个左右省级高等职业教育专业教学资源库。自此教学资源库研究文献的研究内容比以往更加突出应用成效导向[19]。而在 2020 年，新冠肺炎疫情的突然暴发，严重影响了各级各类学校正常教学工作的开展，教育部要求利用网络平台，"停课不停学"，在特殊时期仍然保证教学质量。各级各类资源库在此时发挥了重要作用，利用网络资源保证教学的正常开展。所以在 2020 年疫情期间，关于教学资源库应用的发文量达到了一个高峰，继而伴随着疫情对社会影响的减弱，也随着第一轮教学资源库建设接近尾声，2020 年后发文量开始逐步下降。

发展阶段对应着实践建设的中后期，此时教学资源库建设已经接近尾声，研究者们开始对建设成效进行总结。熊建宇（2018）将资源体系建设总结为"一体两翼三保障四用户"，并对未来继续发挥教学资源库建设作用进行思考[20]；艾雨兵（2018）以浙江省 20 个立项的教学资源库为例，探讨教学资源库建设成本效益[21]；魏顺平（2021）对教学资源库校际合作结构与特点进行解读[22]，学者们从不同的角度对前一阶段教学资源库的建设进行总结和分析。除了经验的总结，还有学者探讨未来教学资源库的转型和升级之路。教学资源库在完成建设周期任务后，并不是就此结束，其需要继续保持运行和维护。宗诚（2019）认为教学资源库的优化应搭建个性化资源检索平台、设置启发式的教学情境、建构交互式的学习支持[23]；张启明（2021）认为未来教学资源库应更加关注资源质量、专业覆盖程度、资源版权等问题，强化合作关系，健全更新机制[24]。除此之外，各个细化方面的研究也已粗具雏形，如教学资源库对学生学习行为影响的研究[25]；教学资源库中资源、平台、机制的相互依存、协同发展的逻辑关系[26]等。

发展阶段的研究是从实践经验到理论提升的过程，关注点在建设效果的总结和各类细分方向的研究上。实践者们通过周期的建设已可以从实践中凝练出理论，来指导之后的实践和研究，政策的导向在此阶段依然发挥着重要的作用，但研究更多的是出于自身的工作结果。因此研究内容从趋同走向丰富和多样，研究深度也从表层逐渐向更深层次挖掘，能够给后续想要开展教学资源库建设的院校和专业提供相应的理论指导。

（三）我国教学资源库研究特点

我国教学资源库建设的研究历经近 20 年的三个发展阶段，在不同阶段呈现出不同的发展态势，但作为一个已经相对成熟的研究领域，以"教学资源库"为主题的研究，也存在一定共同的特点。主要包括：以政策引领研究，指明研究方向；以实践为研究基础，两者共同发展、共同进步；以经验积累和升华为主要内容，通过个案研究以点带面发挥积极作用。

1. 政策引领，明确方向开展研究

从教学资源库研究的不同阶段均可以发现，国家政策在不同时期都发挥了重要作用，各个阶段都离不开政策的指引，即政策不仅推动了教学资源库的建设，也同步推动了教学资源库相关研究的开展。从教学资源库研究的阶段发展可以看出，每一个阶段初期发生的变化都是基于一定政策的出台和推动的。在教学领域还没有引入信息技术之前，在学者们还不了解什么是教学资源库的时候，政策已经先行提出推动共建共享教学资源的要求，高瞻远瞩地为教育信息化提供了改革方向。在学者们还在探讨哪些资源可以纳入线上资源、如何搭建教学资源库平台时，政策给出了详细的建设内容和具体要求，很好地指引了实践，也帮助学者能够统一"教学资源库""教学资源"等主要概念，并将研究直接从内涵思考推动到开发应用，加快了研究发展的进度，也使得教学资源库快速进入了研究视野并聚集了更多学者参与研究。伴随着国家级教学资源库等项目的立项建设，教学资源库进入到建设发展阶段，并在建设周期内初步显现成效，这又为研究者提供了丰富的实践经验以进行总结和分析，从不同学科背景与理论范式出发，细化研究内容，多角度考量教学资源库在"三教"改革中所发挥的作用，提出了下一阶段教学资源库与教育信息化等方面的发展建议。教学资源库是教育信息化改革发展到一定程度所做的选择，有其内在的发生逻辑，但政策帮助其加快了产生和建设的进程，并在建设过程中起到了相应的监督和管理的作用。这一项教育改革从政策引领而来，必然也带来了学术研究的出现，对应的理论和实践研究也快速跟进，在理论中指导建设，在建设中总结经验，最终形成了当前看到的丰富的研究内容。

2. 实践为基，相辅相成共同发展

教学资源库本身是一个建设项目，以"教学资源库"为主题的研究与其他的理论研究存在明显区别，其大多无法脱离实践本身而独立存在。因此，教学资源库研究具有非常明显的以实践为基础的特点。教学资源库通过国家政策推动，以建成"互联网＋职业教育"的落地项目为主要任务，研究基本是伴随着实践的开展而出现，使得理论研究与实践之间存在紧密的联系，两者相辅相成，呈现共同上升前进的状态。首先，在教学资源库概念不够清晰前，学者们已开始对其进行一定的学术理解和建设构思，正是这些比较基础和发散的思考，对后来真正开展实践与项目建设提供了一定的理论依据，在一定程度上为高职院校提供了顶层设计路径。在高职院校开展教学资源库的建设尝试，开始进行网络资源的收集和建设、选取适合的专业课程进行信息化建设、组织相关的管理和运营人员时，理论研究与实践共同在尝试选择搭建何种框架以更适合专业发展。这一阶段，实践取得的一定成绩又推动研究开展了典型经验的分析，而理论研究借助一定的工具或范式，能够发现实践过程中存在的未被发现的问题。其次，在教学资源库建设进入总结和收尾阶段，理论研究也从原有的应用研究向着成效研究和分类细分研究的方向发展。在此阶段，研究更多聚焦为实践进行总结和提升，理论研究已经在实践的基础上超越实践并开始向前延伸，形成独有的研究领域，也出现了持续并垂直关注教学资源库的相关学者，为未来的建设和转型提供理论设想和理论依据。

3. 经验升华，重视个案以点带面

教学资源库的研究带有明显的经验研究特点，尤其以个案研究数量居多，研究的内容重视开发应用和经验总结，即以各级各类立项项目为基础，以院校联合为主要形式共同建设相关专业的教学资源库，每个教学资源库之间虽存在一定的联系，但也具备高度的独立性。因此，在研究过程中，基本以一线专业教师为主要研究主体，以所参与建设的教学资源库为典型案例，且多数为个案研究，在讨论个案特点和问题的基础上，总结教学资源库建设中存在的共性问题，以点带面，期望通过个案的呈现，给其他正在建设的教学资源库项目以一定的启发和应用。除此之外，教学资源库的研究非常重视经验的总结和升华。教学资源库的建设在不同阶段会涌现新的不同的成果，这些成果需要通过理论研究转换为可借鉴、可利用的方法。总结建设过程中的成功之处，反思未能达到建设效果的原因，并且借由经验梳理形成教学资源库建设的理论脉络，以更好地为后续建设或教学资源库的迭代升级提供理论依据。

（四）我国教学资源库研究存在的问题

尽管关于教学资源库的研究已经开展了近20年，其发展迅速，又形成了一定的领域圈层，但是仍旧存在着如研究热点不够均衡、缺乏研究方法与框架、缺少对其他研究主体的关注、系统性观念不足等问题。这些问题如果长期不能得到解决，将阻碍研究的进一步开展，也影响教学资源库的实际建设与应用推广。

1. 实践应用集中，研究热点不够均衡

教学资源库的研究以实践建设为主要内容，但是研究热点始终聚焦在教学资源库建设的宏观方面，呈现出一种不均衡发展的态势。首先，研究内容并没有完整匹配教学资源库建设目标[27]。在国家相关的政策中，教学资源库建设的初期目标是"作为促进专业教学改革、提高教学质量的重要抓手，扩大国家示范高职院校建设成果辐射效应"。从2012年起，目标要求逐年提高，包括"体现以学习者为中心的理念，满足学习者多样化的需求""资源要能够有效整合行业企业生产一线的优质资源""平台要具备学习过程管理的功能""更新机制要具有持续性""建立起科学有效的建设、应用与运行管理机制"等。而"学习者""学习过程管理""优质资源""运行机制"等研究主题仍然处于边缘地带，未能与教学资源库建设目标定位同步，学者们并没有将更多的目光停留于此。其次，研究的视角依然还在教学资源库建设的内部，而没有跳出教学资源库从外部来审视问题、开展研究。由于教学资源库的实践性质，能够对其开展研究的学者多为一线教师，囿于所在团队和建设内容，这类学者多从教学资源库建设内部出发来进行思考和研究，导致研究的内容多集中在建设与应用，停留在职业教育教学、课程改革等方面。而在实际的教学资源库建设过程中，这些内容并不是全部，还应该从社会培训、信息化建设乃至专业（群）整体协同发展、构建现代职业教育体系等各个角度开展研究。而这些内容也是教学资源库所需要关注并开展研究的，需要相关学者与专业教师拓宽研究视野，也需要其他领域其他专业的专家和学者进入，补充当前研究领域内所缺失的部分，使得研究内容能够更加均衡。

2. 经验研究为主，缺乏研究方法框架

当前研究以经验研究为主，即在现有实践成果的基础上进行提炼，形成经验的发现与总结。这种研究方式更多采用归纳而非演绎，这虽然是教育研究中较为常见的较为基础的研究方式，但对于已经经历近 20 年发展的研究主题来说，仅有一种研究方法仍显得过于单薄。当前需要一定的研究方法和理论框架来支撑教学资源库的研究，保证其走得更加长远并真正促进现代职业教育的新发展。结合文献分析可以发现，在教学资源库的研究内容中，"资源库建设""共享型""示范校建设"等职业教育领域内容会被频繁提及，相关研究成果较多表现为解决日常教学中存在问题的理论研究，是典型的经验研究，方法过于单一，使多数研究会集中于同一方面或偏向同一侧重点，并不能够完整地观察到教学资源库及其背后专业发展的全貌。其结论多是针对特定的对象、特定的问题，导致其研究成果在推广过程中往往会受到多种制约和限制。使用不同的研究方法对同一主题或领域进行研究时，其侧重点会有所不同，可以多方面、客观地了解事物发展的本质特征，更好地对主题进行分析与判断。尤其是当前的研究缺乏一定的定量分析，缺少对研究对象的分析和对过程的控制，需要通过数据来印证结论是否正确合理，也需要运用定量研究的方式来对成效进行测量。因此，当前研究在研究方法的运用上仍然具有较大的提升空间，仍然需要寻找新的合适的研究方法来开展不同角度的研究，以帮助研究者和学界更好地、更真实地了解教学资源库建设带来的实际效果与收益。

3. 研究主题单一，相关主体缺少关注

教学资源库作为一个话题，其从产生到快速发展应用，建设主体、建设内容等已经不断得到丰富和扩充，可以在此领域开展的研究主题同样应该丰富而多样。但是，当前的研究主题依然较多集中在教学资源库这一绝对主体本身。事实上，教学资源库的建设并不是一个孤立存在的项目，它与专业乃至专业群的发展整体息息相关，与相关参建校企的合作、信息技术平台的支持、院校学习者与社会参与者的学习应用、"三教"改革以及教师教学创新团队建设等多个方面都有所关联，而当前的研究则缺少了对这部分主体领域或内容的关注。教学资源库的建设不是一个院校一个专业一部分人可以完成的，它需要从政策到平台到内容的多方支持，需要有学习者对内容是否科学合理有效进行检验，需要运用到社会培训中去大浪淘沙，这每个环节都缺一不可，每一个环节的成败都会影响到教学资源库整体建设的成败。因此，除了教学资源库自身之外，这些相关的每个环节都有开展研究分析的价值与意义。虽然当前已有部分学者如宗诚[23]等已经看到了这个方面的欠缺，开启了对教学资源库长期的系列研究，研究内容也从教学资源库本身的建设向着学习者分析、平台资源共享等方向发展，但这在总体的研究中依旧属于少数，其他研究主题依旧很难被研究者关注到。值得注意的是，这与普通研究学者难以获取教学资源库运行过程中的数据有关。但是，伴随着教学资源库的推广与应用，其最终将被市场所检验，建设的成效不是由建设者说了算，而是由使用者来评价。因此，必须把研究视野扩大，关注到教学资源库建设的需求链、建设链和使用链上的不同主体，才能更好地将研究和实践结合起来，更好地利用研究成果指导更好的实践。

（五）我国教学资源库研究趋势展望

职业教育信息化已经进入新的发展阶段，教学资源库的建设也将面临新一轮的转型和升级，如何在这个过程中借助理论研究帮助教学资源库寻找并确定未来转型升级与发展方向，至关重要。因此，未来的研究，相关研究学者应跳出自身角色的局限，拓宽研究的视角；将定性分析和定量分析相结合，丰富研究方法；选取多元主体开展对话，提升研究的深度与广度。

1. 跳出角色局限，拓宽研究视角

为确保教学资源库的研究能够向着更加均衡和丰富的方向发展，大多教学者应从实践者这单一角色中跳脱出来，拓宽自身的研究视角，增加跨专业、跨领域的交流，从教学资源库的外部去重新审视和展开研究；或者鼓励其他相关领域的学者积极关注并有效介入教学资源库的系列研究。首先，要加强不同研究领域的互动。教学资源库虽然属于职业教育领域的建设工作，但并不完全是一项教育学领域的内部事务，它涉及职业教育、组织管理、信息技术、行业发展、营销推广等多学科的知识与内容。仅在职业教育内部进行研究，容易导致相关学者目光被限制，无法跳出问题重新审视问题。因此，多增加如信息技术、组织管理、营销推广、心理行为及相关行业发展等方向的研究，可以从全新的视角来看待教学资源库建设，将教学资源库的建设与共享型社会、自主学习、社会培训等方面结合，与构建现代职业教育体系、搭建育训并举的组织架构、促进专业（群）发展、提升教师教学创新团队能力与水平等方面结合，可以启发不同的研究思路与研究灵感。其次，学者们需要转变对自身角色与价值的定位。如果相关学者始终将自身定位于教学资源库内部的一线建设者的话，那么研究将永远无法进行拓展，永远无法体会到使用者和其他参与者乃至教育主管部门、行业企业人员的感受。只有加快身份定位的转变，或者分别从不同身份角度或研究对象切入，才能将眼光从现有的工作内容中解放出来，以相对客观的视角来重新看待教学资源库，以保持较为客观和公正的态度，也就更容易发现原本难以观察到的问题，也才有利于教学资源库的研究和后续建设。最后，重视教学资源库内的低热度研究主题。低热度主题并不意味着其没有价值，更多时候可能是较难开展的，或是大部分研究者没能及时发现的主题。这类主题可能在当前阶段并不能够很好地被研究和利用，但是可以去挖掘背后的意义为研究所用，发现更多被学者们忽视的内容。

2. 定性定量结合，丰富研究方法

与普通教育研究相比，职业教育更加注重研究的多样性、科学性和高效性。因此在当前经验研究较为集中的情况下，需要反思研究是否在借由经验而养成了一定的惰性，需要在理论和具体实践中运用恰当的教育科学研究方法，拉近理论与实践的距离，将定量分析和定性分析有机结合起来，使得研究结论具有普遍性、客观性和可推广性，化解教学资源库建设与应用的困境。首先，要判断研究适合运用哪种研究方法。并不是所有的研究主题都可以数据分析的方式来呈现和解释，很多事物有其自身的发生和形成逻辑，需要针对研究目标和研究对象来分析判断，选择适合的研究方法开展研究。其次，对于适合进行定量分析的内容，要使因果关系具有可操作性，确定研究自变量的个数和水平，明确估计教学资源库建设、推广、应用与更新等领域研究所需要的人力、物力、财力、持续时间、监测数据、测量与统计工具等。再次，采取定量与定性相结合的方法，通过定性分析与定量分析的相互统一和补充，针对研究问题收集分析数据资料并得出研究结论，以更好地解释研究的结果。最后，在研究结论的基础上，还需要进行社会化或心理化、合理化的阐释，判断研究结论是否经得起理论与现实的反复推敲，是个案结果还是具有普遍价值，是否具有可推广性等。除此之外，如果定量分析并不能给出清晰合理的结论，可以尝试从其他学科中寻求理论范式和理论框架的支撑，借助一些经典研究框架来创新研究方法，从不同的路径抵达问题的中心，能够获得不同的成效。

3. 对话多元主体，提升研究广度

研究主体的多样性，需要研究者更多地关注到教学资源库建设过程中的利益相关者，从不同的主体出发，增加研究的广度。首先，可以更多地关注人才培养方面。所有教学改革的开展，其根本原因都是为了提升教学效果，更好地提高人才培养质量，如果一项教学改革的实施并没有达到人才培养质量提升的目标，那其终归是事倍功半。教学资源库项目作为职业教育改革的综合项目，其建设目标并不是通过验收，其出发点和落脚点都是提高人才培养质量，或者说是更大范围地提高人才培养质量。因此，关注人才培养，包括学习者的内在和外在特征，教学资源库的应用对学习方法和学习习惯的影响，支配学习者学习行为、激发学习者学习热情、挖掘和克服影响学生学习行为的因素等诸多方面，都应该从理论的视角对教学资源库的学习者给予足够的关注。采取相应措施优化教学资源库及其依托平台，对接学习用户的使用需求，开展相关的研究。其次，可以更多地关注社会学习方面。教学资源库从建设初期就一直在强调共享，而发展至今，各级各类教学资源库也为行业企业与社会用户提供一定的技能培训。因此，区分技能培训与学历教育之间的关系，关注社会培训的短平快特点，探索社会培训在教学资源库学习内容上的需求并开展研究，能够更大限度地实现共享需求，并有效促进"岗课"融合，同时也能丰富研究的主题。最后，可以更多地关注平台的建设和完善。教学资源库平台的架构和设置对于教学资源库的建设具有很大影响，甚至影响了学习者的学习习惯养成与应用推广。因此，未来可以针对平台方这一利益主体进行研究，了解平台的框架结构、探究其运营机制与利益诉求，不仅可以更好地修正自身对教学资源库的顶层设计，而且能保证其更好地落地实施，促进平台方与院校、企业的深度协作，提升研究的广度和深度。

二、项目研究目标与技术路线

（一）研究思路与目标

1. 研究思路

本次研究以智慧景区资源库建设为中心，通过教学资源库相关研究文献与政策的梳理，提出未来教学资源库建设的重点方向与研究重点。通过回顾申报、建设、应用、验收及更新等环节，坚持系统性思维与理念，基于建设目标与建设成效的对比分析，充分利用智慧职教智慧景区资源库的数据中心与参建院校教师的调查问卷数据，重点剖析各子项目课程、课程负责人及学生层面的建设、应用与学习行为及其影响因素。重点剖析专业教师对资源库的整体认识、综合服务、课程建设、宣传推广与应用、建设意义等方面的认知与判断数据。以明确主要利益主体的认知与行为特征及其影响因素，确定构建现代职业教育体系背景下智慧景区资源库未来迭代升级的主要方向、内容与举措。

2. 研究目标

目标一：通过概括归纳的方式，对智慧景区资源库的建设完成情况进行总结，了解其推广与发展的成效，分析创新亮点与贡献，梳理存在的问题与短板。

目标二：通过智慧职教数据中心分析，从教学资源库整体层面—子项目层面—课程负责人层面—学习者层面逐级进行问题诊断，探寻不同层次上建设与应用过程中存在的问题、影响建设者与学习者行为习惯的因素。

目标三：通过智慧景区资源库参与专业教师的调查问卷数据并利用 SPSS

进行卡方分析、相关分析与因子分析，选取专业教师这一教学资源库中的行为主体专业教师感知与评价的角度分析专业教师对资源库的认可度、综合服务、课程建设、宣传推广与应用、建设意义等方面的实际参与度、认可度及其影响因素，为后续开展校企、校际协作推进教学资源库迭代更新提供对策建议。

目标四：对比上述分析所得出的结论，通过概括归纳的方式总结智慧景区教学资源库迭代升级的对策与措施。

（二）研究内容

本次研究根据"发现问题—分析问题—解决问题"的逻辑顺序撰文。从智慧景区教学资源库的建设与推广的实践调研入手，梳理所取得的成效，通过理论分析、国内经验借鉴探寻教学资源库发展变革的原因和方向。再从各实践层级和建设主体两个角度，通过数据剖析建设与应用过程中存在的问题及其深层次的原因。最后从发展理念、建设内容、建设主体、宣传推广、质量监督等方面提出相应的对策建议。具体如下：

一是新时期智慧景区教学资源库建设的背景与意义。即分别从职业教育与文旅行业两个角度出发，探讨持续推进智慧景区资源库的政策背景与形势发展要求，以明确总的目标与方向。

二是系统梳理教学资源库的研究现状与未来研究重点。即通过近 20 年教学资源库系列研究的梳理，明确研究阶段及其特征、存在的问题及未来研究的重点与技术方法要求，以明确本次研究的重点及技术路线。

三是智慧景区资源库的建设历程与现状。包括智慧景区教学资源库建设的总体情况，各项建设任务完成情况，智慧景区资源库推广与成效、创新亮点与贡献、存在的问题与不足，即从经验主义角度进行个案分析，重点实现定性分析与研究。

四是智慧景区资源库的数据分析与问题诊断。即通过数据分析探寻教学资源库存在的实践层面的建设问题。在资源库整体层面，关注用户数、素材数、题库数、课程数、日志数、参建单位等方面；在资源库子项目层面，关注素材资源、课程与日志、课程应用推广等方面；在资源库课程负责人层面，关注建设行为、维护行为、应用行为等方面；在学生层面，关注日志类型、学习时段、受访资源等方面。主要是通过数据分析实现定量分析，具体研究主要利益主体的行为特征。

五是智慧景区资源库全部参建单位教师的感知分析。即通过数据分析了解专业教师群体的感知分析与评价。包括对智慧景区资源库综合服务管理、课程建设、课程应用推广、建设意义等层面，又分别从学校性质、所属专业、教师性别、教师职称、教师年龄、建设成效等基本因素层面进行相关分析。

六是智慧景区资源库迭代升级的对策与措施。通过对上述内容进行归纳和概括，总结教学资源库后续进行转型和迭代的路径。包括发展理念与思路、建设内容与形式、共建主体与机构、宣传推广与应用、质量监督与评价等方面的迭代升级。

（三）研究技术路线

如图 2-2 所示，本研究按照"是什么、为什么、怎么做"的研究思路展开

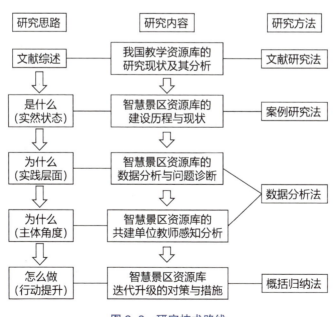

图 2-2　研究技术路线

研究解决问题。文章从"实然"入手，通过批判"实然"，先破后立，在理论依据和实践经验的基础上，通过定性分析与定量分析相结合的方法，探索教学资源库建设过程中存在的问题或不足及其阻碍因素，最后从建设思路到内容再到宣传推广提出相应的对策建议，提出理想中的行动实践方式。

第三章　智慧景区资源库的建设历程与现状

一、智慧景区资源库建设概览

（一）建设目标

1.项目建设总体目标

——整体定位目标：联合共建院校和国内知名旅游景区、主题公园、旅游规划设计公司，通过系统设计建成国内一流、国际知名的智慧景区专业教学资源库，做强做大智慧景区专业，助力旅游大类专业发展，促进全域旅游发展与乡村振兴。

——专业核心目标：依托全国旅游职业教育教学指导委员会，通过校际联合、校企合作，明确专业人才培养目标与培养规格，形成具有广泛代表性的，涵盖专业教学标准、专业课程标准、专业实习标准、专业证书标准等标准体系，并充分依托联合主持院校的中俄旅游学院、中塞旅游学院及中国—东盟旅游人才教育培训基地等国际化办学机构与平台，积极向中西部地区、"一带一路"沿线省份乃至国家或地区推广应用与实践。

——终身教育目标：满足全国开设旅游类专业高职院校师生、旅游景区行业企业、乡村地区创新创业人员专业能力提升以及社会大众认知美丽中国的多维需求并支持终身教育，实现"人人皆学、时时能学、处处可学、样样有学"的终身教育目标，助力构建服务全民终身学习的现代职业教育体系，积极响应国家"百万扩招"行动计划。

——社会形象目标：促进优质教学资源共享，推动职业教育专业教学改革，提升教学信息化水平，带动教育理念、教学方法和学习方式变革，提升专业总体建设水平，扩大辐射引领作用，培养旅游景区专业优秀的技术技能人才，服务国家乡村振兴战略的乡村旅游创新创业与"一带一路"倡议的"讲好中国故事、展现美丽中国"。

2. 项目建设具体目标

——共（参）建单位目标：有效依托全国旅游职业教育教学指导委员会、中国旅游协会旅游教育分会及全国高等职业院校旅游大类在线开放课程联盟等平台，以智慧景区资源库为载体，实现共（参）建院校数量达 12~15 家，共建深度融合企业 8~10 家，支持相关行业机构或协会 2~3 个。

——核心课程目标：通过 2 年的建设，智慧景区资源库建成三大类课程模块 38 门标准化课程、15 门个性化课程，1.8 万个以上的高质量优质教学素材资源。

——拓展课程（含专业选修课和地方特色课）目标：通过 2 年的建设，智慧景区资源库建成 70 个及以上技能训练模块课程，300 门及以上的微课、400 个及以上微课类视频，40 门及以上四大系列培训课程。

——推广使用目标：涉及高校师生人数 10 万人，行业企业用户人数与社会用户数不低于 5000 人。

——衍生成果目标：智慧景区专业课程标准 1 套、实习标准 1 个、职业技能等级证书标准及实施方案 1 套；新形态一体化教材 10 本及以上。

（二）建设情况

1. 名师领衔，四方协同，引领专业方向

一是成立了资源库专家顾问小组。其中，首席专家是中山大学原旅游学院院长、长江学者保继刚教授，重点负责智慧景区专业及资源库建设的总体定位及指导；组长由中国职教学会教学工作委员会主任、高等教育出版社原副总编辑王军伟担任；副组长由时任全国旅游职业教育教学指导委员会秘书长、北京第二外国语学院韩玉灵教授担任。专家顾问小组的主要职责是负责国家教学资源库的指导工作与论证工作。专家组成员则分别聘请了来自全国 29 名旅游行业或教育行业的专家教授（具体见表 3-1），重点负责资源库课程体系的设计、课程标准的论证、课程建设的评审论证及应用推广等工作。

表 3-1　智慧景区资源库专家顾问团队一览 *

序号	姓名	单位	职称 / 职务	承担职责
1	保继刚	中山大学旅游学院	教授、长江学者	首席专家
2	王军伟	中国职教学会教学工作委员会 / 高等教育出版社	主任 / 原副总编辑	组长
3	韩玉灵	全国旅游职业教育教学指导委员会 / 北京第二外国语学院	秘书长 / 教授	副组长
4	刘家明	中国科学研究院地理所	教授	成员
5	张　捷	南京大学	教授	成员
6	厉新建	北京第二外国语学院旅游学院	教授	成员
7	金平斌	浙江大学地球科学学院	教授	成员
8	易开刚	浙江工商大学旅游与城乡规划学院	教授	成员
9	殷国聪	云南师范大学	教授	成员
10	李　炎	云南大学文化发展研究院	院长 / 教授	成员
11	周春林	南京旅游职业学院	党委书记 / 教授	成员
12	周玲强	浙江大学旅游学院	教授	成员
13	张耀武	三峡旅游职业技术学院	副院长 / 教授	成员
14	程静静	黄山学院旅游学院	教授	成员
15	殷　剑	南昌师范学院旅游学院	院长 / 教授	成员
16	潘文艳	吉林工商学院旅游学院	院长 / 教授	成员
17	曹保明	吉林省文联	名誉主席	成员
18	高亚芳	兰州文理学院乡村旅游发展研究中心	常务副主任 / 教授	成员
19	杨阿莉	西北师范大学旅游学院	教授	成员
20	朱专法	山西大学旅游学院	副院长 / 教授	成员
21	王春玲	山西应用科技学院	副院长 / 教授	成员
22	邵秀英	太原师范学院	教授	成员
23	谢红霞	山西省财政税务专科学校旅游学院	院长 / 教授	成员
24	朱　晔	陕西职业技术学院旅游与文化学院	党总支书记 / 教授	成员
25	邓永进	云南大学工商管理与旅游管理学院	教授	成员

续表

序号	姓名	单位	职称 / 职务	承担职责
26	朱晓辉	云南财经大学旅游文化产业研究院	副院长 / 教授	成员
27	幸 岭	昆明大学	教授	成员
28	赵全科	枣庄学院旅游资源与环境学院	院长 / 教授	成员
29	余 俊	苏州农业职业技术学院	教务处副处长	成员
30	马兆兴	山西艺术职业学院	党委书记 / 教授	成员

* 注：专家组成员的职务职称均为 2019 年的情况。

二是组建了资源库建设领导小组。组长由项目第一主持单位时任浙江旅游职业学院正校级领导王昆欣二级教授担任，并作为整个资源库的直接负责人；副组长分别由三所联合主持院校分管教学的副院长担任；小组成员由各参建院校所在二级院系负责人、旅游企业相关负责人担任。其主要职责是全面负责国家教学资源库建设的各项统筹部署、资源调配及建设工作。领导小组同步设置项目督查小组，直接向领导小组负责，具体结构如图 3-1 所示。

三是构建了"四位一体"利益共同体。充分依托全国旅游职业教育教学指导委员会、全国高等职业院校旅游大类在线开放课程联盟以及中国旅游职业院校"五星联盟"等平台，以智慧景区资源库建设、应用与推广为载体，构建了"校企政协""四位一体"的利益共同体。首先，在已有 16 所联建院校的基础上，加强了与国内其他开设智慧景区专业的兄弟院校协作，与湖州职业技术学院、山东旅游职业学院、宁夏财经职业技术学院等 11 所院校共同成立了中国智慧景区开发与管理专业发展共同体；其次，在既有智慧景区资源库共建行业企业合作单位的基础上，加强了与国内著名文化与旅游企业（集团）合作，重点拓展了合作范围、深化合作内容，为智慧景区资源库开展产教融合提供全方位的平台、资金及政策保障；再次，充分利用学校校地合作发展平台，加强了与各级地方政府或文旅主管部门的合作，尤其是将智慧景区资源库导入浙江省山区 26 县，重点开展了在线培训服务等工作，助力乡村旅游从业人员及创新创业人员的培训；最后，在已有 3 家行业协会与平台合作的基础上，新增了中国职业技术教育学会智慧旅游职业教育专业委员会、中国旅游协会旅游教育分会、浙江省旅游协会旅游规划分会、中国旅游景区协会、全国工商联旅游商会景区分会等机构，进一步加强了在人员、培训、项目、赛事、活动等方面的融入与合作。

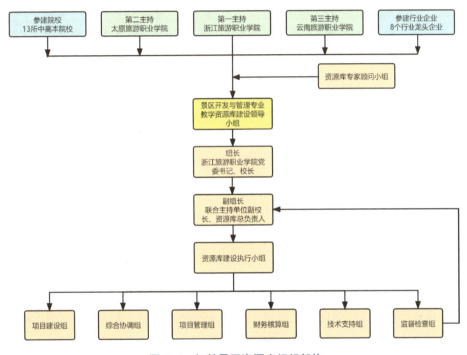

图 3-1 智慧景区资源库组织架构

四是强化引领了智慧景区专业的发展方向。智慧景区资源库第一主持单位——浙江旅游职业学院拥有全国综合排名第一的智慧景区专业，是全国旅游职业教育教学指导委员会景区专业委员会秘书长单位，也是全国高等职业教育旅游大类在线开放课程联盟秘书长单位。2017—2019 年主持制订了教育部《高等职业院校景区开发与管理专业教学标准》，2020 年牵头智慧景区资源库共建共享联盟单位出版了专著《景区开发与管理专业课程标准体系建设研究》，2020 年牵头修订了文化和旅游部《旅游类专业学生景区实习规范》，2021 年牵头负责了旅游大类职业教育专业目录修（制）订工作，2021—2022 年主持修订了教育部《高等职业教育专科智慧景区开发与管理专业教学标准》，基本形成了智慧景区专业教学标准、课程标准、实习标准及技能证书标准等于一体的专业标准体系建设，强化了示范引领作用。

2. 组织健全，严格管理，把控进度质量

一是拥有健全完善的政策体系。为有效推动智慧景区资源库的建设，在全国旅游职业教育教学指导委员会等平台与机构的指导下，由浙江旅游职业学院等三家联合主持单位进行了科学合理的组织设计与分工协作。浙江旅游职业学院先后出台《浙江旅游职业学院关于促进景区开发与管理专业教学资源库建设的实施意见》《浙江旅游职业学院关于印发〈景区开发与管理专业教学资源库项目专项资金使用与管理实施细则〉的通知》《浙江旅游职业学院关于印发〈职业教育景区开发与管理专业教学资源库建设项目管理办法〉的通知》等十多项政策与文件，各参建院校按照规章制度层层落实责任，确保各个子项目的建设严格落实到位。

二是拥有健全合理的组织架构。智慧景区资源库根据项目建设任务书，设置了项目建设顾问小组、项目建设领导小组、项目建设执行小组（含监督检查组），由联建院校和联建企业抽调最精干的人员组成，分工协作，深刻理解并执行相关政策，及时披露建设信息，与各方配合、协调、沟通，对资源库的各个子项目进行督查，实施每周公布子项目数据、每月公布共建单位数据、每季度发布资源库建设季报、每年发布资源库建设年报制度，确保了各子项目如期且保质保量地完成。

三是拥有健全有效的资源素材审核机制。在第一主持单位与各共建单位的努力下，智慧景区资源库设计了子项目（课程）组成员设计制作自审自查、子项目（课程）负责人归口审核、项目执行负责人常规全覆盖审核、项目（课程）监督检查组及学院质量办等距抽样审核四个环节，重点审核素材资源的原创性与版权问题、清晰度与格式规范、敏感话题与内容等方面，确保资源素材的高质量建设。

四是拥有健全科学的项目质量评价体系。智慧景区资源库建立了学习者、第三方组织和项目质量监督小组等多元评价体系，对资源库资源素材、课程模块、专业园地、学习平台等相关内容的建设质量、使用情况、使用满意度和运行平台等进行定期评价与反馈，提出改进建议，促进支持系统技术水平的提高，确保资源库建设、应用的质量。

3.一体设计，能学辅教，教学体系完善

一是一体化设计——科学构建智慧景区资源库的框架体系（见图3-2）。根据2019年《高等职业学校景区开发与管理专业教学标准》、2022年《高等职业教育专科智慧景区开发与管理专业教学标准》（征求意见稿）、2018—2020年《基于职业教育视角的中国旅游人才供给与需求研究报告》及2017—2022年联合主

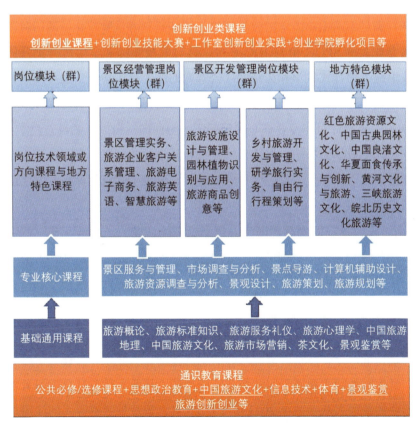

图3-2　基于岗位导向的智慧景区资源库设计框架

持院校的《智慧景区开发与管理专业人才需求调研报告》可知，景区行业未来最为紧缺的是基于信息化、数字化与智慧化的景区经营管理、景区开发管理两大类专业方向的创新型、复合型高素质技能型人才，分别涉及接待服务、景区管理、活动策划、产品销售、行政管理以及旅游规划、景观设计等岗位群。因此，智慧景区资源库的整体框架是紧扣当下及未来旅游景区行业企业人才的需求结构进行的一体化设计，实现了新旧专业教学标准的较好衔接。

二是发挥"能学辅教"的作用——充分利用数字化信息教学手段充实课堂教学。根据"一体化设计"思路与"结构化课程"体系，智慧景区资源库紧扣学生、教师、行业从业人员及社会大众等不同类型用户的需求导向，按照"能学辅教"的要求，以课程体系的知识树（点）梳理为基准，依托智慧职教的平台并开发满足不同用户需求的教学模块，精细研制海量颗粒化资源。首先，是利用智慧职教的 SPOC 和 MOOC 平台，针对院校教师和学生可分别开展专业课程线上线下混合式教学和选修课或公选课的线上自主学习，也可面向行业从业人员或教师开展专题培训学习；其次，是利用智慧职教的资源库标准化课程和 MOOC，重点针对非专业核心课程的学习与面向社会大众的科普性学习。

三是完善教学体系——促进各院校创新教学模式，提升专业办学水平与质量。智慧景区资源库依托各子项目课程建设，组建了相应的课程开发团队，主持院校与联合院校、联盟企业开展素材资源、课程资源协同建设，积极推动"课、岗、证、赛"四要素相融合，打造资源库"课、岗、证、赛"四位一体工程；通过课岗融合、课证融合、课赛融合，较好地实现了为行业企业培养符合岗位需求的高素质复合型技术技能型人才的培养目标，最终形成"课岗证赛"有机融合的专业教学体系。

4. 四类用户，全面服务，内容丰富多彩

一是精准区分智慧景区资源库的学生、教师、从业人员、社会学习者四大群体。学生与教师主要属于职业教育院校范畴，从业人员与社会学习者属于非教育行业的普通大众。截至 2023 年 5 月 26 日，智慧景区资源库的注册总人数为 22.31 万人，覆盖辐射用户单位数 2500 余个，其中：学生 20.58 万人，教师

1.22 万人，从业人员与社会学习者 0.50 万人（见图 3-3）；共有素材资源 2.06
万个，其中符合学生群体的素材资源 2.04 万个，符合从业人员的素材资源 1.69
万个，符合社会学习者的素材资源 1.76 万个（见图 3-4）。

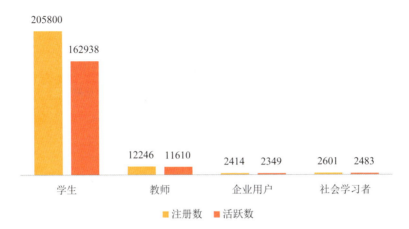

图 3-3　智慧景区资源库注册用户数统计分析

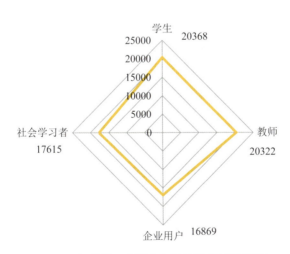

图 3-4　智慧景区资源库素材统计分析雷达图

二是积极助力"乡村振兴"战略的实施，智慧景区资源库广泛开展面向乡
村旅游从业人员及相关专业学生的旅游职业培训与教学工作。目前，智慧景区
资源库直接开设乡村旅游类标准化课程 1 门——"乡村旅游开发与运营管理"，

间接开设相关课程 10 门，累计开设培训课程 51 门（期），开办线上线下混合式培训 23 期，积极为各地扶贫攻坚、乡村振兴乃至共同富裕提供多种形式的人才资源供给，助力培育新型职业农民。

三是积极服务"一带一路"倡议。智慧景区资源库充分发挥旅游业作为国内最早实施国际化产业之一的先天优势，增强跨境产教协同能力，尤其是针对国内中西部地区以及东南亚、南亚和西亚等国家或地区，积极助力国内"一带一路"沿线省份旅游景区专业技能人才的培养，打造或开发建设"美丽中国"，协助提升"一带一路"沿线国家景区专业技能人才的培养；与世界共享旅游职业教育的中国品牌和中国方案。

（三）建设历程

1. 筹备夯基础阶段：2017 年 5 月—2019 年 3 月

智慧景区资源库在了解相关国家政策和各平台资源库建设现状，梳理自身建设基础和明确申报智慧景区资源库的条件之后，选定了智慧职教作为资源库建设平台，并于 2017 年 5 月开通智慧职教资源库账号，2018 年 1 月开始与高等教育出版社高职事业部接触联系，2018 年 3 月参加了在湖南长沙举行的"2018 年职业教育专业教学资源库建设研讨会"，2018 年 7 月在浙江杭州与高等教育出版社就专业教学资源库共建等议题签订校社战略合作协议，2018 年 12 月召开景区开发与管理专业教学资源库建设动员大会并初步确立合作框架、组织架构与建设内容等重要事项。其间，主要完成工作有：一是召开多次项目建设研讨与论证会，成立了智慧景区资源库建设团队，初步制定项目推进方案，明确项目牵头人。二是开展校企与行业调研，掌握景区专业教学现状和行业需求信息，明确景区专业办学定位和主要岗位群；寻找合作院校和企业，建立共建共享联盟，初步构建资源库课程体系。三是开展师生调研，面向教师、在校生、毕业生掌握线上线下使用教学资源的主动性和使用情境，明确资源库项目开发和应用制度。四是开展教学资源建设的顶层构架设计，明确课程基本建设要素，各课程负责人分解课程知识点，标注颗粒化素材。

2. 申报定目标阶段：2019 年 4—12 月

2019 年 4 月 13—14 日，由浙江旅游职业学院和高等教育出版社共同发起，在浙江杭州正式成立全国高等职业教育旅游大类在线开放课程联盟，并顺利召开景区专业教学资源库建设与应用研讨会，正式签订确认了资源库的联合主持、共建单位。随后，在景区开发与管理专业教学资源库建设领导小组的带领下，重点完成了如下工作：一是各共建单位根据预定的建设目标与任务，明确了各个子项目的建设任务与建设方案，签订了子项目建设协议、知识产权保障协议等重要文件。二是初步完成了智慧景区资源库的"一库、两馆、三中心、四基地"的系统架构，完成了第二版网络平台主页的设计与建设。三是在智慧景区资源库正式得到教育部立项后，于 2019 年 11 月 25 日召开了"景区专业教学资源库建设任务分工研讨会"，顺利完成了智慧景区资源库建设任务书的编制。

3. 建设与应用推广阶段：2020 年 1 月—2021 年 12 月

自 2020 年 1 月以来，智慧景区资源库根据既定建设任务书，全力克服新冠疫情的影响，全面进入建设阶段：2020 年 2 月 3 日，正式发布《关于疫情防控期间推荐使用景区开发与管理专业国家级教学资源库的相关说明》，积极助力"停课不停学，停课不停教"；2020 年 2 月 29 日，正式发布《关于疫情防控背景下旅游景区转型升级专题培训班免费开课的通知》并连续开设 3 期在线培训班；2020 年 6 月，正式上报智慧景区资源库建设方案与建设任务书；2020 年 7 月 21 日，成功在线上举办全国高等职业教育旅游大类在线开放课程联盟师资培训班暨景区专业国家教学资源库建设与应用培训班；2020 年 11 月 14—16 日，在山西太原成功举办全国高等职业教育旅游大类在线开放课程联盟师资培训班暨景区专业国家教学资源库建设与应用研讨会；2021 年 1 月 16—17 日，联合共建单位蜗牛（北京）景区管理有限公司依托子项目课程"景区服务与管理"举办了全国首次"景区接待服务与管理职业技能证书师资培训班"；2021 年 4 月 17—18 日，依托全国旅游类专业"双高"建设在海南海口成功举办全国高等职业教育旅游大类"双高"专业群建设研讨会暨全国旅游大类专业群建设师资培训班；2021年5月30日，在线上启动召开了智慧景区资源库子项目预验收启动会；2021年10月23—24日，结合资源库建设在云南昆明成功举办了全国旅游大类教学创新团队师资培训班暨全国"岗课赛证融通"教学研讨会；2021年12月14日，在浙江杭州成功举办了2021年智慧景区资源库子项目课程验收暨教学技能演示比赛。具体工作包括：一是各共建单位根据建设任务，在规定时间内完成了资源素材建设和相关MOOC、SPOC、技能训练模块、培训课程等个性化课程与标准化课程的定期开设，平均每季度召开共建单位交流会或应用推广会，通报建设情况、沟通交流经验。二是根据2019年版本的《高等职业学校景区开发与管理专业教学标准》，基本完成了智慧景区资源库的"一库、两馆、三中心、四基地"的系统性建设。三是坚持边建边用原则，全面完成了建设任务与目标，更新了智慧景区资源库的微信公众号客户端与官方网站，逐步形成了资源库基于高校、企业、社会的日常应用体制机制。

4. 规范总结阶段：2022年1—12月

2022年，智慧景区资源库正式进入总结验收的关键阶段。2022年2—4月，景区开发与管理专业教学资源库建设领导小组先后组织了两批专家与学习用户，分别从专家视角与学习用户视角对全部38门标准化课程进行审查。其中，专家主要根据2021年底的38门标准化课程建设验收意见进行针对性的督察，重点审核其整改完成情况；学生用户主要根据学习习惯，并按每5个素材等距抽样1个素材的比例，对全部素材资源进行完整性、规范性检查。2022年5月开始启动智慧景区资源库的总结准备工作，主要完成了四项工作：一是完成了全部38个子项目课程的总结报告审核工作，为总报告撰写积累了丰富的素材，梳理了相关的业绩与成果；二是完成了智慧景区资源库的总结报告，并分别经全部参建单位、建设领导小组、顾问专家组等多轮审核与论证，并不断修改与完善；三是完成了智慧景区资源库的财务审计工作，从建设目标、建设任务、建设绩效、建设完成情况等多个维度进行了系统审计，并认为已经如期有效地完成了各项建设任务；四是对资源库共建院校的相关师生进行了应用再培训工作。2022 年 8 月 26 日，教育部正式启动了 2022 年度的资源库建设验收工作，并于 2022 年 9 月份通过线上答辩的方式完成了全部验收答辩工作，于 2022 年年底正式发布了验收结果。

5. 迭代更新阶段：2022 年 1 月至今

智慧景区资源库的核心建设任务已经于 2021 年年底建设完成。2022 年至今，智慧景区资源库根据建设任务书的相关要求，紧扣新时代旅游行业发展的新形势、新规范、新要求，重点是围绕 2022 年新修订的《职业教育专业智慧景区开发与管理专业教学标准》（征求意见稿），对"旅游标准知识""景区接待服务""旅游策划""数字新媒体设计与制作"等部分专业核心课程进行了调整，同步充实与完善全部子项目课程、专业园地等栏目的素材资源。截至 2023 年 6 月，仅浙江旅游职业学院就已投入 106 万元对智慧景区资源库进行课程与素材的更新。

（四）建设保障

1. 组织保障

一是为确保智慧景区资源库建设方案与任务书的科学有效并符合趋势要求，在全国旅游职业教育教学指导委员会和全国高等职业教育旅游大类在线开放课程联盟的指导下，组建了智慧景区资源库顾问小组，并于 2020 年 6 月初召开了资源库建设方案与任务书的论证会。二是为确保智慧景区资源库能根据建设方案与任务书顺利推进建设，在景区开发与管理专业教学资源库建设领导小组的指导下，设置了智慧景区专业教学资源库共建共享联盟并构建完善了资源库建设组织架构，组建了景区开发与管理专业教学资源库建设领导小组及项目建设执行小组。三是为强化智慧景区资源库能真正做到"能学辅教"的作用并助力"停课不停学、停课不停教"、服务"百万扩招"行动计划，在全国高等职业教育旅游大类在线开放课程联盟与中国旅游协会旅游教育分会、中国旅游景区协会、全国工商联旅游商会景区分会、中国职业技术教育学会智慧旅游职业教育专业委员会等行业协会、学会的支持下，组建了中国智慧景区开发与管理专业发展共同体。通过举办线上线下混合培训班、全国师资培训班与研讨会等形式，不仅极大地提升了资源库在旅游类专业中的知名度与认可度，而且促进了"互联网+"背景下的教育教学改革与创新。

2. 制度保障

为进一步促进智慧景区资源库的高质量建设、应用与推广，浙江旅游职业学院协同各共建单位，在前期资源库申报建设过程中确定相关制度的基础之上，又新增或更新了《关于促进景区开发与管理专业教学资源库建设的实施意见》（浙旅院教〔2019〕218号）、《景区开发与管理专业教学资源库项目专项资金使用与管理实施细则》（浙旅院财〔2020〕1号）、《职业教育景区开发与管理专业教学资源库建设项目管理办法》（浙旅院教〔2020〕2号）、《职业教育景区开发与管理专业教学资源库学分互认管理办法（暂行）》（浙旅院教〔2020〕3号）、《学院在线课程建设与使用工作量计算与补贴办法（试行）》（浙旅院教〔2020〕11号）5个文件，全面明确了智慧景区资源库建设的总体政策、资金管理办法、项目管理办法、学分互认管理以及配套激励制度。归纳起来，主要是在课程常规建设与应用方面解决了教师的原始动力问题。

3. 资金保障

为了加强对智慧景区资源库建设项目专项资金的管理，保证建设项目顺利实施，提高专项资金使用效益，依托建设执行小组成立了财务核算组，确保资金投入到位、预算精准、专账管理、执行有效。截至2022年7月31日，智慧景区资源库建设资金预算总额为1056万元，实际到位资金1092.37万元，资金到位率103.44%（具体如表3-2所示），其中：地方财政投入资金到位200.00万元，到位率100.00%，行业企业支持资金到位81.15万元，到位率101.44%（具体如表3-3所示），相关院校自筹资金到位811.22万元，到位率104.54%，其中学校自筹资金到位479.80万元，联建院校自筹资金到位331.42万元。

表 3-2　智慧景区资源库建设资金预算及其到位情况一览（单位：万元）

项目	项目筹措资金							
	举办方和地方财政投入资金		行业企业支持资金		相关院校自筹资金		小计	
	预算数	到位数	预算数	到位数	预算数	到位数	预算数	到位数
素材制作	85.00	85.00			2.00	2.00	87.00	87.00
企业案例收集制作			25.00	25.00			25.00	25.00
课程开发	73.00	73.00	55.00	56.15	584.40	619.62	712.40	748.77
特殊工具软件制作	22.00	22.00					22.00	22.00
应用推广	20.00	20.00			79.60	79.60	99.60	99.60
调研论证					57.20	57.20	57.20	57.20
其他					52.80	52.80	52.80	52.80
合计	200.00	200.00	80.00	81.15	776.00	811.22	1056.00	1092.37

表 3-3　智慧景区资源库行业企业支持资金一览

单位名称	金额（万元）
安吉天使小镇乐园有限公司	6.90
华强方特（宁波）文化旅游发展有限公司	6.91
上海华侨城投资发展有限公司	10.00
上海海昌极地海洋世界有限公司	5.00
蜗牛（北京）景区管理有限公司	24.00
杭州宋城演艺谷科技文化发展有限公司	5.00
上海国际主题乐园有限公司	7.34
乌镇旅游股份有限公司	5.00
浙江达人旅业股份有限公司	1.00
宋城演艺发展股份有限公司	5.00
杭州皓石研学旅游服务有限公司	1.50
浙江横店影视城有限公司	1.50
杭州海亮研学旅行有限公司	2.00
合计	81.15

4. 政策保障

一是成果级别认定与职称晋升。根据《浙江旅游职业学院关于促进景区开发与管理专业教学资源建设的实施意见》（浙旅院教〔2019〕218 号）文件精神，已将智慧景区资源库建设项目作为国家级重大教学建设项目予以认定、将其子项目课程作为省部级教改项目予以认定，已将智慧景区资源库及其子项目等相关教改、课改成果纳入 2020 年及以后的教师职称评定条件序列。以太原旅游职业学院为代表的联合主持院校也将子项目课程负责人纳入高级职称教师晋升的条件之一。二是加强专职人员的配备。浙江旅游职业学院设置了 1 名劳务派遣员工专职负责智慧景区资源库主页与微信公众号的推广与运营；设置了 1 名专职教学秘书，负责依托智慧景区资源库的校级公共网络选修课、校际学分互认工作以及相关专业在线课程的管理与维护等工作。三是建立精品在线课程的认定与物质激励机制。以浙江旅游职业学院、太原旅游职业学院等为代表的共建单位，根据《学院在线课程建设与使用工作量计算与补贴办法（试行）》（浙旅院教〔2020〕11 号）对包括智慧景区资源库在内的精品在线课程进行了认定，并给予每个课程按 4000 元 / 学分的资源建设激励和线上线下混合式教学改革，以最高上浮 30% 的课时费奖励；同时，对顺利通过教育部验收的国家级教学资源库，给予每个 5 万 ~10 万元的集体奖励。根据《云南旅游职业学院教学工作量计算办法（试行）》（云旅院〔2020〕83 号）规定，运用国家级教学资源库课程进行教学的，每节课按 1.5 系数计算教学工作量；根据《云南旅游职业学院重大成果奖励暂行办法》（云旅院〔2022〕103 号）规定，承担国家级教学资源库建设的团队，一次性给予 8 万元绩效奖励。

5. 技术保障

一是根据与高等教育出版社的战略合作协议，智慧景区资源库与智慧职教发展中心达成技术合作协议。即依托高等教育出版社智慧职教发展中心的全国技术团队网络成立技术保障工作小组，通过其各省（市、自治区）的教学服务中心，为各共建院校提供技术服务与应急保障。二是加强资源库运行分析与数据诊断。2020 年 7 月，浙江旅游职业学院通过市场公开采购与国开视通（北京）软件技术有限公司达成技术合作协议，定期对智慧景区资源库的建设、应用与推广三个层面的内容进行分析诊断，对全部子项目建设、全部用户行为进行分析监测，确保使用效率与满意度。三是强化第一主持单位的平台技术支撑。依托浙江旅游职业学院现代信息教育技术中心，完善教学楼无线网络建设，定期更新职教云课堂 App 软件，指导智慧景区资源库官方网站、微信公众号、景点导游 App 和虚拟仿真项目建设。

二、智慧景区资源库发展现状

为更好地对标建设任务或目标及其完成情况，此处应用的资源库发展现状数据以 2022 年 7 月 31 日的数据为准。

（一）建设目标完成情况分析

1. 基本或超额完成全部建设目标

根据智慧职教资源库数据中心、职业教育专业教学资源库项目管理与监测系统相关统计报告显示，截至 2022 年 7 月 31 日，智慧景区资源库已经基本或超额完成全部预定建设目标（具体如表 3-4 所示），其中：完成率在 95.00%~100.00% 的指标有 1 个，占总指标数的 1.85%，为支出预算执行率的 95.00%，主要是因为受疫情影响，通过大量线上交流与应用推广等方式结余了相关建设资金；完成率在 100% 的指标有 20 个（限定性指标 7 个），占总指标数的 37.04%；完成率在 100.01%~110.00% 的指标有 11 个，占总指标数的 20.37%；完成率在 110.00~130.00% 的指标有 9 个，占总指标数的 16.67%；完成率高于 130.00% 的指标有 13 个，占总指标数的 24.07%（具体指标完成率分布情况参见图 3-5）。

表 3-4　智慧景区资源库建设目标完成情况一览

一级指标	二级指标	三级指标	目标值	完成情况	完成率
产出指标	数量指标	素材资源数量	18249	20482	112.24%
		视频类素材资源（个）	7557	9369	123.98%
		动画类素材资源（个）	363	850	234.16%

续表

一级指标	二级指标	三级指标	目标值	完成情况	完成率
产出指标	数量指标	虚拟仿真类素材资源（个）	11	13	118.18%
		微课类素材资源（个）	450	730	162.22%
		其他非文本类素材资源（个）	≤1108	386	100.00%
		课程数量（门）	78	83	106.41%
		专业核心课程数量（门）	37	37	100.00%
		社会培训课程数量（门）	40	47	117.50%
		对接专业的创新创业课程数量（门）	1	1	100.00%
		文化传承与文旅融合课程	5	11	220.00%
	质量指标	原创资源占比（%）	95	96.70	101.79%
		视频类素材资源占比（%）	41.41	45.84	110.70%
		动画类素材资源占比（%）	1.99	3.93	197.49%
		虚拟仿真类素材资源占比（%）	0.06	0.06	100.00%
		微课类素材资源占比（%）	2.47	3.6	145.75%
		其他非文本类素材资源占比（%）	≤6.07	2	100.00%
		活跃资源占比（%）	85	100	117.65%
		学生用户数量（个）	62000	150475	242.70%
		建设单位在校学生用户数量（个）	31000	51745	166.92%
		建设单位在校学生活跃用户数量（个）	30845	51724	167.69%
		建设单位在校学生活跃用户占比（%）	99.95	99.96	100.01%
		教师用户数量（个）	3500	10965	313.29%
		建设单位教师用户数量（个）	750	957	127.60%
		建设单位教师活跃用户数量（个）	712	910	127.81%
		建设单位教师活跃用户占比（%）	95	95.09	100.09%
		企业员工用户数量（个）	3000	3012	100.40%
		建设单位合作企业员工用户数量（个）	120	123	102.50%
		建设单位合作企业员工活跃用户数量（个）	102	105	102.94%
		建设单位合作企业员工活跃用户占比（%）	85	85.37	100.44%
		建立课程负责人资源更新激励机制政策文件（份）	5	＞5	100.00%

续表

一级指标	二级指标	三级指标	目标值	完成情况	完成率
产出指标	质量指标	推广应用活动次数	20	＞20	100.00%
		成立专业资源库建设领导小组	1	1	100.00%
	时效指标	任务及时完成度（%）	100	100	100.00%
		建设单位在校学生用户占比（%）	＜55.00	35.84	100.00%
		建设单位教师用户占比（%）	＜25.00	8.81	100.00%
		收入预算执行率（%）	100	103.44	103.44%
		支出预算执行率（%）	100	95.00	95.00%
	成本指标	项目建设总成本（万元）	＜1056	1037.76	100.00%
		咨询及调研论证费用（万元）	＜81.3	78.36	100.00%
		不能直接列入限定用途的其他费用（万元）	＜52.8	44.93	100.00%
		课程开发单位成本（万元）	＜18.75	18.60	100.00%
		企业案例制作单位成本（万元）	＜1.96	1.82	100.00%
效益指标	社会效益指标	资源库院校使用覆盖面（%）	75	100	133.33%
		社会学习者用户数量（个）	1500	2277	151.80%
		社会学习者活跃用户数量（个）	1275	1759	137.96%
		使用资源库培训企业和社会人员的单位数量（个）	＞50	5052	100.00%
		教师参与建设（更新）与应用机制	新建9项	＞9	100.00%
		学生自主学习机制	新建3项	＞3	100.00%
		第一主持单位校级资源库覆盖面（%）	50	100	200.00%
		联合主持单位校级资源库覆盖面（%）	30	＞30	100.00%
满意度指标	服务对象满意度指标	在校生使用满意度（%）	95	98.31	103.48%
		教师使用满意度（%）	90	98.74	109.71%
		社会学习者使用满意度（%）	90	99.32	110.36%

　　一是师生用户数明显超额完成。截至2022年9月14日，智慧景区资源库的学生用户数量达到了15.48万人，完成率达到了242.70%；教师用户数量达到了1.11万人，完成率达到了313.29%。究其原因，主要包括三个方面：其一，是受2020年年初开始的疫情防控影响，智慧景区资源库通过职教云直播

等方式，积极助力"停课不停学、停课不停教"，扩大了使用面与影响力；其二，是受"百万扩招"影响，智慧景区资源库为各校"百万扩招"学生便利业余学习开展了系列服务；其三，是依托智慧景区资源库的高效应用推广机制，尤其是自 2019 年资源库正式申报建设以来，连续举办了 6 届全国性的旅游类师资培训班，为扩大其影响力、便利师生使用提供了良好的平台。

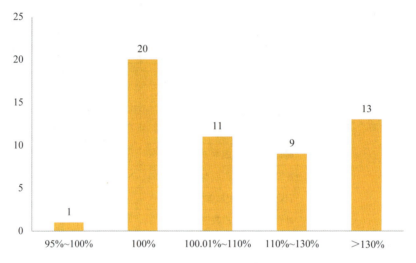

图 3-5　智慧景区资源库主要绩效指标完成率分布

二是特色课程与优质资源数量明显超额完成。相关子项目课程团队积极响应智慧景区资源库"讲好美丽中国故事、展现美丽中国形象"的总体目标，纷纷结合地方特色开辟了特色课程模块或地方特色课程，使得文化传承与文旅融合课程数增加到 11 门（具体如表 3-5 所示）。相关子项目课程主持院校充分重视课程建设质量，注重动态资源的建设，特别为增加动画类、微课类素材资源适当追加了预算，使得智慧景区资源库的总预算收入完成率达到了103.44%，动画类素材资源与微课类素材资源的完成率则分别达到了 234.16%和 162.22%。

表 3-5 智慧景区资源库文化传承与文旅融合课程一览

序号	课程名称	课程性质	主持院校	负责人
1	中国旅游地理	基础课程	南京旅游职业学院	孙 斐
2	中国旅游文化	基础课程	江苏经贸职业技术学院	胡 强
3	茶文化	基础课程	浙江旅游职业学院	康保苓
4	中国古典园林文化	地方特色	苏州旅游与财经高等职业技术学校	伍 静
5	中国良渚文化	地方特色	浙江旅游职业学院	徐慧慧
6	华夏面食传承与创新	地方特色	太原旅游职业学院	任翠瑜
7	黄河文化与旅游	地方特色	郑州旅游职业学院	陈凌凌
8	三峡旅游文化	地方特色	三峡旅游职业技术学院	张丽利
9	东北冰雪旅游资源与文化	地方特色	黑龙江农业经济职业学院	尚明娟
10	长白山文化的历史记忆	地方特色	吉林外国语大学	金 花
11	皖北历史文化旅游	地方特色	淮南联合大学	王启敏

2. 资源库综合排名表现出色

根据教育部职业教育专业教学资源库项目管理与监测系统公布统计报告的数据显示，智慧景区资源库的月度或季度、年度综合排名均较为出色。其中，2020 年作为立项后国家级资源库正式建设第一年，月度排名基本呈现出逐月进步的态势，最佳表现为 2020 年 9 月份，位居第 17，当年度综合总排名为第 51，位居 203 个国家级教学资源库的前 25%；2021 年度的总体排名较为稳定，月度排名均居前 30，最佳表现为 2021 年 6 月份，位居第 12，当年度综合总排名为第 33，位居 203 个国家级教学资源库的前 20%（具体如表 3-6 所示）。

表 3-6 智慧景区资源库在 203 个国家级资源库中的综合排名情况

时间段	2020.1—2	2020.3	2020.4	2020.5	2020.6	2020.9	2020.10
排名情况	48/203	75/203	68/203	未排名	未排名	17/203	25/203
时间段	2020.11	2020.12	2020 年度	2021.1—2	2021.3	2021.4	2021.5
排名情况	25/203	19/203	51/203	未排名	20/203	22/203	16/203
时间段	2021.6	2021 年上半年	2021.9	2021.10	2021 年度	2022 年第 1 季度	2022 年上半年
排名情况	12/203	14/203	17/203	30/203	33/203	未排名	未排名

（二）专业园地建设完成情况与现状

1. 强化人才需求调研，形成人才需求预测报告

为进一步有效指导资源库建设，强化对子项目课程建设的引导、知识树的完善、素材资源的更新，由浙江旅游职业学院牵头，充分依托全国旅游职业教育教学指导委员会景区开发与管理专业委员会、中国智慧景区开发与管理专业发展共同体等平台，联合智慧景区资源库共建共享联盟，每年开展全国性旅游景区人才需求调研与院校景区类专业发展现状供给调研，先后发布了 5 个旅游景区人才需求调研报告（具体如表 3-7 所示）。

表 3-7　智慧景区资源库发布人才需求预测报告一览

序号	年份	报告名称	关联事件
1	2020	景区开发与管理专业人才需求调研报告（2020 年）	2020 年度各校人才培养方案修订，景区专业课程标准体系建设研究
2	2020	新时代旅游景区转型升级与专业技能人才需求的调查研究	景区专业课程标准体系建设研究，联合制订景区接待服务与管理等职业技能证书标准
3	2021	景区开发与管理专业人才需求调研报告（2021 年）	2021 年度各校人才培养方案修订，2021 年职业院校专业目录修订《旅游行业领域调研论证报告》
4	2022	景区开发与管理专业人才需求调研报告（2022 年）	2022 年度各校人才培养方案修订，教育部智慧景区专业教学标准修订
5	2022	中国旅游景区行业人才需求与预测大数据报告（2022 年）	配合教育部第二批职业教育国家级教师教学创新团队主课题研究

2. 充分依托团队力量，形成专业国家教学标准

智慧景区资源库第一主持单位——浙江旅游职业学院于 2017—2019 年作为牵头单位完成了《高等职业学校景区开发与管理专业教学标准》的研发制订工作。2020 年，浙江旅游职业学院作为全国旅游职业教育教学指导委员会景区开发与管理专业委员会的秘书长单位，参与了教育部职业教育旅游大类目录修订工作的相关调研工作，并确定将专业名称改为"智慧景区开发与管理"。2021 年 8 月，浙江旅游职业学院再次作为牵头单位，联合太原旅游职业学院、云南旅游职业学院等资源库联合主持、共建单位及其他相关单位，开展《高职

职业教育专科智慧景区开发与管理专业教学标准》的修订工作，并于 2022 年
6 月基本完成。图 3-6 为王方组长在新版专业教学标准综合组验收上的汇报。

图 3-6　王方组长在新版专业教学标准综合组验收上的汇报

3. 加强四方协同论证，形成联盟课程标准体系

为进一步规范指导智慧景区资源库子项目课程体系建设，全国旅游职业教
育教学指导委员会以 2019 年度课题形式对《"职教二十条"背景下的景区开发
与管理专业课程标准体系建设研究》课题于 2019 年 12 月 12 日予以正式立项
（如图 3-7 所示）。在前期相关调研与研究的基础上，景区开发与管理专业教
学资源库建设领导小组与课题组成员又经过一年的深入调研、讨论，尤其是得
到了各级文化和旅游主管部门、相关行业协会、行业龙头企业的支持，最终形
成了专著《景区开发与管理专业课程标准体系建设研究》并于 2020 年 12 月由
中国旅游出版社出版发行（见图 3-8）。

图 3-7　智慧景区资源库课程标准体系研究课题结题证书

图 3-8　智慧景区专业课程标准体系建设研究专著封面

4.综合多方政策资源，形成专业配套资源体系

根据智慧景区资源库建设方案与建设任务书要求，较好地完成了专业建设园地中行业相关标准的搜集与引进、行业或专业相关标准的研发、行业相关政策意见的搜集等系列工作。一是搜集整理了与智慧景区专业发展相关的 84 个行业标准，包括国家推荐标准、地方标准、旅游行业标准等，内容涉及旅游景区、旅游度假区、旅游新业态、旅游项目开发与建设等各个方面。二是研发设计了 13 个与智慧旅游专业相关的行业标准、技术导则及企业技能标准。其中，已经研发并公布国家推荐标准 1 个，已经立项并完成制（修）订国家行业标准 2 个，已经研发并公布省级地方标准（技术导则）6 个，已经研发并实施企业技能标准（证书）4 个（具体如表 3-8 所示）。三是通过各种途径搜集整理了近 5 年来与旅游行业紧密相关的政策文化、规划等素材资源 33 个。

表 3-8　智慧景区资源库相关标准研发成果一览

序号	成果名称	成果类型	主要主持单位	主要成员	备注
1	旅游民宿基本要求与等级划分（GB/T 41648—2022）	国家推荐标准	浙江旅游职业学院、浙江省文化和旅游厅	章艺	2022 年 7 月已发布
2	旅游类专业学生景区实习规范（LB 2020—08）	国家行业标准	浙江旅游职业学院、中国旅游景区协会	王昆欣、郎富平、陈添珍	2022 年 5 月已修订提交

序号	成果名称	成果类型	主要主持单位	主要成员	备注
3	旅游导示标识系统建设指南（LB 2020—05）	国家行业标准	浙江旅游职业学院、浙江朗域视觉科技有限公司	任鸣、吴亚春	2021年12月已制订提交
4	研学旅行服务规范（DB14/T 2044—2020）	山西地方标准	太原旅游职业学院	马兆兴、韩一武、许萍	2020年4月已发布
5	雾凇景观旅游服务规范（DB22/T 3228—2021）	吉林地方标准	吉林省经济管理干部学院	李娌	2021年4月已发布
6	研学旅行基地服务规范（DB14/T 2511—2022）	山西地方标准	太原旅游职业学院	韩一武、许萍	2022年8月已发布
7	浙江省景区接待服务与管理"微改造、精提升"技术导则	浙江技术导则	浙江旅游职业学院，蜗牛（北京）景区管理有限公司	郎富平、徐挺、陈蕍、陈添珍	2022年8月已发布
8	浙江省景区景点讲解员"微改造、精提升"技术导则	浙江技术导则	浙江旅游职业学院，蜗牛（北京）景区管理有限公司	王昆欣、郎富平、陈璐、徐挺	2022年8月已发布
9	浙江省旅游厕所"微改造、精提升"技术导则	浙江技术导则	浙江旅游职业学院，蜗牛（北京）景区管理有限公司	徐挺、霍勇、黄中黎、陈添明	2022年8月已发布
10	旅游景区物业管理职业技能证书（标准）	企业技能证书（标准）	蜗牛（北京）景区管理有限公司，浙江旅游职业学院	史云凡、于丹、黄中黎	2020年7月已实施
11	旅游景区接待服务职业技能证书（标准）	企业技能证书（标准）	蜗牛（北京）景区管理有限公司，浙江旅游职业学院	郎富平、徐挺、陈蕍、陈添珍	2020年7月已实施
12	旅游安全管理职业技能证书（标准）	企业技能证书（标准）	蜗牛（北京）景区管理有限公司，浙江旅游职业学院	霍勇、吴佳尧、黄中黎	2020年7月已实施
13	旅游营销职业技能证书（标准）	企业技能证书（标准）	蜗牛（北京）景区管理有限公司，浙江旅游职业学院	史云凡、陈友军	2020年7月已实施

（三）课程资源建设完成情况与现状

1. 全面完成38门子项目课程建设

智慧景区资源库根据学生、教师、行业从业人员、社会大众四大类用户群体，结合2020年《景区开发与管理专业课程标准体系建设研究》成果，明确了 38 门子项目课程的知识点体系，全面完成了 38 个子项目课程配套素材资源 20155 个。其中：契合学生的学习资源以服务高职学生为主，兼顾中职旅游类专业与农艺类专业学生、应用型本科专业学生，素材资源总量达到 18796 个；契合教师的学习资源以服务高职专任教师为主，素材资源总量达到 18745 个；契合旅游景区与乡村旅游从业人员的学习资源数量达到 15679 个；契合社会大众的学习资源数量达到 16470 个；动态资源以视频为主，微课、动画和富媒体等为辅，平均动态资源比例达 55.19%（具体如表 3-9 所示）。

表 3-9　智慧景区资源库 38 门子项目课程素材资源建设情况一览

序号	课程名称	素材资源总量（按人群分类）				素材总量	动态比例（%）
		学生	教师	行业	社会		
1	景区服务与管理	493	496	475	461	832	57.57
2	景点导游	800	799	751	761	799	62.08
3	旅游资源调查与评价	600	600	365	341	831	56.32
4	市场调查与分析	576	569	568	569	611	55.32
5	旅游策划	778	734	707	704	808	50.62
6	旅游规划	812	812	587	573	865	53.76
7	计算机辅助设计	780	781	779	779	800	56.76
8	景观设计	769	768	82	83	804	51.62
9	旅游概论	625	618	620	623	615	60.49
10	旅游标准知识	550	512	219	120	624	33.82
11	中国旅游文化	435	435	435	433	410	57.08
12	中国旅游地理	417	417	416	415	359	47.63
13	旅游服务礼仪	408	408	402	408	411	58.39
14	旅游心理学	402	401	401	400	400	69.5
15	旅游市场营销	676	675	671	671	800	51.31
16	景观鉴赏	404	407	296	397	448	56.47

续表

序号	课程名称	素材资源总量（按人群分类）				素材总量	动态比例（%）
		学生	教师	行业	社会		
17	茶文化	457	446	170	351	429	80.48
18	红色旅游资源文化	403	402	329	355	403	52.74
19	乡村旅游开发与管理	635	775	456	612	811	53.52
20	旅游英语	383	383	382	376	437	58.12
21	研学旅行实务	367	331	341	339	369	53.12
22	旅游创新创业	304	299	300	299	404	52.97
23	东北冰雪旅游与文化	368	368	366	366	419	55.5
24	长白山文化的历史记忆	317	317	16	314	302	52.65
25	旅游商品创意	158	158	158	158	416	54.33
26	中国古典园林文化	388	388	383	385	404	55.94
27	中国良渚文化	407	407	398	406	431	73.78
28	智慧旅游	397	397	368	361	402	50.98
29	华夏面食传承与创新	410	408	406	402	413	55.93
30	景区管理实务	810	794	617	623	818	53.66
31	旅游企业客户关系管理	400	363	358	358	404	51.73
32	旅游电子商务	688	688	688	688	586	58.02
33	园林植物识别与应用	404	404	389	389	407	53.81
34	旅游设施设计与管理	397	397	397	397	400	50.75
35	黄河文化与旅游	402	401	399	400	403	59.06
36	三峡旅游文化	354	366	354	354	408	53.93
37	皖北历史文化旅游	335	335	162	336	294	40.13
38	自由行行程策划	487	486	468	463	378	47.35
	合计	18796	18745	15679	16470	20155	55.19

2. 较好完成专业素材中心建设

智慧景区资源库在38门子项目课程的基础上，结合专业园地建设、行业智库建设、虚拟仿真建设、美丽中国建设与特色资源建设，构建了专业基础素材库和特色素材库。其中，基础素材库包括专业标准库、课件教案库、行业标准库、学生作品库、咨询服务库、专业习题库、动画视频库等；特色素材库包括旅游服务英语库、美丽乡村案例库、旅游景观鉴赏库、企业职业能力（证书）认证库等（具体如表3-10所示）。

表3-10 智慧景区资源库素材中心组成结构

序号	资源类型名称	主要内容	目标数量	完成数量	完成率
1	专业标准库	人才需求调研报告、人才培养方案、景区与管理专业教学标准、旅游类专业学生景区实习规范	1	1	100.00%
		课程标准、教学活动实施计划、课程单元教学设计、课程考核实施方案、学习指南、实训指导书等	38	38	100.00%
2	课件教案库	课程配套课件与教案	38	38	100.00%
3	行业标准库	旅游类国家、行业、地方等标准的文本	100	102	102.00%
4	学生作品库	视频类作品、音频类作品、课件类作品、微课类作品、文本类作品、设计图像类作品等	1000	1787	178.70%
5	咨询服务库	景区规划、景区策划、景区可研、景区创建、景区咨询等配套资源	400	512	128.00%
6	专业习题库	课程配套的试题库内题目数量	18000	20920	116.22%
7	动画视频库	课程的完整视频录像、微课以及典型任务流程的动画；3D虚拟仿真资源	4320	10948	253.43%
8	旅游服务英语库	景区服务接待类、旅游资源鉴赏类以及旅游景区讲解类的双语视频、音频	500	782	156.40%
9	美丽乡村案例库	全国美丽乡村（乡村旅游）点的配套案例的视频、文本资源	200	422	211.00%

续表

序号	资源类型名称	主要内容	目标数量	完成数量	完成率
10	旅游景观鉴赏库	全国高等级景区、风景区、风情小镇、特色小镇、世界遗产、非物质文化遗产的宣传视频	500	689	137.80%
11	企业职业能力认证库	标准（证书）培训方案、标准（证书）认证方案、配套培训课件、教案、视频等资源	≥1	4	100.00%

3. 基于地方特色，搭建了千门特色或个性课程

截至 2022 年 9 月 11 日，智慧景区资源库配套建设课程 1432 门。其中：标准化课程 38 门、个性化课程 1394 门；依托智慧职教开设 125 门、依托职教云开设 SPOC1127 门、依托慕课学院开设 142 门。在智慧景区资源库官网中，开设个性化课程 24 门、技能训练模块 58 个、培训课程 43 门、微课 361 门。智慧景区资源库共建单位开设情况如图 3-9 所示。

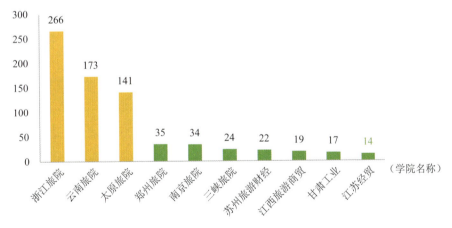

图 3-9　智慧景区资源库共建单位开设情况（前 10）

4. 基于学习规律，建设多样颗粒化资源

截至 2022 年 9 月 11 日，智慧景区资源库共建素材资源 20406 个、素材总量 2358.09G、视频（含动画）总时长 67797 分钟。按媒体类型统计，以视频类（45.83%）、PPT 文稿（27.61%）、文本类（12.62%）、动画类（4.17%）、微课类（3.60%）等为主；按应用类型统计，以教学录像（32.66%）、教学课件（22.07%）、教学案例（13.06%）和学生作品（8.69%）等为主；按来源统计，原创率达 96.90%（具体如图 3-10 所示）。其中，被标准化课程引用资源占比为 76%，活跃资源占比为 99.99%，动态资源占比 56%。

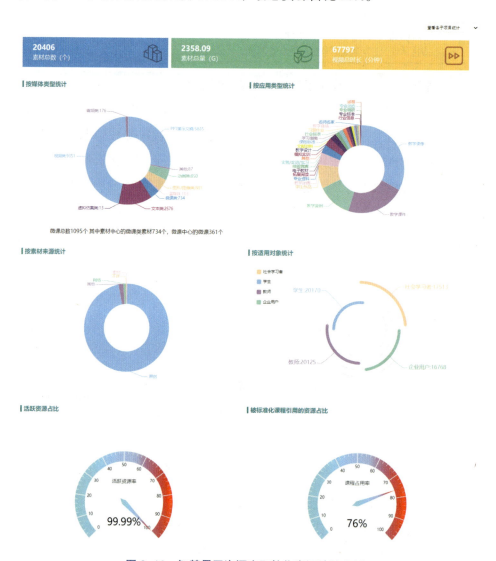

图 3-10　智慧景区资源库颗粒化资源统计分析

（四）特色子库（馆）建设完成情况与现状

1. 虚拟中国游览馆建设：让你在线畅游目的地

为加强"展示美丽中国形象"的功能与作用，智慧景区资源库委托微精天下设计了虚拟中国游览馆，内容涉及全国 24 个省（自治区、直辖市）的 100 个国家 4A 级或 5A 级旅游景区（具体如图 3-11 所示），不仅能有效配合"旅游资源调查与评价""景点导游""景观鉴赏"等专业核心课程的教学实践与实训，而且能方便社会大众在线游览国内最佳的一批旅游目的地或旅游景区。

图 3-11　智慧景区资源库官方网站虚拟仿真栏目

2. 旅游资源数字馆建设：5G 时代文旅资源监测平台

为强化旅游资源分类、调查与评价的基础性地位与作用，更好地开展行业服务与专业教学，智慧景区资源库设计研发了微信小程序——旅游吸引物数字馆（见图 3-12）。其主要用途有：一是共建院校学生可通过搜索微信小程序——旅游吸引物数字馆，通过注册绑定班级、学号、手机号码等信息，在旅游资源等专业课程实践教学中，实现实时采集旅游资源的地理信息位置、图片影像资料、录入现状访谈与勘测数据等信息；二是相关院校专任教师可在线审核、评价或反馈所授班级学生提交的旅游资源调查与评价资料；三是注册学生可随时查看、编辑自己提交的实训作品，也可以搜索浏览经审核通过后其他同学提交的实训作品。

图 3-12　微信小程序——旅游吸引物数字馆

3. 文旅服务案例库建设：学习模范与标杆

智慧景区资源库积极鼓励各共建院校课程团队开展行业服务工作，深入推进产教融合，共享先进文旅服务案例或方案；积极鼓励各共建行业企业提供行业最新实践案例。重点依托"旅游资源调查与评价""旅游标准知识""旅游策划""旅游规划""景点导游""景区服务与管理"等专业核心课程，共建文旅服务案例库，主要搜集整理了景区或旅游度假区景观质量评估（参见图3-13）、景区或旅游度假区创建、旅游行业标准或地方标准研发、旅游策划与咨询、旅游规划与工程设计、景区运营与管理典型案例等素材资源 512 个。

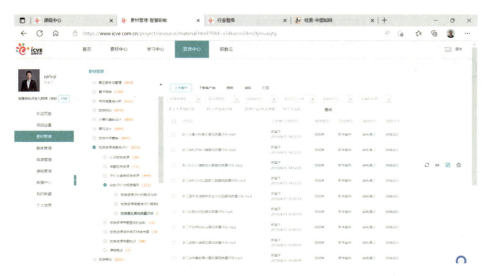

图 3-13　"旅游资源调查与评价"配套服务案例

4. 文旅讲解系统建设：讲好美丽中国故事的新阵地

智慧景区资源库紧紧围绕"讲好美丽中国故事"的战略目标，充分依托"景点导游""景观鉴赏"等专业课程建设，设计研发了三个层次的文旅讲解系统：一是自主研发设计了景点导游 App，与小鹿导游 App 共享数字资源与数据系统，学生不仅能自主采集各地旅游景区或度假区的游览线路、提供个性化讲解服务，而且能学习借鉴小鹿导游系统中经验丰富的高品质讲解服务；二是重点依托"景点导游""景观鉴赏""中国旅游地理""中国旅游文化"等课程，系统科学性地为全体学员提供教学、讲解服务；三是重点依托"黄河文化和旅游""东北冰雪旅游与文化""长白山文化的历史记忆""中国古典园林文化""中国良渚文化""华夏面食传承与创新""三峡旅游文化""皖北历史文化旅游"等文化传承、文旅融合特色课程，通过文化基因解码、专业解读与分析等方式，重点讲解中华文明探源、中国古典园林及各地特色风景与民俗风情（见图 3-14）。

图 3-14 智慧景区资源库地方特色课程开设情况

（五）扩展学习平台建设完成情况与现状

1. 智慧职教资源库官网

智慧景区资源库依托智慧职教平台，开辟了资源库官方网站（http://www.icve.com.cn/jqkfygl），并于2021年结合教育部《职业教育专业目录（2021年）》进行了改版设计。栏目设计上，在既有专业园地、课程中心、微课中心、技能模块、培训中心、素材中心的基础上，个性化设置了行业智库、虚拟仿真、美丽中国、特色资源等栏目（见图3-15）。智慧景区资源库官方网站可供全体受众学习。

图 3-15 智慧景区资源库官方网站首页

2. 智慧职教 MOOC 学院

智慧景区资源库依托智慧职教 MOOC 学院共开设了 38 门慕课，主要用于联盟院校学分互认及其他各类人群的自主学习。尤其是在疫情防控常态化情形下，已经成为很多院校开展"停课不停学、停课不停教"的重要依托课程平台；同时也已经成为很多院校服务"百万扩招"学生的重要学习平台。截至 2022 年 8 月底，智慧景区资源库 38 门慕课共开设 173 期，学习人数达 13.06 万人次，平均辐射院校数达 324 个（其中，"中国良渚文化"辐射院校数最多达 2317 个）。智慧职教子项目课程配套慕课开设情况一览如表 3-11 所示。

表 3-11 智慧职教子项目课程配套慕课开设情况一览

序号	子项目课程名称	慕课短网址（编号）*	开设期数	学习人数	辐射院校数
1	景区服务与管理	JQFTY477701	5	6587	471
2	景点导游	JDDZJ376555	6	3399	275
3	旅游资源调查与评价	LYZZJ572014	7	15585	1645
4	市场调查与分析	SCDYN340188	5	1127	155
5	旅游策划	LYCZJ116140	5	2476	293
6	旅游规划	LYGYN633704	5	1774	264
7	计算机辅助设计	JSJZJ886225	5	2190	316
8	景观设计	JGSZJ738865	5	1461	245
9	旅游概论	LYGSX177005	3	900	143
10	旅游标准知识	LYBZJ838328	5	1453	176
11	中国旅游文化	GLJS744174	4	2096	194
12	中国旅游地理	ZGLNJ733371	4	1096	231
13	旅游服务礼仪	LYFZJ116081	4	1600	142
14	旅游心理学	LYXJL211144	5	4217	406
15	旅游市场营销	LYSZJ326023	3	685	178
16	景观鉴赏	JGJTY373360	5	2775	256
17	茶文化	CWHZJ771571	6	7680	512
18	红色旅游资源文化	HSLJX777706	4	1251	155
19	乡村旅游开发与管理	XCLGS538847	5	1523	197
20	旅游英语	LYYTY557224	4	3075	237
21	研学旅行实务	YXLZJ316021	3	429	92
22	旅游创新创业	LYCNJ326412	3	274	69
23	东北冰雪旅游与文化	BXQZH401856	13	4898	488
24	长白山文化的历史记忆	CBSJL028486	5	1010	138
25	旅游商品创意	LYSYN506451	4	1280	190
26	中国古典园林文化	ZGGSZ536550	4	1179	256
27	中国良渚文化	ZGLZJ043874	6	25755	2317
28	智慧旅游	ZHLZJ025275	4	2272	196

序号	子项目课程名称	慕课短网址（编号）*	开设期数	学习人数	辐射院校数
29	华夏面食传承与创新	HXMTY854416	4	7584	393
30	景区管理实务	JQGZZ070813	4	1836	189
31	旅游企业客户关系管理	LYQJS807138	5	1015	207
32	旅游电子商务	LYDGZ874438	4	12278	585
33	园林植物识别与应用	YLZZJ180572	4	661	179
34	旅游设施设计与管理	LYSZJ848438	4	131	31
35	黄河文化与旅游	HHWZZ668182	2	1042	70
36	三峡旅游文化	SXLSX226446	2	3323	188
37	皖北历史文化旅游	WBLHN214436	3	925	46
38	自由行行程策划	ZYXRZ453207	4	1717	217

* 注 1：慕课短网址编号的前缀应为 "https://mooc.icve.com.cn/course.html?cid="。

* 注 2：因智慧职教慕课学院平台迁移，新网址已经有调整，读者如果感兴趣，可直接在新平台搜索相关课程查阅相关信息。

3. 职教云 SPOC

为进一步强化资源库推动专业教学改革与创新、助力线上线下混合式教学改革与实践，智慧景区资源库积极鼓励共建共享联盟院校使用职教云 SPOC 和职教云课堂 App，重点面向在校生开展 SPOC 教学。截至 2022 年 9 月 11 日，智慧景区资源库依托职教云开设 SPOC 共 1127 门。其中，广西交通职业技术学院引用"中国旅游地理"课程开设的 SPOC 学习人数最多，达 1642 人；浙江旅游职业学院引用"旅游资源调查与评价"课程开设的 SPOC 互动日志数最多，达 58.79 万次（见图 3-16）。

课程详情

课程名　授课教师　学校名称　查询

课程名	主持教师	全部	资源数	学生数	日志总数	职教云	所属单位	
中国旅游地理	杨勤	个性化课程	261	1642	137955	职教云2.0	广西交通职业技术学院	详情
旅游产品策划与营销（酒店业）	何云	个性化课程	167	1378	52188	职教云2.0	海南职业技术学院	详情
中国旅游文化	胡强	个性化课程	336	1270	300565	职教云2.0	江苏经贸职业技术学院	详情
三峡旅游文化	张丽莉	个性化课程	368	1209	109265	职教云2.0	三峡旅游职业技术学院	详情
中国旅游文化	邵雨薇	个性化课程	209	1189	335249	职教云2.0	浙江旅游职业学院	详情
旅游创新创业	袁子薇	个性化课程	102	1189	154532	职教云2.0	浙江旅游职业学院	详情
旅游资源调查与评价	郎富平	个性化课程	521	917	587931	职教云2.0	浙江旅游职业学院	详情
智慧旅游	张静芳	个性化课程	328	828	61527	职教云2.0	浙江旅游职业学院	详情
中国旅游文化	孙秀玲	个性化课程	209	825	30839	职教云2.0	北京商贸学院	详情
2021秋季旅游学概论	刘欢	个性化课程	656	718	3004	职教云2.0	江西旅游商贸职业学院	详情
旅游心理学	刘伟	个性化课程	193	692	43102	职教云2.0	三亚航空旅游职业学院	详情
旅游策划	陈蔚	个性化课程	351	636	378554	职教云2.0	浙江旅游职业学院	详情
旅游设施与工程设计	陈炼明	个性化课程	405	584	112547	职教云2.0	浙江旅游职业学院	详情
[8371117]旅游市场营销（浙旅网络）(2)	汪奕楠	个性化课程	191	584	2804	职教云2.0	浙江艺术职业学院	详情
旅游商品创意	庞馨	个性化课程	174	574	90732	职教云2.0	云南旅游职业学院	详情
服务心理学	李璐英	个性化课程	133	562	208918	职教云2.0	江苏海事职业技术学院	详情
中国自助游指南	李翔凌	个性化课程	69	560	91456	职教云2.0	郑州铁路职业技术学院	详情

图 3–16　智慧景区资源库课程 SPOC 引用开设情况（前 18）

4. 智慧景区资源库微信客户端

为进一步方便行业企业人员与社会大众的学习，智慧景区资源库依托微信平台开发了智慧景区资源库微信公众号与微信小程序。其中，微信公众号以服务号——“智慧景区开发与管理教学资源库”形式体现，除每月定期发布智慧景区资源库重大新闻、事件等信息以外，还开设了推荐课程（下设 38 门标准化课程）、学习中心（下设培训中心、技能模块、新闻资讯、虚拟游 4 个模块）、学习首页、用户登录与个人中心等功能模块，学习用户可通过微信账号直接认证登录后学习课程与资源（见图 3–17）；微信小程序则主要是研发了旅游吸引物（资源）数字馆，可供各院校师生开展实践教学。

图 3-17 智慧景区资源库微信客户端

（六）共享机制建设完成情况与现状

1. 成立共建共享组织架构

为推动优质教学资源共商共建共享，智慧景区资源库在景区开发与管理专业教学资源库建设领导小组的统一领导下，建立了学校教务处、二级院系、专业教研室、课程团队及骨干教师等五级共商共建共享的"网状"组织架构：由各共建院校教务管理部门将智慧景区资源库课程体系纳入各校人才培养方案制（修）订指导意见；由各共建院校二级院系负责推动智慧景区开发与管理、旅游管理、导游、研学旅游管理与服务、茶艺与茶文化等旅游类相关专业的人才培养方案修订，并负责监督与质量反馈；各子项目团队所属专业教研室负责人才培养方案的实施；各子项目课程团队重点负责课程的共建共享，具体由团队成员及骨干教师贯彻落实（具体如图 3-18 所示）。

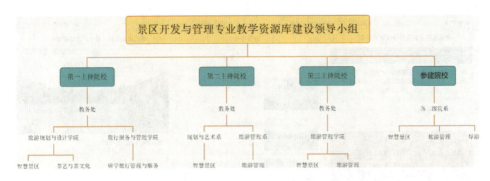

图 3-18　智慧景区资源库共商共建共享组织架构体系

2. 设计共商共建共享平台

为有效促进智慧景区资源库的共商共建共享，景区开发与管理专业教学资源库建设领导小组设计了三个层面的平台：一是充分借助全国旅游职业教育教学指导委员会及其景区开发与管理专业委员会、中国职业技术教育学会智慧旅游职业教育专业委员会等平台，利用专业目录修订、专业教学标准修订、专业课程标准制订与专业实习标准制订等项目载体，促进各共建单位及子项目团队共商共建共享。二是充分借助全国高等职业教育旅游大类在线开放课程联盟、中国旅游协会旅游教育分会、中国旅游景区协会、浙江省旅游职业教育集团等平台，形成以资源库共商共建共享为核心，以"双高"建设、"三教"改革、"岗课赛证"融合、师资团队建设等为主题，开办各类专业研讨会、师资培训班等，促进各子项目课程的建设与品质提升。三是在智慧景区开发与管理专业教学资源库共建共享联盟建设的基础上，联合国内 11 所开设智慧景区专业的院校在 2021 年 10 月共同成立了中国智慧景区开发与管理专业发展共同体，以持续推动并引领国内智慧景区专业的发展。智慧景区资源库依托平台部分活动照片与新闻报道如图 3-19 所示。

图 3-19　智慧景区资源库依托平台部分活动照片与新闻报道

3. 构建共建共享制度体系

为确保智慧景区资源库的共商共建共享制度能持续有效地实施到位，构建了较为完善的制度体系：一是建立校际学分互认制度，即由浙江旅游职业学院、太原旅游职业学院与云南旅游职业学院三所联合主持单位的教务处牵头商议，明确将 38 门资源库慕课纳入全校性公共选修课并实现学分互认，并以景区开发与管理专业教学资源库建设领导小组名义发布各校选课通知，由资源库专职秘书负责院校间的学分认定工作（见图 3-20）。二是将专业核心课程与部分专业基础课程、专业选修课等纳入相关二级院系相关专业的人才培养方案（各共建院校相关专业人才培养方案请参见智慧景区资源库官方网站专业园地栏目）。

图 3-20　智慧景区资源库开展学分互认的相关通知

三、智慧景区资源库推广与成效

（一）推广途径与举措

1. 共建共享，形成合力，示范带动效果明显

智慧景区资源库联合了6所国家示范性高职院校、2所省级示范性高职院校、4所智慧景区专业特色明显的高职院校。这12所参建院校分别来自我国华东地区、华北地区、东北地区、华南地区、西北地区、华东地区等省市景区产业集群地，均有自身专业特色和优质课程。各共建院校按照"共商共建共享、边建边推边用"的原则顺利完成既定38门标准化课程，并有序推进个性化课程、技能训练模块、微课与慕课的建设与推广应用，很好地形成了合力，促进了优质教学资源的共享，推动了职业教育旅游类专业的"三教"改革，提升了共建院校的教学信息化水平，促进了教育理念、教学方法和学习方式的变革，扩大了辐射与示范引领作用。截至2023年6月底，智慧景区资源库各共建单位在专业建设、课程建设、师资团队、教学标准等各方面均取得了显著成绩，成为国内智慧景区专业乃至旅游类专业发展的典范（具体如表3-12所示）。

表3-12　智慧景区资源库共建单位部分标志性成果一览

序号	成果名称	主持（所属）院校	成果类型	备注
1	国家级"双高"导游专业群（含智慧景区专业）B档	浙江旅游职业学院	专业建设	2019年
2	第二批职业教育国家级教师教学创新团队——智慧景区专业团队	浙江旅游职业学院	师资团队	2021年
3	第二批职业教育国家级教师教学创新团队——旅游管理	江西旅游商贸职业学院	师资团队	2021年
4	第二批职业教育国家级教师教学创新团队——旅游服务与管理	江苏旅游与财经高等职业技术学院	师资团队	2021年
5	职业教育专科智慧景区开发与管理专业教学标准	浙江旅游职业学院	教学标准	2021年修订
6	2021年全国职业院校技能大赛教学能力比赛一等奖	浙江旅游职业学院	教学比赛	2021年

续表

序号	成果名称	主持（所属）院校	成果类型	备注
7	2020年全国职业院校技能大赛教学能力比赛二等奖	南京旅游职业学院	教学比赛	2020年
8	2020年国家级精品在线课程"冰雪奇缘——东北冰雪旅游资源与文化"	黑龙江农业经济职业学院	课程建设	2020年
9	2022年国家级职业教育在线精品课程"中国良渚文化"	浙江旅游职业学院	课程建设	2022年
10	2022年国家级职业教育在线精品课程"旅游策划"	浙江旅游职业学院	课程建设	2022年
11	2022年国家级职业教育在线精品课程"旅游规划"	云南旅游职业学院	课程建设	2022年
12	2022年国家级职业教育在线精品课程"旅游电子商务"	广州番禺职业技术学院	课程建设	2022年
13	2022年国家级职业教育在线精品课程"市场调查与分析"	云南旅游职业学院	课程建设	2022年
14	2022年国家级职业教育在线精品课程"旅游英语"	太原旅游职业学院	课程建设	2022年
15	国家级教师教学创新团队主课题《新时代职业院校智慧景区开发与管理专业领域团队教师教育教学改革创新与实践》	浙江旅游职业学院	课题研究	2022年

2. 项目互助，平台推广，发展用户效果良好

智慧景区资源库有效依托智慧职教平台及其配套的MOOC学院、职教云SPOC（含职教云课堂App）等展开了专业教学资源库的建设、应用与推广。其中，智慧职教平台是智慧景区资源库的直接建设与公共应用平台；MOOC学院是智慧景区资源库打造职业教育在线开放课程与院校课程互选、学分互认的主阵地，更是服务社会所有学习者、"百万扩招"学生及助力疫情防控背景下"停课不停学、停课不停教"的主阵地；职教云SPOC（含职教云课堂App）以共建院校在校生为基础，重点推进国内旅游类专业基于资源库项目的教学信息化提升与改革创新。截至2023年5月27日，智慧景区资源库拥有注册用户数22.31万人，远超既定学习用户目标人数。其中，学生用户20.58万人，教师用户1.22万人，用户数量多、结构合理，活跃程度强，发展用户的效果良好。具体呈现出如下特征：

一是注册用户数逐年递增趋势明显。智慧景区资源库自 2017 年正式建设以来，随着资源库建设的快速推进，其注册用户数增长趋势明显，尤其是在 2020—2022 年，2017—2022 年均增长率达到 235.92%，具体见表 3-13 和图 3-21。

表 3-13　智慧景区资源库注册用户数增长情况一览

年份	用户数	增长数	相对增长率
2015	1	—	—
2016	3	2	—
2017	2901	2898	—
2018	3905	1004	34.61%
2019	16691	12786	327.43%
2020	88863	72172	432.40%
2021	152692	63829	71.83%
2022*	212022	59330	38.86%
2023	223088	11066	5.22%

* 注：2023 年数据系截至 2022 年 5 月 27 日数据。

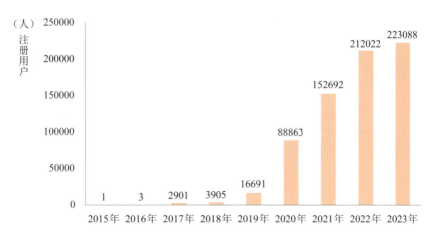

图 3-21　智慧景区资源库 2015—2023 年注册用户情况

二是外围辐射影响力强大。在全部注册用户中，资源库共建单位的学生用户数有 67122 人、教师用户数有 1054 人，分别占总学生用户数和总教师用户数的 32.61% 和 8.61%，说明智慧景区资源库的非共建单位使用推广及辐射力强大。

3. 会议推广，媒体助力，加强宣传扩大影响

在全力完成资源库既定建设任务的同时，景区开发与管理专业教学资源库建设领导小组通过举办会议论坛、师资培训班、媒体宣传等各种途径扩大资源库的影响力与知名度。

一是着力建好自有媒体平台。首先，智慧景区资源库依托智慧职教开辟资源库官方网站（http://www.icve.com.cn/jqkfygl）并先后改版三次，以保证一定的新鲜度；其次，智慧景区资源库专门开辟独立的微信公众号（服务号）。

二是着力办好会议论坛与培训班。自智慧景区资源库正式建立以来，尤其是自国家级教学资源库立项以来，充分依托全国高等职业教育旅游大类在线开放课程联盟、中国旅游协会旅游教育分会等平台，先后举办了 8 期师资培训班、3 次会议论坛或研讨会（具体如表 3-14 所示）和分享交流会十多次，不仅促进了全国旅游类专业教师的沟通、交流与技能提升，而且扩大了智慧景区资源库的辐射力与影响力。

表 3-14　智慧景区资源库 2017—2023 年举办活动一览

序号	活动（会议、论坛、培训班）名称	举办时间	举办地点 / 形式
1	2018 年全国旅游院校景区与休闲专业（方向）师资培训班	2018.7.22 — 28	浙江杭州
2	全国高等职业教育旅游大类在线开放课程联盟暨景区资源库建设委员会成立大会	2019.4.12 — 14	浙江杭州
3	2019 年全国旅游院校景区与休闲专业（方向）师资培训班	2019.7.21 — 27	浙江杭州
4	全国高等职业教育旅游大类在线开放课程联盟师资培训班暨景区专业国家教学资源库建设与应用培训班	2020.7.21	腾讯会议（直播）
5	全国高等职业教育旅游大类在线开放课程联盟师资培训班暨景区专业国家教学资源库建设与应用研讨会	2020.11.14 — 16	山西太原

序号	活动（会议、论坛、培训班）名称	举办时间	举办地点/形式
6	全国景区接待服务与管理证书师资培训班	2021.1.16—17	腾讯会议
7	全国高等职业教育旅游大类"双高"专业群建设研讨会暨全国旅游大类专业群建设师资培训班	2021.4.16—19	海南海口
8	2021年全国旅游院校景区、休闲与茶文化专业师资培训班	2021.7.18—24	浙江杭州
9	全国旅游大类教学创新团队师资培训班暨"岗课赛证"教学研讨会	2021.10.22—25	云南昆明
10	2022年全国旅游院校教师教学创新团队师资培训班	2022.7.24—30	浙江杭州
11	全国文体旅游类专业模块化教学改革师资培训班暨文体旅游（二）协作共同体成立大会	2023.3.31—4.2	浙江杭州

　　三是着力通过网络渠道开展宣传推广。智慧景区资源库既依托官方网站与微信公众号进行大力宣传推广，同时积极借助中国旅游网、人民文旅、中国文旅等进行宣传推广，快速提升智慧景区资源库在旅游行业领域中的知名度与影响力。尤其是在疫情防控期间，智慧景区资源库执行负责人兼《旅游资源调查与评价》子项目负责人郎富平和《东北冰雪旅游资源与文化》子项目负责人尚明娟均通过智慧职教云课堂直播，快速提升了智慧景区资源库的影响力（如图3-22所示）。

图3-22　智慧景区资源库子项目负责人进行网络直播推广

四是着力通过专业领域报刊进行宣传推广。智慧景区资源库针对文化和旅游领域，通过《中国旅游报》进行了常年的宣传推广，先后发表相关文章 23 篇；针对旅游职业教育，利用《教育与职业》等核心期刊，先后发表相关宣传报道 7 篇（图 3-23）。

五是着力通过创新宣传方式进行宣传推广。智慧景区资源库以子项目课程为单元，通过设计专业海报、宣传折页、解说视频、网络推文等方式进行多元化的创新宣传，不断提升网络知名度与行业引用率（图 3-24）。

图 3-23　智慧景区资源库在《教育与职业》的部分宣传推广

图 3-24　智慧景区资源库 38 门子项目课程宣传海报

4. 院校走访，政策助力，技术帮扶强化使用

近三年来，景区开发与管理专业教学资源库建设领导小组及其技术骨干分别通过现场走访、会议论坛、网络直播、电话咨询、在线支持等方面，协助共建院校提升理念、改进方法、梳理课程、制作资源、推广应用。

一是协助政策支持、提升理念。为推动智慧景区资源库建设，浙江旅游职业学院先后制（修）订出台了《职业教育景区开发与管理专业教学资源库建设项目管理办法》《科研业绩量化标准及奖励实施办法（修订）》《学院在线课程建设与使用工作量计算与补贴办法（试行）》等系列政策，明确了智慧景区资源库的项目及其子项目性质、级别与地位、科研积分认定、课程建设激励认定、课程应用与推广激励认定、资源库及子项目衍生成果激励认定等标准，为共建院校尤其是太原旅游职业学院、云南旅游职业学院制（修）订相关政策提供了有效依据。

二是强化技术支持、改进方法。为方便各子项目团队能有效开展课程建设、资源制作与应用推广，通过开设名师工作坊、设置"传帮带"机制等方式，培训指导子项目团队成员并实现全覆盖。部分先行先试、经验丰富的骨干教师则通过现场走访、在线支持等方式详细讲解或指导课程的建设、应用与推广。

5. 深入行业，职业培训，开展实际推广工作

智慧景区资源库在基础建设的基础上，以打造四大培训基地为目标，深入行业社会开展培训与应用推广工作。

一是面向院校教师方面。以打造旅游类骨干教师培训基地为目标，以线上自主学习、线上培训＋线下培训相结合、线下培训与研讨等三种形式，顺利开展并完成了 8 期师资培训班，培训覆盖人员超 8000 人次。尤其是智慧景区资源库的专业园地模块及标准化课程，是各校开办智慧景区类专业（方向）的重要参考，对新进教师培训有极大的帮助。其中，联合蜗牛（北京）景区管理有限公司共同开发旅游景区接待服务与管理职业技能证书（图 3-25），共同举办师资培训班，对景区接待服务与管理职业技能证书标准及考试大纲等进行了解读。

图 3-25　与行业企业共同颁发技能证书师资培训班证书

二是面向行业从业者方面。为进一步提升各旅游企业开发建设、服务管理等相关岗位从业人员的综合素质与能力，智慧景区资源库开设了景区服务管理、营销策划、规划设计、运营管理、物业管理等方面的培训课程43门。尤其是疫情防控初期，智慧景区资源库开设了3期专题培训班——疫情防控背景下景区行业转型升级，辐射了全国31个省（自治区、直辖市）的963个单位，共3274人参加培训，助力景区企业"修炼内功"，并得到行业人员一致好评。

三是面向地方文旅主管部门方面。近三年来，智慧景区资源库各项目团队积极服务地方文化和旅游主管部门，提供乡村旅游、全域旅游、智慧旅游、文旅融合等方面线上线下相结合的专题培训共26期，培训学员1600余人次，覆盖浙江、四川、福建、江西、安徽、内蒙古、吉林、山西、云南、新疆等31个省（自治区、直辖市）。

四是面向乡村旅游从业人员。近三年来，智慧景区资源库相关课程团队持续开展"送教下乡"活动，尤其是浙江旅游职业学院和甘肃工业职业技术学院，依托"乡村旅游开发与经营管理"课程共建，深入浙江省和甘肃省各县（市、区）开展培训，培训学员总数达5200余人次，拓展乡村旅游业者的眼

界，促进乡村旅游的发展。桐乡市文旅主管部门工作人员线上培训班情况如图
3-26所示。

图 3-26 桐乡市文旅主管部门工作人员线上培训班

（二）应用成效

1.立足师生，满足教学，质量提升效果好

根据智慧景区资源库的建设任务与要求，充分依托各共建院校、行业企业的力量，提供优质教学资源，共同完成了智慧景区专业人才需求调研、专业教学标准修订、课程标准体系建设、学生实习规范等系列标准文件，切实增强了智慧景区资源库的示范引领性与指导性，为后续其他专业标准体系的建设及内部质量诊断与改进体系建设奠定了基石。通过三年多的发展，智慧景区资源库各子项目建设中衍生转化出多样的教科研成果。

一是已经建立起三级精品课程体系。截至2023年6月，智慧景区资源库38门子项目课程中，已有国家级精品在线课程7门、职业教育省级精品在线课程17门和省级课程思政示范课2门（具体参见表3-15），且全部入选国家职业教育智慧教育平台。尤其值得庆贺的是，太原旅游职业学院与云南旅游职业学院作为联合主持单位，其主持的子项目课程全部入选职业教育省级精品在线课程。

表 3-15　智慧景区资源库入选省级及以上课程一览

序号	课程名称	主持人	课程级别
1	东北冰雪旅游资源与文化	尚明娟	2020 年国家级精品在线课程
2	旅游策划	陈 蔚	2022 年国家级职教在线精品课程
3	中国良渚文化	杜兰晓	2022 年国家级职教在线精品课程
4	旅游英语	解 峰	2022 年国家级职教在线精品课程
5	旅游规划	焦云宏	2022 年国家级职教在线精品课程
6	市场调查与分析	杨亚娜	2022 年国家级职教在线精品课程
7	旅游电子商务	郭盛晖	2022 年国家级职教在线精品课程
8	乡村旅游开发与经营管理	何 瑛	甘肃省职教省级精品课程
9	旅游心理学	李 娌	吉林省职教省级精品课程
10	景区服务与管理	许 萍	山西省职教省级精品课程
11	旅游英语	解 峰	山西省职教省级精品课程
12	华夏面食传承与创新	任翠瑜	山西省职教省级精品课程
13	景观鉴赏	王瑞花	山西省职教省级精品课程
14	景区管理实务	藏 思	河南省职教省级精品课程
15	黄河文化与旅游	陈凌凌	河南省职教省级精品课程
16	旅游电子商务	郭盛晖	广东省职教省级精品课程
17	旅游规划	焦云宏	云南省职教省级精品课程
18	市场调查与分析	杨亚娜	云南省职教省级精品课程
19	旅游商品创意	庞 馨	云南省职教省级精品课程
20	中国良渚文化	杜兰晓	浙江省职教省级精品课程
21	茶文化	康保苓	浙江省职教省级精品课程 浙江省课程思政示范课
22	旅游资源调查与评价	郎富平	浙江省职教省级精品课程 浙江省课程思政示范课

二是积极融入创新创业与课程思政。智慧景区资源库各子项目课程积极融入创新创业思维与课程思政理念，内容渗透到教学设计、素材资源、课程开发等各个环节。截至 2023 年 6 月，已经建成 1 门独立的创新创业课程——"旅游创新创业"，建成创新创意类相关课程 7 门；拥有省级课程思政示范课 2 门，

省级课程思政创新团队 1 个——浙江旅游职业学院智慧景区专业，省级及以上课程思政优秀案例、优秀课程、育人品牌项目、微课比赛项目共 21 项（个）。

三是课程配套教材建设稳步推进。智慧景区各子项目团队充分依托标准化课程的建设，全面推进配套教材或数字课程建设。截至 2023 年 6 月，已经完成配套新形态教材或数字课程 10 本（门），其中入选职业教育国家"十三五"规划教材（数字课程）3 本（门），入选省级"十四五"重点建设教材 2 本（具体如表 3-16 所示）。

表 3-16　智慧景区资源库子项目课程配套教材（数字课程）一览

序号	教材名称	主编	出版社	出版时间	备注
1	景区服务与管理	郎富平、陈蔚	旅游教育出版社	2020 年	新形态
2	旅游资源调查与评价（第二版）	郎富平、陈友军	中国旅游出版社	2020 年	新形态
3	茶文化	康保苓	中国人民大学出版社	2021 年	新形态
4	旅游职业英语	解峰	北京理工大学出版社	2021 年	新形态
5	旅游策划	顾雅青、郎富平	浙江大学出版社	2021 年	新形态
6	旅游概论	王昆欣	高等教育出版社	2021 年	新形态
7	旅游策划数字课程	陈蔚、顾雅青	高等教育电子音像出版社	2020 年	
8	旅游资源调查与评价数字课程	郎富平	高等教育电子音像出版社	2020 年	
9	东北冰雪旅游资源与文化数字课程	尚明娟	高等教育电子音像出版社	2020 年	
10	旅游服务心理（第二版）	李娌	东北师范大学出版社	2021 年	
11	景区接待服务	郎富平	高等教育出版社	2022 年	
12	旅游策划	陈蔚	华东师范大学出版社	2022 年	

四是职业教育相关教科研成绩突出。智慧景区资源库各项目团队充分依托资源库建设、应用与推广所产生的衍生效应，全面强化了教育教学改革研究与实践，提升了旅游行业应用研究与实践能力，产生了丰硕的成果。从课题立项情况看，截至 2022 年 9 月，智慧景区资源库团队成员共获得省部级以上课题

44 项，其中国家级 6 项，省部级 38 项，如浙江旅游职业学院王方主持《新时代职业院校智慧景区开发与管理专业领域团队教师教育教学改革创新与实践》获教育部第二批国家级职业教育教师教学创新团队协作共同体的主课题。从论文发表情况看，三年多来，智慧景区资源库团队成员发表与专业、教学相关的论文共 152 篇，其中核心刊物论文 23 篇。

五是受众职业院校师生满意度较高。经过三年的建设与发展、不断地修正与完善，智慧景区资源库得到了受众职业院校师生的广泛好评，各方面满意度与评价均较好。2021 年 10 月，景区开发与管理专业教学资源库建设领导小组根据智慧景区资源库建设任务与目标要求，利用用户满意度指数模型（ACSI）和信息系统成功模型（D&M）对学习用户进行在线调查，共回收 4455 份问卷，其中教师 276 份、学生 3811 份、从业人员 318 份、普通群众 50 份。结果显示，学习用户对智慧景区资源库课程资源质量的满意度达到98.41%，对课程整体设计的满意度达到 98.38%，对课程形式设计的满意度达到 98.22%。

2. 对接行业，接近岗位，实战课程受欢迎（图 3-27）

图 3-27 云南省旅游景区协会转发培训通知

智慧景区资源库紧密对接行业企业，每年深入行业企业开展人才需求调研并将相关信息反馈给各子项目课程团队，使得课程内容特别接近行业实际发展，不仅适用于实际工作岗位培训需求，而且适用于院校开展实践实训、技能比赛等相关需求。智慧景区资源库关于景区转型升级培训班第二期宣传海报如图 3-28 所示。

图 3-28　智慧景区资源库关于景区转型升级培训班第二期宣传海报

一是契合行业工作人员的培训需求。智慧景区资源库的"旅游标准知识""景区服务与管理""景点导游""智慧旅游""旅游规划""乡村旅游开发与经营管理"等系列课程，均属于旅游行业企业、地方文化和旅游主管部门特别关注的培训话题，有助于行业企业开展技能提升培训与管理培训。尤其是2020 年初疫情防控静态管理期间，智慧景区资源库连续推出 3 期疫情防控背景下景区转型升级专题培训，得到了行业协会、旅游企业及地方文旅主管部门的积极响应（具体如图 3-27 和图 3-28 所示）。

二是助力旅游行业开展技能比赛活动。智慧景区资源库"景点导游"课程已经连续三年助力浙江省金牌讲解员技能大赛，主要负责参赛选手的线上自主学习平台搭建与内容设计、模拟笔试及正式笔试，同步实现参赛选手作品线上共享。近三年来，共有 300 人次参赛选手使用了"景点导游"的配套个性化课程"浙江省诗路文化带景区讲解员大赛培训班"。图 3-29 为 2020—2022 年浙江省诗路文化带景区讲解员大赛开班情况。

图 3-29　2020—2022 年浙江省诗路文化带景区讲解员大赛开班情况

三是对接行业发展热点与就业热点。近年来，智慧景区资源库各项目团队纷纷结合各地及国家文旅融合发展热点及学生就业热点，结合"旅游创新创业""智慧旅游""旅游电子商务""研学旅行实务""旅游商品创意""旅游策划"等课程，提供相关技能培训、创新创业指导、师生技能比赛应用等服务。

3. 兼收并蓄，广泛合作，联盟院校认学分

为实现智慧景区教学资源库内相关课程的推广工作，促进优质教学资源共享，加快推进资源库对校内各个专业（群）的辐射带动作用，根据《职业教育景区开发与管理专业教学资源库学分互认管理办法（暂行）》文件精神及资源库建设任务书要求，智慧景区资源库于 2020 年 9 月 15 日推出"旅游资源调查与评价"等第一批 32 门在线开放课程，于 2020 年 10 月 5 日推出"旅游服务礼仪"等第二批 6 门在线开放课程进行校际互选、学分互认工作。2021 年至今则确保实现全部 38 门课程进入各校公共选修课及部分旅游类专业的专业基础课、专业核心课或专业选修课。所有在线开放课程进入各联盟院校选课系统，面向联盟院校学生开放，根据院校要求完成相应的学习任务后，可认证课程学分。通过这种方式，为学生提供跨校际、跨地域的优质课程资源，不仅能有效缓解部分高职院校，尤其是中西部地区相关院校的办学条件短板，创新课程（群）的结构体系，而且有利于通过地方特色课程扩大学生视野，增强文化自信、展现美丽中国形象。浙江旅游职业学院公选课系统如图 3-30 所示。

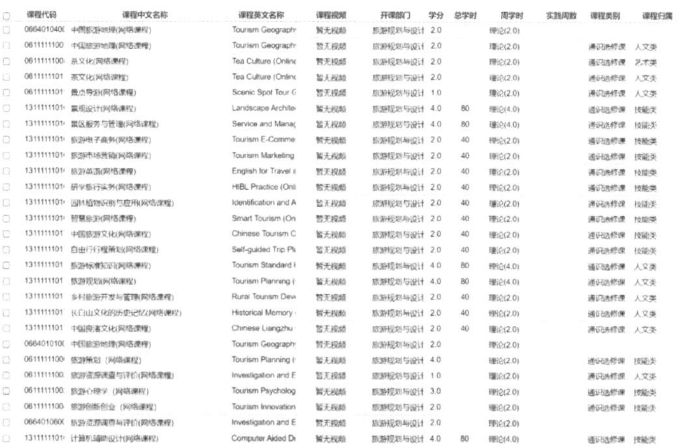

课程代码	课程中文名称	课程英文名称	课程视频	开课部门	学分	总学时	周学时	实践周数	课程类别	课程归属
0664010400	中国旅游地理(网络课程)	Tourism Geography	暂无视频	旅游规划与设计	2.0		理论(2.0)			
0611111100	中国旅游地理(网络课程)	Tourism Geography	暂无视频	旅游规划与设计	2.0		理论(2.0)		通识选修课	人文类
0611111100	茶文化(网络课程)	Tea Culture (Online	暂无视频	旅游规划与设计	2.0		理论(2.0)		通识选修课	艺术类
0611111101	茶文化(网络课程)	Tea Culture (Online	暂无视频	旅游规划与设计	2.0		理论(2.0)		通识选修课	人文类
0611111101	景点导游(网络课程)	Scenic Spot Tour G	暂无视频	旅游规划与设计	1.0		理论(2.0)		通识选修课	人文类
1311111101	景观设计(网络课程)	Landscape Archite	暂无视频	旅游规划与设计	4.0	80	理论(4.0)		通识选修课	技能类
1311111101	景区服务与管理(网络课程)	Service and Manag	暂无视频	旅游规划与设计	4.0	80	理论(4.0)		通识选修课	技能类
1311111101	旅游电子商务(网络课程)	Tourism E-Comme	暂无视频	旅游规划与设计	2.0	40	理论(2.0)		通识选修课	技能类
1311111101	旅游市场营销(网络课程)	Tourism Marketing	暂无视频	旅游规划与设计	2.0	40	理论(2.0)		通识选修课	技能类
1311111101	旅游英语(网络课程)	English for Travel	暂无视频	旅游规划与设计	2.0	40	理论(2.0)		通识选修课	技能类
1311111101	研学旅行实务(网络课程)	HIBL Practice (Onl	暂无视频	旅游规划与设计	2.0	40	理论(2.0)		通识选修课	技能类
1311111101	园林植物识别与应用(网络课程)	Identification and A	暂无视频	旅游规划与设计	2.0	40	理论(2.0)		通识选修课	技能类
1311111101	智慧旅游(网络课程)	Smart Tourism (On	暂无视频	旅游规划与设计	2.0	40	理论(2.0)		通识选修课	技能类
1311111101	中国旅游文化(网络课程)	Chinese Tourism C	暂无视频	旅游规划与设计	2.0	40	理论(2.0)		通识选修课	技能类
1311111101	自由行行程策划(网络课程)	Self-guided Trip Pl	暂无视频	旅游规划与设计	2.0	40	理论(2.0)		通识选修课	技能类
1311111101	旅游标准知识(网络课程)	Tourism Standard	暂无视频	旅游规划与设计	4.0	80	理论(4.0)		通识选修课	人文类
1311111101	旅游规划(网络课程)	Tourism Planning (	暂无视频	旅游规划与设计	4.0	80	理论(4.0)		通识选修课	人文类
1311111101	乡村旅游开发与管理(网络课程)	Rural Tourism Dev	暂无视频	旅游规划与设计	2.0	40	理论(2.0)		通识选修课	人文类
1311111101	长白山文化的历史记忆(网络课程)	Historical Memory	暂无视频	旅游规划与设计	2.0	40	理论(2.0)		通识选修课	人文类
1311111101	中国良渚文化(网络课程)	Chinese Liangzhu	暂无视频	旅游规划与设计	2.0	40	理论(2.0)		通识选修课	人文类
0664010100	中国旅游地理(网络课程)	Tourism Geography	暂无视频	旅游规划与设计	2.0		理论(2.0)			
0611111100	旅游策划（网络课程）	Tourism Planning (	暂无视频	旅游规划与设计	4.0		理论(2.0)		通识选修课	技能类
0611111100	旅游资源调查与评价(网络课程)	Investigation and E	暂无视频	旅游规划与设计	1.0		理论(2.0)		通识选修课	人文类
0611111100	旅游心理学（网络课程）	Tourism Psycholog	暂无视频	旅游规划与设计	3.0		理论(2.0)		通识选修课	技能类
0611111100	旅游创新创业（网络课程）	Tourism Innovation	暂无视频	旅游规划与设计	2.0		理论(2.0)		通识选修课	技能类
0664010600	旅游资源调查与评价(网络课程)	Investigation and E	暂无视频	旅游规划与设计	2.0		理论(2.0)			
1311111101	计算机辅助设计(网络课程)	Computer Aided D	暂无视频	旅游规划与设计	4.0	80	理论(4.0)		通识选修课	技能类

图 3-30　浙江旅游职业学院公选课系统

4. 校企合作，行业互动，助推行业育人才

职业教育专业教学资源库建设是深化校企合作、促进产教融合的最佳合作项目载体之一，也是合作范围最广、内容最深的建设项目之一。三年多来，各共建单位之间基本形成了以智慧景区资源库为基础的，涵盖“需求共预、方案共订、质量共管、资源共制、课程共建、教材共编、证书共推、基地共营、学生共育、成果共享”的校企深度融合体制机制。

一是合作企业多元化投入共建资金。2020—2022 年，在疫情给旅游业带来毁灭性打击的背景下，以蜗牛景区集团、杭州宋城演艺、上海欢乐谷等资源库共建单位为代表的合作企业，依然为智慧景区资源库直接投入资金约 81.15 万元，为浙江旅游职业学院等相关院校旅游类专业投入产业学院建设、教材建设、企业奖学金等各类经费约 125 万元。

二是合作企业全方位共建命运共同体。智慧景区资源库各共建单位特别重视教师教学创新团队的建设，联手打造师资发展共同体。截至 2022 年 9 月，已共建 3 个国家级教师教学创新团队、4 个师资发展共同体。以蜗牛景区集团、杭州宋城演艺等行业龙头企业为代表的共建单位，先后与浙江旅游职业学院共建蜗牛产业学院、承担专业群行业带头人。智慧景区资源库各共建单位分别围绕景区运营管理、景区接待服务、旅游规划设计等岗位模块，与浙江旅游职业学院、太原旅游职业学院、郑州旅游职业学院等相关院校共同探索了专业全覆盖的中国特色学徒制办学路径，包括宋城演艺、乌镇旅业、欢乐谷、迪士尼、方特、Hellokitty 等景区管理人才储备班和旅游规划设计的学徒班，学生覆盖率达 98.52%（见图 3-31、图 3-32）。

图 3-31　浙江旅游职业学院与蜗牛景区集团共建蜗牛产业学院

图 3-32　共建单位与浙江旅游职业学院签订资源库建设赞助资金协议

三是校企合作育人成效明显，综合认可度高。自资源库建设以来，各共建单位在校企合作方面取得了巨大的进步，内容涵盖行业标准研发、技能证书研发、培训教材编写、核心课程建设、实训基地建设等。获得国家级教师教学创新团队 3 个、国家级职业教育集团 1 个、全国旅游职业教育校企合作示范基地 1 个、全国旅游职业教育校企深度合作项目 4 个、浙江省产学合作协同育人项目 1 个（具体参见表 3-17）。

表 3-17　智慧景区资源库校企合作方面主要成效一览

序号	成果或荣誉名称	主持院校	合作企业	备注
1	智慧景区开发与管理专业教师教学创新团队	浙江旅游职业学院	宋城演艺、蜗牛景区集团等	国家级
2	旅游管理专业教师教学创新团队	江西旅游商贸职业学院	迪士尼、欢乐谷等	国家级
3	旅游服务与管理专业教师教学创新团队	苏州旅游与财经高等职业技术学校	方特、欢乐谷等	国家级
4	浙江旅游职业教育集团	浙江旅游职业学院	多所单位	国家级
5	全国旅游职业教育校企合作示范基地	浙江旅游职业学院	宋城演艺	国家级
6	"引企入教、育训结合"上海欢乐谷校企合作项目	郑州旅游职业学院	上海欢乐谷	国家级
7	基于"三类融通、十个共同"的产学研教一体化的文旅融合类职业教育改革项目	浙江旅游职业学院	蜗牛景区集团	国家级
8	基于文旅融合的旅游骨干人才培养校企共同体建设	太原旅游职业学院	中国煤炭博物馆	国家级
9	大国重器示范讲解员旅游职业教育校企深度合作项目	三峡旅游职业技术学院	长江三峡	国家级
10	党建引领下的现代产业学院多方协同育人模式探索与实践——以蜗牛产业学院为例	浙江旅游职业学院	蜗牛景区集团	省级

5. 能学辅教，师生共进，助力大赛出成绩

智慧景区资源库始终坚持"能学辅教"的职能定位，始终坚持"边建边用"的原则，始终坚持"师生共进"的终极目标。各子项目课程团队在按时按量完成各项建设任务的基础上，积极开拓思维，完善成果转化和激励机制，提升自主创新能力、强化教学实践应用（图3-33为获奖证书）。

图 3-33　课程团队获 2021 年全国教学能力大赛一等奖

一是各子项目团队有效依托资源库课程参加教学能力大赛，并获得优良战绩，极大提升了教学能力水平。三年多来，智慧景区资源库子项目课程团队成员基于资源库课程建设参加各类教师能力大赛，共获得省级及以上奖项26项，其中国家级13项，省级15项。其中，依托"景观鉴赏""园林植物识别与应用""中国古典园林文化"等课程，由浙江旅游职业学院课程负责人范平、黄中黎等领衔的教学团队，荣获2021年全国职业院校技能大赛教学能力比赛一等奖；依托"黄河文化与旅游"等课程，由郑州旅游职业学院课程负责人藏思、陈凌凌等领衔的教学团队，荣获2022年全国职业院校技能大赛教学能力比赛一等奖。

二是各子项目团队有效依托资源库课程开展"岗课赛证"融合改革，积极指导学生参加专业技能比赛。截至2022年9月，智慧景区资源库各共建院校在合作企业的支持下，共获得省级及以上奖项共119项，其中国家级27项（见表3-18），省级83项。

表 3-18　共建院校指导学生竞赛获国家级奖项一览

序号	学校	获奖学生	比赛名称	比赛级别	获奖等级	获得时间	指导教师
1	浙江旅游职业学院	费扬等	全国红色旅游创意策划大赛	国家B	全国总决赛二等奖	2021.5	陈蔚、周慧颖
2	广州番禺职业技术学院	尹颖欣	云驴通杯第十二届全国旅游院校服务技能大赛	国家B	三等奖	2021.5	欧越男
3	广州番禺职业技术学院	麦颖欣	云驴通杯第十二届全国旅游院校服务技能大赛	国家B	二等奖	2021.5	张春霞
4	广州番禺职业技术学院	张鸿扬	云驴通杯第十二届全国旅游院校服务技能大赛	国家B	一等奖	2021.5	孙娈娈
5	广州番禺职业技术学院	宋佳佳	现代服务业技能大赛优秀指导教师奖	国家B	一等奖	2020.12	张萍
6	浙江旅游职业学院	朱煜铭	全国旅游院校服务技能大赛（导游服务）高校中文组	国家B	一等奖	2021.5	范平、韦小良
7	浙江旅游职业学院	王涛	全国旅游院校服务技能大赛（导游服务）高校中文组	国家B	一等奖	2021.5	芦爱英、童海洋
8	浙江旅游职业学院	范千景	全国旅游院校服务技能大赛（导游服务）高校英文组	国家B	一等奖	2021.5	袁青、陈建新
9	浙江旅游职业学院	杨思哲	全国旅游院校服务技能大赛（导游服务）高校英文组	国家B	一等奖	2021.5	童明佳、余益辉
10	浙江旅游职业学院	朱煜铭	第十二届全国旅游院校服务技能（导游服务）大赛	国家B	一等奖	2021.5	范平
11	三峡旅游职业技术学院	王宇晨	全国职业院校技能大赛高职组烹饪赛项比赛团体赛	国家A	三等奖	2021.6	肖中杰
12	三峡旅游职业技术学院	田谊山	全国职业院校技能大赛高职组烹饪赛项比赛团体赛	国家A	三等奖	2019.5	肖中杰
13	三峡旅游职业技术学院	王文龙	全国职业院校技能大赛高职组烹饪赛项比赛团体赛	国家A	三等奖	2019.5	肖中杰

续表

序号	学校	获奖学生	比赛名称	比赛级别	获奖等级	获得时间	指导教师
14	三峡旅游职业技术学院	王义鑫	全国职业院校技能大赛高职组烹饪赛项比赛团体赛	国家A	三等奖	2019.5	肖中杰
15	三峡旅游职业技术学院	杜晨	全国职业院校技能大赛高职组烹饪赛项比赛团体赛	国家A	三等奖	2019.5	肖中杰
16	三峡旅游职业技术学院	李世严	CHA中国美食烹饪锦标赛"中国生态旅游名菜"美食专项赛荣获银奖	国家B	银奖	2021.6	肖中杰
17	三峡旅游职业技术学院	曹迪迪、龚思、钟子乔、李博彦	第十一届全国大学生红色旅游创意策划大赛	国家B	二等奖	2021.5	杨洋、刘伟
18	三峡旅游职业技术学院	吴婷	"云驴通杯"第十二届全国旅游院校服务技能（导游服务）大赛	国家B	一等奖	2021.5	李舒晨、黄姣姣
19	三峡旅游职业技术学院	范文豪	"云驴通杯"第十二届全国旅游院校服务技能（导游服务）大赛	国家B	一等奖	2021.5	黄姣姣、李舒晨
20	三峡旅游职业技术学院	喻晶	"云驴通杯"第十二届全国旅游院校服务技能（导游服务）大赛	国家B	二等奖	2021.5	曹金平、余敏
21	三峡旅游职业技术学院	文雅	"云驴通杯"第十二届全国旅游院校服务技能（导游服务）大赛	国家B	二等奖	2021.5	余敏、曹金平
22	江苏经贸职业技术学院	吴瑶	导游服务	国家B	二等奖	2021.5	康莉
23	吉林外国语大学	刘煜	"云驴通杯"第十二届全国旅游院校服务技能（导游服务）大赛	国家B	三等奖	2021.5	刘莉、金花
24	江西旅游商贸职业学院	彭敏杰	全国职业院校技能大赛高职组导游服务赛项	国家A	二等奖	2021.6	冯静
25	太原旅游职业学院	王新璞	外研社国才杯全国英语写作大赛（高职组）英语专业组	国家B	三等奖	2020.12	李云仙

续表

序号	学校	获奖学生	比赛名称	比赛级别	获奖等级	获得时间	指导教师
26	太原旅游职业学院	刘佩瑶	"云驴通"杯第十二届全国旅游院校服务技能高职英语导游服务赛项	国家B	一等奖	2021.5	王堃
27	太原旅游职业学院	刁成卓	"云驴通杯"第十二届全国旅游院校服务技能（导游服务）大赛	国家B	英文导游服务大赛一等奖	2021.5	王桂平

三是基于智慧景区资源库的建设与发展，各子项目团队成员快速成长。教师个人获得的省级及以上荣誉共19项，其中国家级5项，省级14项；教师个人得到职称晋升达32人次，其中晋升教授职称6人次（见表3-19）。

表3-19　共建院校教师获省级及以上荣誉一览

序号	学校名称	所属子项目	教师	荣誉名称	荣誉级别	颁发单位
1	浙江旅游职业学院	旅游资源调查与评价	王昆欣	国家文旅部"十四五"规划专家委员会委员	国家级	文化和旅游部
2	浙江旅游职业学院	旅游资源调查与评价	王昆欣	中国旅游教育突出贡献人物	国家级	全国旅游职业教育教学指导委员会
3	浙江旅游职业学院	中国良渚文化	徐慧慧	第二届旅游教育杰出青年教师	国家级	中国旅游协会
4	三峡旅游职业技术学院	三峡旅游文化	肖中杰	CHA中国美食烹饪锦标赛"中国生态旅游名菜"美食专项赛荣获特金奖	国家级	中国饭店协会
5	太原旅游职业学院	景区服务与管理	王影	全国技术能手荣誉称号	国家级	中华人民共和国社会与劳动保障部
6	南京旅游职业学院	旅游创新创业	朱丽	江苏省青蓝工程优秀青年骨干教师	省级	江苏省教育厅
7	吉林省经济管理干部学院	旅游心理学	李娌	吉林省社会科学研究"十四五"规划"管理学"学科专家	省级	吉林省哲社规划领导小组
8	南京旅游职业学院	中国旅游地理	孙斐	江苏省高校"青蓝工程"优秀教学团队负责人	省级	江苏省教育厅
9	南京旅游职业学院	中国旅游地理	崔英方	江苏省高校"青蓝工程"优秀青年骨干教师	省级	江苏省教育厅

序号	学校名称	所属子项目	教师	荣誉名称	荣誉级别	颁发单位
10	南京旅游职业学院	中国旅游地理	卢凤萍	江苏省高校"青蓝工程"优秀青年骨干教师	省级	江苏省教育厅
11	浙江旅游职业学院	景观鉴赏	范平	浙江省"三育人"岗位建功先进个人	省级	浙江省教育工会
12	江苏经贸职业技术学院	旅游企业客户关系管理	张源员	江苏省"最美家庭"	省级	江苏省妇女联合会
13	太原旅游职业学院	华夏面食传承与创新	杨刚	山西省五一劳动奖章	省级	山西省人力资源和社会保障厅
14	广州番禺职业技术学院	旅游电子商务	郭盛晖	南粤优秀教师	省级	广东省教育厅
15	太原旅游职业学院	景区服务与管理	韩一武	"三晋英才"支持计划 拔尖骨干人才	省级	中共山西省人才工作领导小组
16	太原旅游职业学院	景区服务与管理	陆霞	"三晋英才"支持计划 拔尖骨干人才	省级	中共山西省人才工作领导小组
17	太原旅游职业学院	景区服务与管理	任翠瑜	"三晋英才"支持计划 拔尖骨干人才	省级	中共山西省人才工作领导小组
18	浙江旅游职业学院	旅游资源调查与评价	郎富平	浙江省旅游业青年专家	省级	浙江省文化和旅游厅
19	浙江旅游职业学院	茶文化	康保苓	浙江省巾帼文明岗	省级	浙江省总工会

四、创新亮点与贡献

（一）创新亮点

1. 积极响应国家战略，主动担当作为

一是响应国家乡村振兴战略，培养乡村旅游新型职业农民。智慧景区资源库的重要立项目的就是推进以传统景区为载体的文化和旅游融合发展及以乡村旅游景区为代表的全域旅游发展，积极培育乡村旅游培训基地。首先，智慧景区资源库依托"乡村旅游开发与经营管理""旅游策划""旅游规划""景区服

务与管理""旅游创新创业"等课程，形成了乡村旅游开发、经营与管理等系列培训课程，积极服务全国各地乡村旅游从业人员、"百万扩招"学生的在线学习，积极开展"送教下乡"、服务"百城千镇万村"景区化等社会服务工作。尤其是在疫情暴发初期，特别设置了"疫情防控背景下景区转型升级专题培训班"的系列在线培训课程，开辟了"乡村旅游"专栏，特邀国内乡村旅游领域的权威专家为乡村旅游从业及管理人员提供免费培训。其次，智慧景区资源库相关专家团队积极为地方乡村旅游发展与乡村振兴建言献策。其中，资源库项目执行负责人郎富平执笔的《优化乡村旅游运营管理 推进乡村产业现代化》一文，分别得到了浙江省时任省长郑栅洁、副省长成岳冲的批示"适宜人才短缺，是制约乡村旅游高质量发展的极为重要的一个因素"，提请浙江省文化和旅游厅抓紧研究，联合有关部门与学校开展相关人才培养与培训。最后，积极推动旅游类专业学生开展创新创业教育。智慧景区资源库各共建院校相关专业将乡村旅游类相关课程及内容纳入人才培养方案，积极鼓励专业师生开展乡村振兴与"互联网+"创新创业等系列技能大赛。其中，浙江旅游职业学院的教学改革成果《乡村出卷·高校答卷·六方联动：乡村旅游运营人才培养实践教学模式创新》于2021年获浙江省教学成果一等奖。

二是响应国家全域旅游发展战略，积极促进文旅融合与文化传承创新，促进旅游目的地转型升级。旅游产业转型升级在数量与质量上都对新时代旅游景区乃至旅游目的地人才提出了新的迫切要求和挑战。全面建成高水平智慧景区资源库，对打造全国旅游景区、旅游目的地高技能人才培养和旅游产学研创新服务平台，培养旅游景区类复合型高技能人才，助力国家战略和现代服务业的发展需求，具有重要战略意义。智慧景区资源库的建设，能有效带动智慧景区专业乃至旅游大类专业的教育教学改革，提高专业群相关专业的教学成效。通过推广应用智慧景区资源库，有效引领了各高职院校智慧景区专业教学模式的创新与教学方法的革新，提高了理论与实践教学水平，全面助推了全域旅游和"美丽中国"建设。首先，智慧景区资源库建设了"华夏面食传承与创新""中国古典园林文化""中国良渚文化""黄河文化与旅游""三峡旅游文化""东北冰雪旅游与文化""长白山文化的历史记忆""皖北历史文化旅游"8门优秀传统文化传承与创新、文旅融合特色课程，积极助力地方文旅融合与全域旅游发展。其次，智慧景区资源库依托"旅游标准知识""旅游策划""旅游规划""园林植物识别与应用""景观设计"等课程，结合"乡村旅游开发与经营管理"等课程，积极服务地方全域旅游示范创建和"百城千镇万村"景区化建设、旅游业"微改造、精提升"等工作，全面助力县、市、省级全域旅游示范创建。图3-34为师生暑期助力浙江省旅游业"微改造、精提升"活动照片。

图 3-34 师生暑期助力浙江省旅游业"微改造、精提升"活动照片

三是积极响应"一带一路"倡议，双语课程"讲好美丽中国故事"，促进文化输出与交流。智慧景区资源库依托"华夏面食传承与创新""中国古典园林文化""中国良渚文化""黄河文化与旅游""三峡旅游文化""东北冰雪旅游与文化""长白山文化的历史记忆""皖北历史文化旅游""茶文化"等文旅融合特色课程与"旅游英语"等双语课程的建设，以在中国境内的留学生和中外合作办学机构——中俄旅游学院、中塞旅游学院的外国学生为主要服务对象，积极制作优秀国际化教学资源，通过线下实践体验与互动、线上自主学习等方式，提高中华优秀传统文化的知晓率与美誉度，提升来华留学生的体验课教学质量。

2. 搭建虚拟游览平台，争当窗口形象

智慧景区资源库依托智慧职教平台开展了专业教学资源库的建设、应用与推广。其中，智慧职教平台是智慧景区资源库的直接建设与公共应用平台，同步利用 MOOC 学院和职教云 SPOC 面向四大群体发布相关标准化课程、个性化课程、培训课程、技能训练模块与微课。基于智慧职教平台，为进一步扩大资源库的影响力与传播力，更好地方便社会大众与行业从业人员的学习，深入实施"展现美丽中国形象，讲好美丽中国故事"的战略目标，智慧景区资源库积极搭建多样虚拟平台，争当形象窗口（图 3-35 为智慧景区资源库虚拟仿真馆）。

图 3-35　智慧景区资源库虚拟仿真馆

一是打造虚拟仿真馆，便于学习者在线游览国内高等级景区。智慧景区资源库依托智慧职教平台联合校企合作单位微景天下共同打造了虚拟游栏目，共涉及 24 个省（自治区、直辖市）的 100 个知名国家 4A 级和 5A 级旅游景区的虚拟游览空间。不仅有利于院校师生开展"旅游资源调查与评价""景点导游""景观鉴赏""旅游策划""景区服务与管理"等专业课程的配套教学资源，而且有利于广大社会群众通过线上游览祖国的优美风光（图 3-36 为智慧景区资源库特色资源专栏）。

图 3-36 智慧景区资源库特色资源专栏

二是设置美丽中国和特色资源专栏，系统整合各子项目课程的相关资源。智慧景区资源库通过设置地方特色课程与文化传承、文旅融合课程，筛选了美丽中国风光、美丽中国讲解与精品旅游线路等颗粒化资源，设置了美丽中国专栏；筛选了创新创业、非遗传承、美丽乡村和特色商品等颗粒化资源，设置了特色资源专栏。

三是设计了微信公众号与小程序，研发了景点导游 App。为进一步方便社会大众的学习，智慧景区资源库依托微信客户端设计了智慧景区资源库服务号、旅游吸引物数字馆，结合小鹿导游系统设计了兼具教学与创新创业功能的景点导游 App。

3. 全力支持疫情防控，服务院校行业

智慧景区资源库各共建单位与子项目团队成员积极响应国家疫情防控政策下"停课不停学、停课不停教"，积极承担行业"培训师"、行业"顾问团"、全域"规划师"、乡村"帮扶者"等角色。

一是积极应对新冠感染疫情，助力职业院校"停课不停学、停课不停教"，彰显"国家队"的责任担当。2020年年初，新冠感染疫情暴发，景区资源库建设领导小组积极响应党中央、国务院以及教育部的号召，迅速出台了《疫情防控期间景区开发与管理专业教学资源库在线教学组织与管理工作方案》，并结合智慧景区资源库建设方案的实际迅速组织建设团队，集中优势资源条件优化推进"量大面广"且辐射力强的旅游基础大类课程。在短短半个月内，课程建设团队夜以继日，集中上线了17门慕课，新增素材约800个，成为"停课不停学、停课不停教"的重要依托，助力全国各大院校旅游类专业开展网络教学工作，得到全国各大高职院校旅游大类专业的青睐，有效彰显了"国家队"的责任担当（见图3-37）。

图3-37　中国旅游新闻报道智慧景区资源库"停课不停学"

二是依托智慧景区资源库四大培训基地，深入研发文旅行业企业培训包，积极承担"培训师"的角色。职业学历教育与职业培训是高职院校的重要法定职责。智慧景区资源库始终坚持育训并举，鼓励各子项目团队成员充分发挥自身专业优势，结合日常授课、科学研究、社会服务，"急文旅行业企业之所急""想文旅行业企业之所想"，根据文旅行业企业需求，研发"私人定制式"

的培训内容体系与培训方式方法。截至 2022 年 9 月，智慧景区资源库研发了旅游标准化运营与管理、旅游景区安全与应急处理、乡村旅游目的地运营与管理、旅游景区创新发展、文化和旅游产品创意设计、新媒体运营与管理等诸多培训包，重点形成了面向职业院校教师、行业企业从业人员、地方文旅主管部门工作人员及乡村旅游从业人员四大群体的培训服务体系。

三是充分依托智慧景区资源库共建单位推进完善校企合作"十个共同"的有利契机，积极承担旅游行业企业"顾问团"的角色。智慧景区资源库各子项目团队根据旅游行业企业的需求，构建了不同旅游行业企业或地方文化和旅游主管部门纾困解难的顾问团，帮助旅游景区企业纾解发展、运营、管理、营销等方面的难题，协助制订地方文化和旅游主管部门相关政策意见，实现了专业教师个人发展与旅游行业企业发展的无缝对接。如近三年来，智慧景区资源库第一主持单位浙江旅游职业学院智慧景区专业的师生团队先后协助 20 余家旅游景区成功创建国家 4A 级及以上旅游景区，包括诸暨米果果小镇景区、天台山大瀑布景区、千岛湖文渊狮城景区、京杭大运河杭州景区、浙旅院国际教育旅游体验区、中华孝德园景区等，与 4 家国家 3A 级、4A 级旅游景区签订管理咨询合作协议，提供景区转型升级与全过程智力服务，直接运营浙旅院国际教育旅游体验区。

四是有效依托智慧景区资源库的专业核心课与文旅融合特色课程建设，积极承担打造全域旅游发展与创建的"规划师"角色。智慧景区资源库积极响应国家全域旅游发展战略，秉承全域景区的理念谋划旅游全域发展、用全域旅游的标准推进旅游全域发展、用全域旅游的成果反哺旅游全域化发展与专业的内涵建设，主要子项目团队担当着旅游全域发展的规划大师、设计大师与操盘大师。如浙江旅游职业学院在 2020—2022 年期间，协助浙江省内、外 30 余个设区市、县（市、区）、乡镇（街道）等的全域旅游发展规划与设计工作、创建工作，全力支持浙江省大花园建设，并获得委托单位的一致好评。

五是有效依托智慧景区资源库的乡村旅游培训基地，积极扮演乡村旅游社区"帮扶者"的角色。近年来，智慧景区专业教师充分发挥自身骨干教师的作用，组建各种乡村创新创业工作小组、乡村旅游运营与管理工作小组、乡村文创产品研发工作小组等，根植于乡村大舞台，深耕乡村旅游社区的规划设计、开发建设、运营管理、宣传营销等工作。如浙江旅游职业学院和甘肃工业职业技术学院、郑州旅游职业学院、南京旅游职业学院等共建单位的师生团队通过帮扶A级景区创建、A级景区村镇创建、"微改造、精提升"系列工程，分别从硬件和软件两个方面促进广大村镇地区成为美丽乡村（镇），并实现向美丽经济的顺利转变。图3-38是中国旅游报对智慧景区专业服务院校行业的相关宣传报道。

图 3-38　中国旅游报宣传报道智慧景区专业服务院校行业

（二）专业与行业贡献分析

1. 项目促进专业新发展

一是促进专业联盟的发展，搭建旅游类专业发展平台。智慧景区资源库在建设过程中，与高等教育出版社、全国旅游职业教育教学指导委员会等机构达成战略合作，联合推动景区开发与管理专业教学资源库共建共享联盟、全国高等职业教育旅游大类在线开放课程联盟的成立并有效运行，先后4次召开了全国旅游职业教育师资培训班，其中有3次线下培训班和1次线上培训班，提供了旅游职业教育改革创新、教师教学创新团队建设、"岗课赛证"融合和"三教"改革等方面的学习、讨论与交流的平台。2021年，契合国家级教师教学创新团队协作共同体的建设需要，于云南昆明成功组建了中国智慧景区开发与管理专业发展共同体，发布了《共同体章程》与"昆明宣言"（见图3-39）；2022年，根据教育部第二批职业教育国家级教师教学创新团队课题申报，智慧景区资源库第一主持单位浙江旅游职业学院成功中标主课题，牵头成立第二批职业教育国家级教师教学创新团队文体旅游（二）协作共同体（见图3-40）。通过两大共同体建设，已基本形成智慧景区资源库的"共商、共建、共享"格局并有效促进了旅游类专业的共同发展。

图 3-39　中国旅游报宣传报道专业共同体成立大会

图 3-40　文体旅游（二）协作共同体成立大会

二是促进专业标准体系建设，促进智慧景区专业的数字化改造升级。智慧景区资源库依据由浙江旅游职业学院牵头制订的《全国高等职业院校景区开发与管理专业教学标准》进行统筹设计与规划建设。首先，根据资源库的建设要求，景区开发与管理专业教学资源库建设领导小组充分利用资源库的资源及各共建院校、行业企业的力量，在 2019 年 10 月立项的全国旅游职业教育教学指导委员会课题《"职教二十条"背景下的景区开发与管理专业课程标准体系建设研究》基础上，完成了《景区开发与管理专业课程标准体系建设研究》并由中国旅游出版社正式出版，不仅增强了智慧景区资源库的示范引领性与指导性，为各校开办智慧景区专业、完善相关课程体系与教学质量标准提供了规范要求，而且为后续其他标准体系的建设奠定了基石。其次，智慧景区资源库依托两个共同体平台，联合组建了 2021 年《职业教育专业智慧景区开发与管理专业教学标准》修订工作组，紧扣国家发展战略与社会、经济发展的数字化、信息化趋势，科学设计并完成专业岗位能力综合需求调研、分析，建设完成并完善专业标准的修订，重点对专业基础课程、专业核心课程、专业选修课程及其主要课程教学模块、配套教学设施与条件等方面的数字化、信息化内容进行了明确。最后，智慧景区资源库联合共建单位加强与行业龙头企业、协会合作，积极推进文化和旅游行业标准、行业岗位技能标准或证书的研发、实践与推广，已经基本完成了 13 个与智慧景区专业相关的行业标准、技术导则及企业技能标准。

三是促进专业的产教融合发展，引领校企合作协同创新。自智慧景区资源库立项建设以来，校企合作形式更加多样、内容更加丰富、成效更加明显。各共建单位之间基本形成了以智慧景区资源库为基础的、涵盖"需求共预、方案共订、质量共管、资源共制、课程共建、教材共编、证书共推、基地共营、学生共育、成果共享"的校企深度融合体制机制，已联合获得国家级教师教学创新团队 3 个、国家级职业教育集团 1 个、全国旅游职业教育校企合作示范基地 1 个、全国旅游职业教育校企深度合作项目 4 个、浙江省产学合作协同育人项目 1 个（具体参见表 3-17）。

2.项目促进行业新发展

一是通过助力行业人才培养促进行业新发展。智慧景区资源库始终坚持依托行业、源自行业、反哺行业的总要求，始终坚持产教融合与育训并举的发展理念，以全面完善现代职业教育体系为己任，以服务高等职业教育为核心，兼顾继续职业教育、本科职业教育、中等职业教育与启蒙职业教育，着力服务四大人群，吸引资源库注册学员超 22.31 万人，完成院校师资培训超 8000 人次、乡村旅游从业人员约 5200 人次、地方文旅主管部门工作人员及行业企业工作人员约 7300 人次，基本建成四大培训基地。

二是通过助力政策标准研发促进行业新发展。智慧景区资源库充分发挥承担行业企业"顾问团"的角色与作用，通过助力政策的制订与标准的研发或修订等工作，助力旅游行业企业的转型升级与可持续发展。首先，智慧景区资源库已研发设计了 13 个与智慧旅游专业相关的行业标准、技术导则及企业技能标准。其中，已经研发并公布国家推荐标准 1 个，已经立项并完成制（修）订国家行业标准 2 个，已经研发并公布省级地方标准（技术导则）6 个，已经研发并实施企业技能标准（证书）4 个。其次，智慧景区资源库已协助各级文化和旅游主管部门制订了旅游业"微改造、精提升"、全域旅游发展与示范创建、非遗传承与文化生态保护区发展等方面的政策文件共 28 项。

五、存在问题与短板分析

我国资源库建设 10 余年来，为职业教育的持续发展与壮大起到了重要作用。但是也存在部分资源质量有待进一步提高、专业覆盖有待进一步拓展、版权意识有待进一步加强、主体合作关系有待进一步强化、更新机制有待进一步健全等共性问题。就智慧景区资源库而言，还存在以下具体问题或短板。

（一）课程体系的设计问题与短板

1. 智慧景区资源库的定位具有局限性

智慧景区资源库启动建设于 2017 年 4 月，成功立项于 2019 年 11 月。在项目培育及申报前期，主要依据 2019 年教育部正式发布的《高等职业学校景区开发与管理专业教学标准（640104）》及各类主流旅游景区类型的实际特征，结合各共建院校的优势资源及地方特色，形成了旅游类基础通用课程、智慧景区专业核心课程、岗位技术方向与地方特色课程三个层次的课程模块，共设计了 38 门标准化课程。值得重视的是，智慧景区专业核心课程尚未实现"岗课赛证"融合与育训结合；旅游类基础课程更加注重旅游大类的通用性，聚焦度较差，学科知识性导向明显；岗位技术方向或地方特色课程的岗位属性特征及职业培训需求属性也较弱，主要以知识介绍为主。

2.智慧景区专业内涵剧变引起的不适应性

众所周知，教育部于2020年启动了职业教育新一轮专业目录的修订工作。鉴于我国国民经济的快速发展壮大与信息技术的快速迭代升级，适应新时代国民经济各个行业发展的新技术、新工艺、新方法与新流程，已经成为职业教育转型升级的首要任务。智慧景区专业也不例外，其专业名称由资源库立项时的"景区开发与管理"变更为"智慧景区开发与管理"，不仅其专业核心课程调整了6/8，而且其核心内容则是调整的更多。此外，专业基础课程、岗位选修课程等都进行了较大的调整。因此，智慧景区专业的内涵发生了剧烈变化，而在智慧景区资源库的建设期内，虽然对素材内容进行了一定的适应性调整，但是迫于建设压力与经费预算、人员素质结构等多重因素的限制，无法对课程体系及其内容进行系统性的调整。

（二）课程知识树、课程标准的梳理问题与短板分析

1.课程知识树或课程标准的适用对象较窄

为促进课程资源的标准化建设，景区开发与管理专业教学资源库建设领导小组根据整体建设方案要求各子项目课程提交建设方案、课程标准及面向在校师生、行业从业人员及社会大众等四大群体的课程知识树。但是各子项目课程负责人在实际执行过程中，受多重因素影响与制约，缺乏与共建行业企业、共建院校的沟通交流，导致课程标准与课程知识树设计过于依赖教材及课程团队负责人的个人经验，使其课程标准的适用范围以在校学生为主，缺乏针对行业从业人员的职业培训以及社会大众的职业启蒙或认知等方面内容、知识点的设计。

2.课程知识树或课程标准的制（修）订缺乏制度化

智慧景区资源库立项之初，受多重因素影响，各子项目负责人及其团队根据资源库建设方案与任务书对相关课程知识树与课程标准进行了制（修）订。但是，在确定课程知识树或课程标准的时候，存在三个方面的制度化缺陷：首先，是缺乏课程知识树与课程标准制（修）订的综合调研过程，主要依赖于课程负责人的个人或团队经验，或者是依赖某个学校或某本教材的经验，导致其缺乏客观的科学性；其次，是缺乏课程知识树与课程标准制（修）订的多元主体讨论与论证，尤其是缺乏校际横向沟通与论证，导致其缺乏普遍的适用性；最后，是缺乏课程知识树与课程标准修订的常态化，尤其在紧跟文旅行业发展的新趋势以及面向新技术、新方法、新工艺与新流程等方面，导致其具有明显的滞后性。

（三）课程知识点的展现问题与短板

1. 素材资源展现的客观问题

目前资源库支持的媒体类型主要有视频类、动画类、虚拟仿真类、微课类等动态资源与图片类、图形图像类、文本类、PPT 演示文稿类等静态资源（其中：2019 年之前立项的资源库将 PPT 演示文稿类归为动态资源）。各个资源库的课程知识点所支撑的素材主要存在以下五个方面的问题：一是代表行业发展趋势的虚拟仿真类素材比例明显偏低，如智慧景区资源库的虚拟仿真类素材仅占总素材的 0.07%；二是部分资源库或课程的素材存在过于碎片化的问题，即一个素材无法从某一个方面或视角完整诠释一个知识点，如部分教师在制作 PPT 的时候，一个素材资源仅有 1~2 页 PPT，部分视频时长仅为 1~2 分钟 / 个；三是部分资源库或课程素材的制作质量欠佳，存在一定程度的凑数问题，素材被标准化课程占用比例偏低或素材的活跃率偏低；四是部分资源库或课程的素材制作存在版权问题，或者素材的原创标记不规范或原创率不够高，甚至将其他渠道获取的素材做简单处理，甚至不做任何处理即上传至资源库；五是受知识树自身设计不完整及课程负责人等因素影响，已有课程素材主要以面向在校学生为主，甚至是职业高等专科学生为主，缺乏针对行业从业人员、社会大众以及其他学历层次学生的素材。如智慧景区资源库，虽然作为企业用户和社会学习者的素材比例占总素材的比例分别达到了 81.86% 和 85.48%，但是从另外一个角度看，说明其大量的素材同时符合企业用户和社会学习者用户，本身就说明其素材制作的针对性不强。

2. 素材资源展现受限的内在根源

智慧景区资源库历经三年多的建设，其素材资源展现受限的内在根源主要是两个方面：首先，是技术表达问题。受智慧职教平台的限制，无法直接显示具有强烈动态交互功能的虚拟仿真类素材资源，导致相关学习或实践数据无法整合到资源库平台系统。其次，是知识技能表现能力的问题。其核心是子项目课程负责人及其团队的个人素质、能力以及视野等相对受限，导致课程知识树或知识点的相关素质培养要求、知识传授要求以及技能培养要求的表达方式相对有限，如部分可以通过动画等方式展现的，结果只能通过语言表达的形式来展现。

（四）课程应用与推广问题

虽然各个资源库在建设及应用推广过程中，均不同程度地受到了行业企业、协会、地方政府等非院校利益主体的支持，但是其依然无法改变资源库目前在应用与推广层面存在四个方面的不足：一是资源库课程应用以院校师生为主，基本没有形成同时面向四大群体的、具有现代职业教育体系的应用资源体系与课程体系；二是资源库课程应用及推广主要依托各个资源库的共建共享联盟，其信息沟通极大地依赖于资源库主持单位，部分资源库的非主持院校与其他共建院校及单位之间缺乏明显的横向交流，导致其应用推广受限；三是资源库课程对各个共建院校及行业企业的辐射带动作用也不够明显，如智慧景区资源库在 14 个共建院校中，仅 4 所合作院校将资源库课程纳入院校的公共选修课，大部分合作院校连自己负责的课程在本校推广都存在困难；四是目前资源库的应用推广主要以职业教育内部交流及宣传推广为主，缺乏行业企业、社会大众的推广，仅部分优质资源库的优质课程能通过"学习强国"等大众平台实现推广。

第四章　智慧景区资源库的数据分析与问题诊断

随着智慧旅游与数字化教学改革的快速发展，智慧景区开发与管理专业知识的需求不断增加。为了培养更多的旅游类专业人才，建成一个全面、高质量的教学资源库是至关重要的。为有效追踪建设期内主要利益群体（课程负责人与专业教师、学生）的建设或应用行为特征，剖析资源库整体及子项目层面的特征、问题与不足，本章将对该资源库进行数据分析和问题诊断，旨在发现资源库建设到验收过程中存在的问题，并提出相应的解决方案，以提升教学质量和用户的学习效果。值得注意的是，因本次研究持续期间智慧景区资源库依然在持续推进更新与宣传推广、应用，使得每天各个模块的数据均会发生变化，导致本章研究的各个层面与利益主体的数据可能存在同一口径的数据前后不一致的情况，均属于正常情况。

一、资源库整体层面的数据分析与问题诊断

本节将分别对智慧景区资源库的用户、素材、题库、课程、日志、参建单位等维度的数据进行详细分析与诊断。

（一）用户数统计分析与问题诊断

1. 注册用户的增长情况

（1）按时间轴分析诊断用户增长情况。

智慧景区资源库自 2017 年 6 月申请开户，就用户增长情况而言，发展至

今大致经历了四个阶段：

一是摸索期，即 2017 年 6 月至 2019 年 1 月。此阶段一共增加学生 3061 名（见图 4-1）、教师 421 名（见图 4-2）。该阶段由于对建设资源库没有清晰的概念，用户增加缓慢且建设资源质量参差不齐、水平不高。该阶段参与注册的教师、学生大部分只是被通知要注册该平台，并不知道具体的教学或学习任务，导致其注册后基本无使用记录。

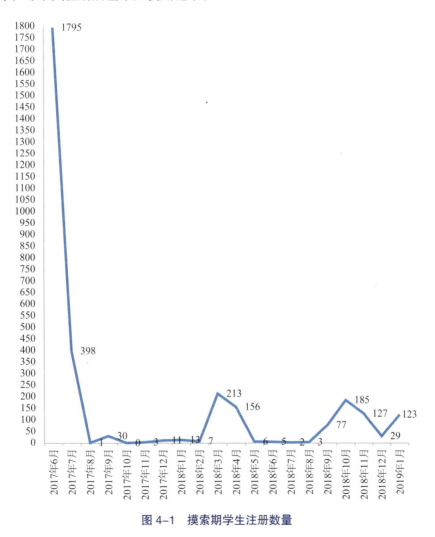

图 4-1 摸索期学生注册数量

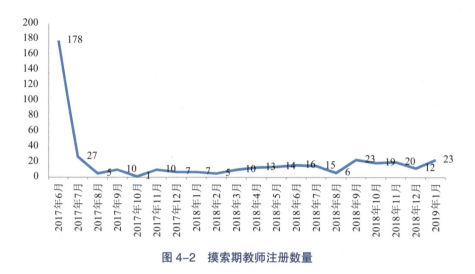

图 4-2　摸索期教师注册数量

二是稳步增长期，即 2019 年 2 月至 2020 年 1 月。该阶段由于智慧景区资源库负责人更换，由浙江旅游职业学院原党委书记王昆欣教授牵头建设，带领执行负责人等团队通过不断地请教专家、咨询已立项团队、参加资源库建设专项会议、寻找技术支持团队、召开建设动员大会等系列动作，对教学资源库建设任务与作用有了较为深入的了解，建设框架逐步有了清晰的轮廓。该阶段，建设团队稳扎稳打，用户数持续稳定上升。此阶段一共增加学生 11790 名（见图 4-3）、教师 786 名（见图 4-4）。

图 4-3　稳步增长期学生注册数量

图 4-4　稳步增长期教师注册数量

三是迅速增长期，即 2020 年 2 月。这是一个特殊的时期，突发的新冠疫情席卷全球，智慧景区资源库积极响应国家"停课不停学、停课不停教"政策，立即组织 38 个子项目负责人迅速上线了 18 门院校急需的慕课，同时完成了 38 门标准化课程的建设方案及其课程标准的制（修）订。迎来全国旅游大类师生预与企业员工线上的各种学习、培训，经受了巨大的考验，并完美完成了该阶段的任务。仅 1 个月时间，学生增加了 29245 名，教师增加了 1296 名（见图 4-5）。

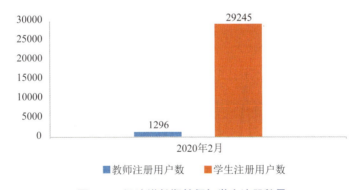

图 4-5　迅速增长期教师与学生注册数量

四是平稳增长期，即 2020 年 3 月至今。经过疫情期间网络学习人数爆发式的增长后，智慧景区资源库建设人员的能力与心理素质也得到了极大的锻炼。夜以继日地建设资源、批改试题、答疑解惑后，积累了大量的经验，并且得到了全国相关院校、单位的一致好评。后期人数平稳增长，使用院校范围不断扩大。此阶段一共增加学生162378名（见图4-6）、教师9757名（见图4-7）。

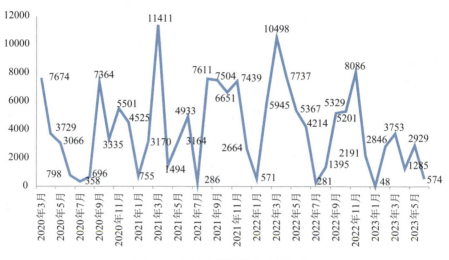

图4-6　平稳增长期学生注册数量

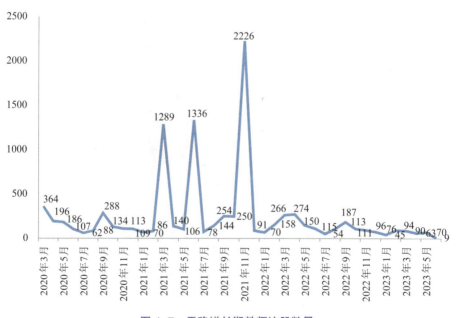

图4-7　平稳增长期教师注册数量

（2）按共（参）建院校与非共（参）建院校分析诊断用户增长情况。

智慧景区资源库共有3所共建（联合主持）院校与13所参建院校。然而在分析用户数量时发现这16所院校的推广应用程度有深有浅。其中吉林省经济管理干部学院、日照职业技术学院、甘肃工业职业技术学院、黑龙江农业经济职业学院、江苏经贸职业技术学院、吉林外国语大学6所参建院校用户数量排名在16名之后，且有两所院校排名远远靠后，说明其实际建设应用推广力度明显不足（见表4-1）。

表4-1　20所院校注册用户数排名 *

序号	学校名称	用户数量排名	备注
1	浙江旅游职业学院	1	资源库共建院校
2	太原旅游职业学院	2	资源库共建院校
3	三峡旅游职业技术学院	3	资源库参建院校
4	郑州旅游职业学院	4	资源库参建院校
5	云南旅游职业学院	5	资源库共建院校
6	广州番禺职业技术学院	6	资源库参建院校
7	南京旅游职业学院	7	资源库参建院校
8	江西旅游商贸职业学院	8	资源库参建院校
9	郑州铁路职业技术学院	9	非资源库参建院校
10	淮南联合大学	10	资源库参建院校
11	江门职业技术学院	11	非资源库参建院校
12	广西交通职业技术学院	12	非资源库参建院校
13	海南职业技术学院	13	非资源库参建院校
14	合肥信息技术职业学院	14	非资源库参建院校
15	珠海城市职业技术学院	15	非资源库参建院校
16	苏州旅游与财经高等职业技术学校	16	资源库参建院校

序号	学校名称	用户数量排名	备注
17	吉林省经济管理干部学院	22	资源库参建院校
18	日照职业技术学院	23	资源库参建院校
19	甘肃工业职业技术学院	40	资源库参建院校
20	黑龙江农业经济职业学院	44	资源库参建院校
21	江苏经贸职业技术学院	107	资源库参建院校
22	吉林外国语大学	218	资源库参建院校

*注：数据截止时间为 2023 年 6 月 6 日 21：00。

根据表 4-1 发现，在用户数排名前 16 的院校名单中赫然出现了郑州铁路职业技术学院、江门职业技术学院、广西交通职业技术学院、海南职业技术学院、合肥信息技术职业学院、珠海城市职业技术学院 6 所非智慧景区资源库参建院校。据此，可以得出两个结论：一是这 6 所学校在旅游大类课程应用中有很大的市场，教师与学生均自动自觉参与线上课程的使用与学习；二是在智慧景区资源库后续的升级改造或者新项目中可以将这些学校纳入共建共享联盟。

（3）按不同用户类型分析诊断数量增长情况。

随着信息技术的进步和数字化转型的加速，用户对在线资源和数字内容的需求不断增长。教学资源库能否提供切实可行的数字化解决方案对用户增长起到重要作用，提供的内容质量和多样性对用户吸引力和留存率具有重要影响。是否能提供高质量、多样性的内容，以满足不同用户的需求，也是用户增长的关键因素之一。用户体验和界面设计对于资源库的吸引力和用户增长至关重要。良好的用户体验、友好的界面设计和易于导航的功能可能会吸引更多用户使用教学资源库。而教学资源库的市场竞争情况和营销策略也会对用户增长产生影响。有效的市场推广、用户获取策略和与用户群体的有效沟通等都有助于吸引更多用户。

　　由于目前智慧职教平台中数据中心只收集教师与学生的用户数量情况，因此仅介绍这两类用户数量的增长情况，也在一定程度上提供一种洞察不同类型用户增长的方式。学生用户通常是教学资源库的重要用户群体，随着学生用户数量的增长，他们对教学资源库的需求也可能增加。如果有大量学生用户，特别是在教育市场竞争激烈的地区，学生用户的增长可能会显著。教师、学者和专业人士常常依赖教学资源库建设最新的教学成果。随着研究领域的发展和研究人员的增加，这个用户群体的增长可能会持续。

　　根据新增数量折线图（图4-8）可以看出，教师用户数新增规律与学生用户数新增规律同步，除智慧景区资源库发展的四个时间段的规律外，还能看出跟整个教学规律十分吻合，即每个学年初、每个学期初、期末都会出现波峰。这些现象也体现出很严峻的一个问题，学生与老师的使用行为不是持续稳定的，大部分还是任务式、阶段式或期末爆发式。

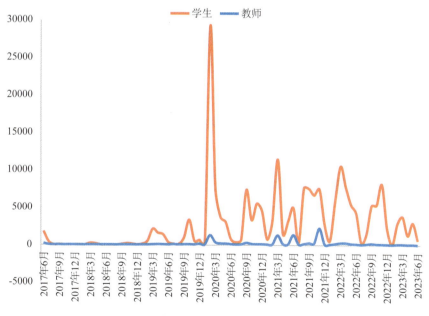

图4-8　智慧景区资源库教师与学生注册数量

2.学习用户的结构情况

（1）分析诊断注册用户的结构情况。

截至目前，智慧景区资源库拥有学生用户 206044 人、教师用户 12253 人、企业用户 2414 人、社会学习者用户 2604 人（见图 4-9）。人数上的占比也显示出所有教学资源库目前存在的弊端，学生是绝大多数的使用者，企业用户与社会学习者所占比例太低，说明除院校外，其他领域对教学资源库的了解程度、需求程度乃至认可程度均不高。因此，未来智慧景区资源库在迭代升级的过程中，不仅需要遵循育训并举的原则不断丰富相关内容，而且需要加大在这些领域的推广与宣传。

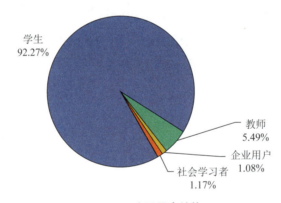

图 4-9　注册用户结构

（2）分析诊断活跃用户的结构情况。

截至目前，智慧景区资源库注册人员中，学生 206044 人，活跃人数 163825 人，活跃人数占比 79.51%；教师 12253 人，活跃人数 11616 人，活跃人数占比 94.80%；企业用户 2414 人，活跃人数 2349 人，活跃人数占比 97.31%；社会学习者 2604 人，活跃人数 2484 人，活跃人数占比 95.39%（见图 4-10）。可以看出学生用户数众多，但是活跃率却是最低的，说明存在两个问题：一是在校学生主动学习意识欠缺，自我控制能力还需提升；二是多数毕业生离开学校之后，大部分因不再参与学习使用成为"僵尸"用户，说明其建设内容对学生毕业后的工作就业作用不明显。同时，要关注教师的活跃率，作为智慧景区资源库内课程资源的主要制作者、引用者、使用者，在数字化教学改革的今天，理论上说每一位老师都应该积极使用资源库，但目前还有将超过5%的教师是僵尸用户，说明这部分老师并没有有效跟进职业教育数字化教学改革进程。企业用户与社会学习者虽然人数很少，但是活跃率分别排名第一、第二，也从侧面反映出这一批用户虽然不多，但是均为发自内心想要学习，内驱动力远比外驱动力更能长久。

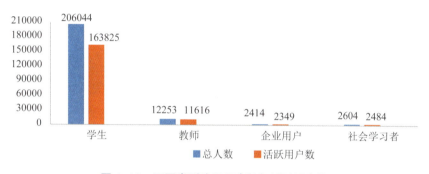

图 4-10　不同类型注册用户数与活跃用户数

　　一是学生活跃率情况分析。学生是教学资源库平台的核心用户群体，他们通过教学资源库获取知识、进行学习和完成作业甚至课程学分。在学生用户中，活跃度的高低直接关系到教学效果和学习成果。智慧景区资源库学生用户数 206044 人，活跃人数 163825 人，学生活跃率为 79.51%。活跃人数众多的原因有三个：首先，是便利性和灵活性，智慧景区资源库提供了随时随地进行学习的便利性，学生可以根据自己的时间和节奏进行学习，无须受限于传统的教室环境，尤其在新冠感染疫情期间居家学习显得特别明显。其次，是多样化的学习资源，智慧景区资源库提供多样化的学习资源，如视频课程、练习题、讨论区等，满足学生的不同学习需求和学习风格。最后，是互动和反馈机制，智慧景区资源库提供了学生和教师之间的互动和反馈机制，学生可以通过在线讨论、作业批改等与教师和其他学生进行交流，提高学习动力和参与度。而活跃率偏低的原因总结出来也有三个：首先，是缺乏个性化学习推荐系统且与人才培养方案改革滞后相关，目前还是以课程的形式展示，并没有一个完善的课程体系展示给学生，仍然是授课教师推荐、学生参与，为了完成任务与得到过程分数为主。其次，是缺乏实践环节，由于线上资源的限制，实践环节很难通过观看视频等形式进行展现与锻炼，而职业教育中50%以上的课时是实践课时，实践环节的缺失，也是学生参与度下降的原因之一。最后，是缺乏人性化的界面设计，目前智慧景区资源库所依托的智慧职教平台，平台设计欠友好，不仅学生出现很多使用上的问题，其他人员也有相关的问题，这些都可能导致学生的参与度和学习效果下降。

二是教师活跃率情况分析。教师是智慧景区资源库的关键参与者和推动者，他们在平台上进行资源上传、组建课程、课堂教学、教学质量评估和指导学生。教师用户的活跃度对于教学质量和学生学习效果至关重要。智慧景区资源库教师用户12253人，活跃人数11616人，活跃率94.80%。教师活跃率较高的主要原因有三个：首先，是教学资源的质量和丰富度，智慧景区资源库内有高质量的教学资源，包括教学，视频、课件、习题等，可以满足旅游大类教师的教学需求和教学目标。其次，是教学资源库平台提供了方便的教学管理和评估工具，如作业批改系统、在线测验、在线签到、在线讨论等，帮助教师有效管理学生学习情况和评估学生的学习成果。最后，是建立联盟、提供跨校合作机会，教学资源库平台可以通过建立教师联盟和提供合作机会，促进教师之间的交流和资源共享，提高教师用户的参与度和活跃度。然而，一些教师可能面临技术使用的困难、缺乏在线教学培训的机会以及缺乏平台与教学目标的匹配等问题，这些问题可能限制了教师用户的活跃度和创新能力。

三是企业用户活跃率分析。旅游企业用户是智慧景区资源库的重要合作伙伴，他们提供实践机会、实习岗位和就业机会，为学生的职业发展提供支持。企业用户的活跃度对于平台的实用性和与市场的对接能力至关重要。智慧景区资源库旅游企业用户2414人，活跃人数2349人，活跃率97.31%。之所以企业用户活跃率如此之高，可能是因为资源库建设院校通过与企业合作，企业能提供实践机会和实习岗位，帮助学生将所学知识应用到实际工作中，增强职业竞争力。同时，匹配企业需求，教学资源库根据行业需求和企业的反馈，及时调整和更新教学内容，保持与市场的对接能力，提高了企业用户的满意度和活跃率。但是，也会面临与企业的合作机会不足、行业对接不紧密以及对实践能力的培养不够重视等问题，这些问题可能降低企业用户的活跃度和合作意愿。

四是社会学习者活跃率分析。社会学习者包括自主学习者、职业发展者和兴趣学习者等，他们利用教学资源库来获取知识、提升技能和满足兴趣。社会学习者的活跃度与平台的吸引力和适用性密切相关。智慧景区资源库现有社会学习者 2604 人，活跃人数 2484 人，活跃率 95.39%。社会学习者愿意选择智慧景区资源库：首先，是因为教学资源库有丰富的学习资源，在线教学平台提供了多样化的学习资源，涵盖不同领域和兴趣，满足社会学习者对美丽中国形象和美丽中国故事的学习需求。其次，是教学资源库平台强调学习体验，即注重学习体验的设计，提供个性化学习路径、学习社区和学习支持，增强社会学习者的参与感和学习动力。最后，是建立了学习认证机制，教学资源库平台建立学习认证机制，为社会学习者提供学习成果的证明和认可，增加其参与度和动力。同时我们也发现，智慧景区资源库平台可能存在学习资源质量参差不齐、个性化学习支持不足以及认证机制的可信度问题，也会影响社会学习者的活跃度和学习动力。

智慧景区资源库的用户活跃率对于教育技术的发展和教学模式的转型至关重要。通过对学生、教师、企业用户和社会学习者的角度进行分析，可以发现一些共同的问题和改进的方向，如个性化学习推荐系统的建立、教师数字化能力培训的加强、与企业的深度合作以及学习认证机制的完善等。通过不断改进和创新，可以提高在线教学平台的用户活跃度，推动职业教育信息技术的进步，为学习用户的学习和职业发展提供更好的支持。

3. 共（参）建院校用户数占比情况

教学资源库平台中共（参）建院校用户数占比情况是平台用户结构的重要组成部分。从共（参）建院校用户数增长和活跃率角度来看，可以得到以下分析：

（1）分析诊断共（参）建院校用户数增长情况。

共（参）建院校用户数增长与教学资源库共（参）建院校数密切相关。如果教学资源库增加了新的共（参）建院校，那么就有可能吸引更多的学生和教师使用该平台，从而提高共（参）建院校师生用户数。另外，平台的宣传推广力度、服务质量等因素也会影响共（参）建院校用户数的增长。智慧景区资源库在建设过程中共有 16 所院校参与建设，这在立项的国家级职业教育教学资源库中数量算比较多的。建设初期，三个主持院校注册人数一直遥遥领先（见表 4-2），而江苏经贸职业技术学院与广州番禺职业技术学院作为后加入智慧景区资源库的参建院校，在初期排名明显靠后。然而从表 4-1 就可以看出，广州番禺职业技术学院经过不断努力，注册用户数排名上升到第 6。

表 4-2　2022 年 2 月 24 日与 2023 年 6 月 7 日共建单位数据

序号	学校名称	2020 年 2 月 24 日注册总人数	2023 年 6 月 7 日注册总人数
1	浙江旅游职业学院	4911	15720
2	太原旅游职业学院	3008	9771
3	云南旅游职业学院	6166	7482
4	郑州旅游职业学院	2552	7507
5	苏州旅游与财经高等职业技术学校	619	1485
6	吉林省经济管理干部学院	509	1137
7	江西旅游商贸职业学院	913	3278
8	淮南联合大学	499	2714
9	吉林外国语大学	181	181
10	日照职业技术学院	221	1133
11	黑龙江农业经济职业学院	306	780
12	甘肃工业职业技术学院	176	821
13	南京旅游职业学院	85	3501
14	三峡旅游职业技术学院	641	8497
15	江苏经贸职业技术学院	57	420
16	广州番禺职业技术学院	10	4310

（2）分析诊断共（参）建院校活跃率情况。

共（参）建院校用户活跃率是指在一定时间内使用教学资源库平台的共（参）建院校用户数占总共（参）建院校用户数的比例。如果共（参）建院校用户活跃率高，说明这些用户对教学资源库的使用度高，教学资源库的内容及其依托平台的服务质量和用户体验得到了认可。通过表4-3可知，共（参）建院校中吉林外国语大学、甘肃工业职业技术学院、吉林省经济管理干部学院、淮南联合大学、黑龙江农业经济职业学院五个院校注册学生数虽然不高，但是他们的学生、教师活跃率都非常高，说明其课程辐射范围虽小，但辐射范围内的专业师生活跃度高。同时，三个共建院校的注册总人数很高，活跃率紧随其后；但是，江苏经贸职业技术学院不论从总数还是活跃率都非常低，说明该校课程建设质量相对偏低或学校不够重视导致其辐射面偏窄、活跃度偏低。

表4-3　2023年6月7日数据共建院校用户活跃率

序号	学校名称	注册总人数	教师活跃人数	学生活跃人数	总活跃人数	活跃率
1	浙江旅游职业学院	15720	279	14323	14602	92.89%
2	太原旅游职业学院	9771	146	8733	8879	90.87%
3	云南旅游职业学院	7482	120	6830	6950	92.89%
4	郑州旅游职业学院	7507	81	6280	6361	84.73%
5	苏州旅游与财经高等职业技术学校	1485	44	1100	1144	77.04%
6	吉林省经济管理干部学院	1137	18	1074	1092	96.04%
7	江西旅游商贸职业学院	3278	50	2944	2994	91.34%
8	淮南联合大学	2714	10	2574	2584	95.21%
9	吉林外国语大学	181	4	173	177	97.79%
10	日照职业技术学院	1133	23	904	927	81.82%
11	黑龙江农业经济职业学院	780	23	711	734	94.10%
12	甘肃工业职业技术学院	821	15	782	797	97.08%
13	南京旅游职业学院	3501	53	2855	2908	83.06%
14	三峡旅游职业技术学院	8497	40	7211	7251	85.34%
15	江苏经贸职业技术学院	420	19	133	152	36.19%
16	广州番禺职业技术学院	4310	32	3460	3492	81.02%

综上所述，对于智慧景区资源库而言，提高共（参）建院校用户数和活跃率是非常重要的。智慧景区资源库需不断提高内容建设质量、提升平台服务质量，增加优质院校参与建设、强化宣传推广等措施，以吸引共（参）建院校的更多用户使用，从而提高用户占比和用户满意度。

（二）素材数统计分析与问题诊断

1. 素材来源分布情况

通过对教学资源库中的素材进行分类和统计，不仅可以了解其教学资源的分布情况和覆盖范围，而且可以评估教学资源的内容丰富度和适用性（见图4-11）。

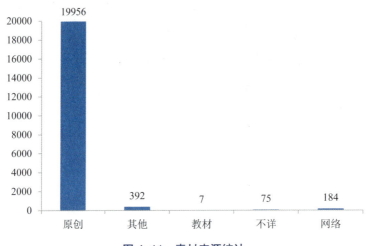

图 4-11　素材来源统计

（1）分析诊断原创素材情况。

原创素材是指由参加教学资源库建设的共（参）建院校的教师自主创建或创作设计或通过采购第三方服务制作而成的教学素材。原创素材可能包括课件、教案、动画、视频、音频、虚拟仿真等。这种素材具有独特性和个性化，更加符合教师的教学需求和学生的学习需求。智慧景区专业是一个涉及多学科知识和技能的综合性专业，要求学生掌握兼具信息技术的景区开发规划、营销策划、运营管理等方面的知识技能，并具备创新思维和解决问题的能力。为了支持这一专业的教学活动，建立一个资源丰富、内容全面的教学资源库是非常必要的。而原有的非原创资源并不足以构成一个标准化的资源体系，就必然要求建设者从知识树的构建，到知识体系的建立，到课程资源的完善，绝大部分是原创素材。智慧景区资源库通过成立专门的原创素材制作团队或者鼓励共（参）建院校教师自主创作来获取更多的原创素材，也是为了避免出现版权争议。通过三年的努力，智慧景区资源库的原创素材数19956条，达到总资源数的96.81%。此外，智慧景区资源库还通过吸引高水平的专业人才加入团队，提高原创素材的质量和数量，也鼓励学生参与创作原创素材，如学生在课程团队教师的指导下可以上传自己的作业、项目成果或研究报告等，这些学生创作的素材资源可以作为学习资源和示范展示给其他学生，促进学习和知识共享。

（2）分析诊断其他素材情况。

非原创素材是指从其他来源渠道获取的素材资源，包括但不限于网络影视剪辑、文献资料、政府机构等。素材来源的多样化，虽然可以提供更加丰富的教学资源，但是也存在版权问题和质量不稳定或不优质的风险。对于非原创素材，教学资源库应全面做好版权管理工作，保证素材资源的合法性和可靠性，即非原创素材资源必须获得其相关产权所有者的合法合规授权才能使用。目前，智慧景区资源库0.89%的资源来自网络，0.04%的资源来自教材，剩余2.26%资源来源不详或其他。因此，未来可以进一步提高素材的原创比例，争取原创素材资源能达到100%。

总的来说，教学资源库的素材来源分布情况应该尽可能偏向于原创素材，只有原创素材才更加符合个性化教学需求和学习需求，也能够提高智慧景区资源库的独特性和竞争力。同时，在获取非原创素材时，需要严格遵守知识产权的保护及相关法律法规，确保素材的合法性和可靠性。

2. 素材活跃率情况

（1）分析诊断活跃素材情况。

活跃素材是指在教学资源库中，已经在师生教学实践或学习中被广泛使用、具有实用性和实时性的素材。智慧景区资源库活跃资源率高达99.95%，如图4-12所示，主要拥有以下特点：一是保持实时更新。活跃素材需要不断更新，以反映最新的知识、技术和发展趋势。教学资源库应该与学科或行业领域的最新发展同步，及时收集和整理新的素材，这样才能被学习用户关注并使用、推广。二是具有实用性，活跃素材应该是实践中可行和有效的，能够直接应用于教学活动中。这些素材可以是案例研究、实验数据、行业热点等，能够激发用户的学习兴趣并提升他们的实践能力。三是具有多样性，活跃素材应该具有多样性，包括文字、图像、视频、音频、动画等形式。

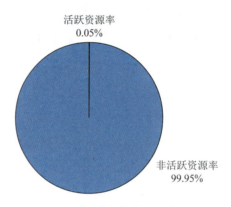

图 4-12　活跃素材与非活跃素材占比

（2）分析诊断非活跃素材情况。

非活跃素材是指那些相对较旧或过时的素材，即很少甚至没有被用户学习或引用过的素材资源。目前，智慧景区资源库的非活跃资源率仅为 0.05%，主要是来自 2017 年初步开始建库时收集的教材、课程资料或教师个人收集的非原创资源。这些资源的质量不尽如人意，存在准确性和权威性等方面的问题。当然，部分非活跃素材资源可能是由于资源的组织不够清晰、检索功能不够完善、标签设计不够科学或用户界面不够友好等原因造成的。具体而言，智慧景区资源库的非活跃素材资源具有以下两个特点：一是缺乏可靠性。非活跃素材可能缺乏最新的信息和研究成果，因此在内容的可靠性上可能存在一定的问题，即无法反映行业最新的动态、政策及技术规范，甚至可能是错误的。因此，教师在引用非活跃素材时需要对其进行筛选和验证，确保内容的准确性和适用性。二是不具备可传播性。大部分非活跃素材资源之所以成为非活跃资源，一方面可能是未被组建到标准化课程、个性化课程、慕课、微课、技能训练模块以及培训中心等各类应用场景；另一方面可能是标签或知识点设计不合理，导致大部分学习用户无法在具体学习场景顺利地检索或看到素材资源。因此，智慧景区教学资源库在未来迭代升级过程中，应该定期审查或更新非活跃素材资源，以保持其教学的时效性和有效性。

3. 被标准化课程引用资源情况

随着教学资源库的快速发展，越来越多的学校、教育机构、行业企业培训使用它来开展教育教学培训并实现教学培训目标。智慧景区资源库有 79% 的资源已被标准化课程引用，21% 的资源未被标准化课程引用（见图 4-13）。其中，被标准化课程引用资源和未被标准化课程引用资源有着不同的特点。

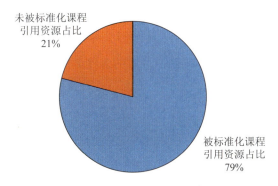

图 4-13　被标准化课程引用的资源占比情况

（1）分析诊断已被标准化课程引用的资源。

标准化课程是指按照国家或地方教育部门规定的教学要求和标准来编写和实施的课程，其教学内容和学习目标是被广泛认可和接受的。智慧景区资源库在提供标准化课程的过程中，被标准化课程引用的相关资源，包括教材、教案、课件、视频、动画、微课、题库、考试、作业等，基本是按照智慧景区开发与管理专业课程标准体系进行设计制作而成。这些资源具有一定的规范性、权威性、系统性与结构性特征，可以帮助教师和学生更好地实现课程目标，有利于实现校际学分互认。一般被标准化引用较多的素材资源主要有如下六个类型：

一是教材资源。教材是标准化课程中最重要的资源之一。智慧景区资源库可以通过引用电子教材来帮助学生更好地理解课程结构与内容，同时也可以帮助教师更好地开展教学活动。智慧景区资源库可以有多种形式的教材资源，方便学生和教师进行在线阅读和下载。

二是题库资源。智慧景区资源库可以提供标准化课程的题库资源，包括平时测验、期中考试、期末考试、随堂测验等多种类型。这些题库设置具有一定的标准化和权威性，可以帮助教师进行教学评估和学生成绩管理。

三是教案资源。教案是教师开展教学活动中最基本的指导性文档之一。智慧景区资源库可以提供标准化课程的教案资源（如课程标准、课程教案、教学设计、教学总结等），方便教师进行备课和教学活动。

四是课件资源。课件是教师开展教学活动中最为常用的辅助资源之一。智慧景区资源库可以提供面向不同用户群体的多种类型的课件资源。这些课件可以帮助教师更好地进行课堂教学设计，同时也可以帮助学生更好地理解和记忆课程内容。

五是视频资源。视频是教学资源库中常用的教学资源之一。智慧景区资源库可以提供标准化课程的教学视频资源，主要是方便学生进行在线观看和学习。同时，教师也可以使用教学视频来辅助课堂教学，提高教学效果。

六是动画资源。动画是教学资源库中相对较少的资源类型之一。智慧景区资源库也提供相对较多的动画资源，主要是通过动画形式以更加形象、贴切的方式来讲解特殊知识点或面向特殊人群，以增强知识点的可理解性。

值得注意的是，标准化课程必须说明其与课程标准的关系，说清楚其主要面向用户群体，尤其是应结合课程结构与测评体系有机融合，设计好相应的考试规则与作业要求。

（2）分析诊断未被标准化课程引用的资源。

未被标准化课程引用的资源一般可以分为两种类型：一种是被其他非标准

化课程引用，但是未被标准化课程引用；另一种是没有被任何课程引用，甚至可能是非活跃素材资源或"僵尸"资源。非标准化课程是指按照不同类型学习用户的需求和兴趣来设计和制作的课程，一般可以包括个性化课程、微课、技能训练模块、培训课程等。此外，教学资源库在提供非标准化课程的过程中，还可能使用到一些个性化特别明显的资源，包括自制教材、网站链接、在线工具（如虚拟仿真）等。这些资源具有多样性和灵活性，可以满足不同类型学习用户的不同需求和兴趣。

4. 适用对象情况

根据图 4-14 可知，智慧景区资源库中适用于学生、教师、企业用户、社会学习者的资源相对比较平均。然而，根据图 4-2 可知，这四大用户群的数量是完全不对等的。如果按照人数来说，应该有更多的素材适用于学生，这可能会影响不同用户对相关领域知识的学习和理解。

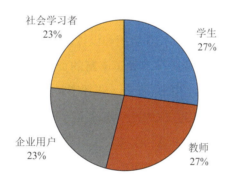

图 4-14　按适用对象资源分类

（1）分析诊断学生适用素材情况。

学生需要丰富、生动、易懂的素材资源来帮助他们学习，实现"能学"的功能。一般而言，教学资源库需要提供多种类型的素材资源，尤其是动态资源，以适应学生的不同学习方式和需求。同时，素材资源应该具有互动性和可操作性，以提高学生的参与度和学习效果。智慧景区资源库有 20374 个素材资源适合学生，占总素材数的 98.84%。分析学生适用角度的素材建设情况时，主要有两个特点：一是大部分为多媒体教学资源，如教学视频、动画、音频等，可以帮助学生更好地理解和记忆知识点；二是教学资源库提供的互动学习工具，如在线练习、模拟测验、学习游戏等，可以使他们积极参与或随时开启自主学习。

（2）分析诊断教师适用素材情况。

教师需要丰富的素材资源来辅助其教学活动，实现"辅教"的功能。智慧景区资源库提供适用教师的素材资源有 20328 个，占总素材资源的 98.61%。例如，教案、课件、试卷、教学视频等，可以帮助教师更好地进行备课和教学，甚至可以让缺乏相关课程教学经验的教师"自学"并实现相关教学能力的提升。这类素材资源具有多样性和可定制性，可以满足专业教师的不同需求和教学风格。从教师适用角度来分析，此类资源之所以受教师喜爱，主要是因为这些素材资源可以在平台上发挥三个方面的作用：一是便捷的教学设计工具，即教学资源库平台——智慧职教提供了教学设计工具，如课程管理系统、课程设计模板、评估工具等，帮助教师组织和设计教学活动、教学环节。二是海量的素材资源，即智慧景区资源库建设了丰富的资源，包括课件、教案、作业、题库等，可由专业教师随意选择使用，节省了教师的教学准备时间或教学管理、教学评估时间。三是多方位的教学协作平台，即智慧景区资源库利用智慧职教慕课学院（MOOC）、职教云课堂（SPOC）以及教学资源库的标准化课程、微课、技能训练模块、培训课程等功能模块提供了大量的应用场景，为旅游大类专业教师提供了非常好的教学协作平台，促进教师之间的交流和资源共享，以丰富教学资源和提高教学质量。

（3）分析诊断企业用户适用素材情况。

企业用户需要针对性强、实用性强的素材资源来满足他们的培训需求。智慧景区资源库提供了丰富的旅游类企业培训素材资源 16874 个，占总素材的 81.86%。针对旅游类企业用户，通过组建相关素材资源，利用培训课程、案例分析、技能训练等，帮助企业用户提高员工的综合素质和能力水平。智慧景区资源库面向合作企业进行个性化配置，提供职业培训和企业内部培训的教育解决方案。从企业用户适用角度分析素材建设情况时，其相关素材资源有三个特点：一是适合职业技能培训的资源，即智慧景区资源库提供与各种与旅游相关的行业、职业相关的培训资源，包括职业技能培训课程、实践案例等，可以满足旅游企业用户的职业培训需求。二是为行业企业定制匹配度高的内容，即智慧景区资源库为旅游类企业用户或地方文旅主管部门提供定制化的教学内容和培训方案，如疫情期间，连续上线 3 期疫情防控背景下景区转型升级专题培训。三是学习管理和评估工具，即智慧景区资源库依托平台提供了学习管理和评估工具，帮助企业用户管理学员的学习进度和成果，对培训效果进行评估和反馈，并对合格人员颁发相应的培训证书。

（4）分析诊断社会学习者适用素材情况。

社会学习者需要更通俗性或科普性、实用性的素材资源来满足他们的学习需求。智慧景区资源库提供了微课、动画、虚拟仿真等类型素材资源，以帮助其进行自主学习和自我提升，使之更加了解"美丽中国形象"和"美丽中国故事"。目前，这类资源共有 17621 个，占总资源的 85.48%。这些素材必须具有权威性或准确性，以保证社会学习者获得高质量的科学性、客观性学习资源。

通过对适用四类用户的素材资源特征、类型分析可知，智慧景区资源库的素材资源适用对象分类尚有三个方面需要注意：一是课程负责人在上传素材资源的时候，勾选适用对象类型时可能较多存在随意勾选适用对象或默认四个都是而不做选择，导致适应不同人群的素材资源比例不够准确，如每个适用类型的素材比例都高于 80% 以上，本身就说明其专属（某类用户群体需求）特征不够明显；二是已有课程资源的建设并未实际考虑相应群体的学习需求与特征，导致企业用户与社会群体很难找到真正适合自己的学习资源，从而较少或很难吸引企业用户与社会学习者（相对于师生群体，企业用户和社会学习者群体数量明显偏少或许就是例证）；三是针对社会用户与企业用户的宣传应用推广不够，更多还只是在职业院校内部。因此，智慧景区资源库在未来的升级改造中必须重视此类现象并积极予以调整、完善。

（三）题库数统计分析与问题诊断

教学资源库的题库是教师和学生进行在线教学和学习成效评估的重要资源之一，其相关题目或试题既可以用于标准化课程中的作业、随堂测验与考试，也可以用于慕课的作业、测试、考试以及视频学习中的检测，还可以用于SPOC的课前思考、课堂测验、课后作业、考试等各个环节。截至2023年6月8日20：00，智慧景区资源库中共有题目20953道。本节将从主客观题目、题型、难易程度等视角对题库进行整体分析。

1. 主客观分类情况

主观题目是指学生根据题目实际可自由发挥和思考的题目，如论述题、填空题、简答题等，其结果可能是对或错，没有标准答案，通常只有参考思路。客观题目是指需要学生选择或判断的题目，如选择题、判断题、填空题等，其答案往往具有唯一性。智慧景区资源库题库中通常包含主观题和客观题两种类型的题目（见图4-15）。

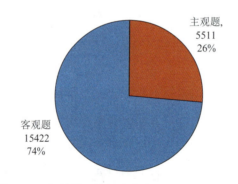

图4-15　智慧景区资源库主客观题目数量与占比

2. 题型分类情况

题型是指试题的类型和形式，如选择题、填空题、判断题、简答题等。智慧景区资源库的题库中包含多种类型的题目，不同的题型对于学生的学习和教师的教学都有不同的作用（见图4-16）。

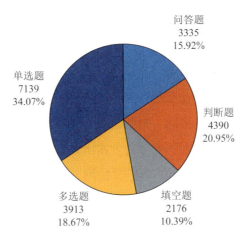

图 4-16 智慧景区资源库的题型分类比例

（1）分析诊断题目类型。

一是选择题。选择题通常是在教学资源库中最常见的题型之一。选择题分为单选题和多选题两种类型，可以评估学生的记忆和理解能力。智慧景区资源库目前有单选题 7139 道，多选题 3913 道，共占总题库的 52.74%。

二是填空题。填空题通常需要学生根据题目要求填写正确的答案，可以评估学生的记忆和理解能力，一般可以包括单空填空题、多空填空题等。智慧景区资源库共有填空题 2176 道，占总题库的 10.39%。

三是判断题。判断题通常需要学生判断题目陈述的真假性，可以评估学生的逻辑思维和判断能力，可以包括正误判断题、对错判断题等。智慧景区资源库共有判断题 4390 道，占总题库的 20.95%。

四是问答题。问答题通常需要学生对题目进行简短的回答和阐述，可以评估学生的综合能力和应用能力，一般可以包括开放式简答题、封闭式简答题等，具体又可以包括名词解释题、简单题、问答题、论述题等。智慧景区资源库共有问答题 3335 道，占总题库的 15.92%。

值得注意的是，在智慧职教的系统设置里，其主观题的题型设置相对较为细致，但其引用到职教云课堂或慕课学院的时候，都会统一归类为问答题，对于实际教学应用会存在较大的影响，期望未来平台建设能修正相关内容。

（2）分析诊断题目数量。

第一，在智慧景区资源库中，题量最大的是选择题，第二是判断题。因为智慧景区资源库的建设者都接受过良好的训练，因而题目的质量都能够有所保障，那么作为测试项目，选择题、判断题是一个非常有效的方式。并且在题量比较多的时候，选择题、判断题的测试方式比需要书写的题的测试方式更节省时间，还可以利用教学资源库的平台直接批阅，进一步地提高效率。最重要的一点，选择题、判断题适合用作客观测试，使得教师对学生的"偏见"或"偏爱"现象出现的可能性大大降低。当然，虽然选择题和判断题有很大的优势，但弊端也是显而易见的：一是如果整个测试过程只有这两种题型，那么靠运气蒙混过关的成功率太高，因此需要有问答题与填空题平衡出现；二是并不是所有知识点尤其是实践相关技术技能的体现，都能通过客观题来直接体现的。

第二，题量第三是问答题，题量第四是填空题。这两类题型有一个最大的优点是没有冗余信息，同时也能保证整个测试过程中，学习者不能光凭"瞎蒙"而通过考试，但也有一个缺点是客观性不强，无法利用平台线上阅卷，大量增加教师的工作量（尤其是有大量学习者的课程），同时批阅时会带有教师主观情感。目前为止，这两类题目最大的问题还是工作量，因为线上开课一般面临大量学生进入学习，此两类题目会耗费大量时间精力。因此，教师在课程内组建作业、测试或考试时，也会倾向前两类题型，问答与填空也是少量出现甚至不出现。

3. 题目难易程度

题目难易程度是指根据课程的知识点及其教学目标要求，设置不同难易程度的题目，一般有三分法或五分法。难易程度是题目的重要属性，对于用户的学习和教师的教学都有重要评估意义。一般而言，作为一份相对科学、完整、合理的评估试卷，应该有60%左右的题目是简单的，达到了即可合格，25%左右是一般难度的，达到了可以良好，剩下15%是困难的，达到了可以优秀。智慧景区资源库的题库中简单的题目数量为8660题，一般的题目数量为 10611 题，困难的题目数量为 1682 题（见图 4-17），由此可以看出，智慧景区资源库的题库难易分布并不是特别科学合理，可能有两个原因：一是题库建设者在上传题库的时候题目难易类型未进行仔细区分，默认都是简单或者一般；二是建设者为了让学习者都能通过考试并获得成就感，在设计题目时就大幅度降低难度，以迎合学习者的要求。

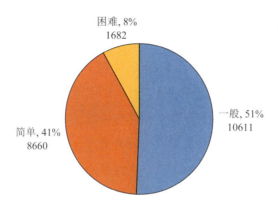

图 4-17　智慧景区资源库题库难易程度比例分布

（四）课程数统计分析与问题诊断

1. 课程来源情况

（1）分析诊断三大应用平台的特征。

智慧职教的资源库课程应用平台或场景主要有三个：一是教学资源库平台，二是慕课（MOOC）学院平台，三是职教云课堂平台（SPOC，后期迁移至智慧职教平台）。

一是教学资源库平台。目前，智慧职教的教学资源库平台仅允许课程负责人上传资源，并允许其根据课程的教学目标和教学风格进行课程设计，即可以根据需要选择和组织资源，以及自定义课程结构和学习路径。而其他课程组教师则无权利用课程资源进行课程建设。

二是慕课（MOOC）学院平台。MOOC 学院提供大规模开放课程，可以吸引全球范围内的用户参与学习。它们通常具有灵活的学习时间表和自主学习的特点。MOOC 学院包含多样化的学习场景体验，通过视频讲座、在线讨论、测验和作业、考试等多种形式开展学习体验。学习用户可以根据自己的兴趣和学习节奏选择学习内容。基于学习社群和互动，MOOC 学院鼓励所有用户之间的互动和合作。用户可以通过在线讨论板、小组项目和同行评审等方式与其他用户和教师互动、学习、合作、讨论、交流。同样值得注意的是，MOOC 学院的课程负责人仅能引用自己上传的教学资源库素材资源，或直接通过 MOOC 学院上传素材资源。

三是职教云课堂平台。在智慧景区资源库建设前期，职教云课堂（SPOC）是开展小规模线上线下混合式教学的主流阵地，具有典型的职业教育改革导向。它可以通过建设封闭式的课程与班级，将学校内部的学生进行集中授课，按行政班级或者订单班等形式进行分班，开展"理论＋实践"教学，学生可以提前在线上自主学习，线下课堂实践讨论，线上课后总结与复习。值得注意的是，自 2021 年年底开始，职教云课堂平台方与智慧职教合作出现"问题"，相关内容逐步迁移至新的智慧职教平台，但相关使用便利性尚不够科学合理。

（2）分析诊断三大应用平台的课程建设数量。

如图 4-18 所示，智慧景区资源库在职教云课堂平台上建课数量最多，达到 1368 门，是 MOOC 课程的 7 倍多，是智慧职教课程的 8 倍多。其主要原因有：一是职教云课堂平台作为一个封闭的教学平台，任何教师可在里面建课、开课并引用任何在智慧职教平台上的任何教学资源库的任何课程及其资源，不会有版权问题，可以按教学周设置教学内容，课前、课中、课后活动都可以根据教师的实际情况随时修改与完善。二是慕课（MOOC）学院课程，作为公共在线开放课程，由于其公开性，自有一套固定的、严格的开课流程与标准，开课前既要经过严格审查，又要求所开课程的每一条素材资源不存在版权纠纷，导致其开课数量明显偏少。事实上，这也是职业教育省级、国家级精品课程申报的相关要求。三是智慧职教课程，即平时所说的教学资源库课程，一共有164 门，资源库课程数量相对较少，有很大的现实原因：首先，开课后无法对学生的学习进度进行详细跟踪，无法便捷地查阅每一个学生的学习情况，也就无法实现精准服务；其次，相对慕课的公共开放性更强，相对能够满足更大范围用户的学习需求。

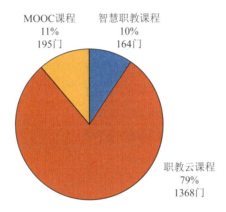

图 4-18　智慧景区资源库三大应用平台的开课比例

（3）分析诊断省级及以上在线精品课程。

自 2019 年 11 月立项以来，38 门子项目课程建设团队通过建设标准化课程、引入 MOOC 学院、16 所共建院校同时将智慧景区资源库课程纳入本校公共选修课等措施，推动了智慧景区资源库建设了 38 门慕课（MOOC）。经过三年的努力，共有 19 门慕课（MOOC）被认定为省级在线精品课程，其中前 7 门课程为国家级在线精品课程（见表 4-4）。

表 4-4　智慧景区资源库省级及以上在线精品课程清单

序号	精品课程负责人	所属院校	精品课程名称
1	杜兰晓	浙江旅游职业学院	中国良渚文化
2	陈　蔚	浙江旅游职业学院	旅游策划
3	解　峰	太原旅游职业学院	旅游英语
4	焦云宏	云南旅游职业学院	旅游规划
5	杨亚娜	云南旅游职业学院	市场调查与分析
6	尚明娟	黑龙江农业经济职业学院	东北冰雪旅游资源与文化

序号	精品课程负责人	所属院校	精品课程名称
7	郭盛晖	广州番禺职业技术学院	旅游电子商务
8	郎富平	浙江旅游职业学院	旅游资源调查与评价
9	康保苓	浙江旅游职业学院	茶文化
10	许 萍	太原旅游职业学院	景区服务与管理
11	王瑞花	太原旅游职业学院	景观鉴赏
12	任翠瑜	太原旅游职业学院	华夏面食传承与创新
13	庞 馨	云南旅游职业学院	旅游商品创意
14	陈凌凌	郑州旅游职业学院	黄河文化与旅游
15	藏 思	郑州旅游职业学院	景区管理实务
16	何 瑛	甘肃工业职业技术学院	乡村旅游开发与管理
17	李 娌	吉林省经济管理干部学院	旅游心理学
18	陈万本	日照职业技术学院	自由行行程策划
19	张丽利	三峡旅游职业技术学院	三峡旅游文化

同时，通过表 4-4 也发现，首先是作为智慧景区开发与管理专业的联合主持院校获得的课程荣誉或认证最多，其次是作为参建院校的郑州旅游职业学院有 2 门，也可以从表 4-1 看出其注册用户数排名第 4，能获得相应成绩也是必然的，而在表 4-1、表 4-2、表 4-3 中注册人数与活跃率中表现靠后的院校也必然不会有相应的成绩获得。

2. 课程主持单位分布情况

（1）分析诊断资源库共建单位主持课程数量。

智慧景区资源库共有 3 个联合主持院校，承担了子项目课程建设的大部分任务。其中：浙江旅游职业学院主持子项目课程 12 门，共同主持课程 1 门（与太原旅游职业学院）；太原旅游职业学院主持课程 3 门，共同主持课程 1 门（与浙江旅游职业学院）；云南旅游职业学院主持课程 3 门。即 3 个联合主持院校共主持课程 19 门，占全部子项目课程的 50%，具体如表 4-5 所示。

表 4-5　联合主持单位主持子项目课程列表

序号	课程名称	主持院校
1	旅游策划	浙江旅游职业学院
2	旅游资源调查与评价	浙江旅游职业学院
3	茶文化	浙江旅游职业学院
4	中国良渚文化	浙江旅游职业学院
5	景点导游	浙江旅游职业学院
6	计算机辅助设计	浙江旅游职业学院
7	景观设计	浙江旅游职业学院
8	旅游市场营销	浙江旅游职业学院
9	旅游标准知识	浙江旅游职业学院
10	智慧旅游	浙江旅游职业学院
11	研学旅行实务	浙江旅游职业学院
12	旅游服务礼仪	浙江旅游职业学院
13	景区服务与管理	太原旅游职业学院
14	旅游英语	太原旅游职业学院
15	景观鉴赏	太原旅游职业学院 浙江旅游职业学院
16	华夏面食传承与创新	太原旅游职业学院
17	旅游规划	云南旅游职业学院
18	市场调查与分析	云南旅游职业学院
19	旅游商品创意	云南旅游职业学院

　　结合表 4-4 和表 4-5 可知，虽然浙江旅游职业学院主持子项目课程数量最多，但是其省级及以上精品课程数却只有 4 门，仅占其主持数量的 1/3，另外两所联合主持院校的省级及以上在线精品课程认证率高达 100%。可能有两个原因：一是浙江旅游职业学院虽然建设课程多，却也直接造成了精力、资源

分散，高质量课程较少，学校需要建设的课程多，核心专业的骨干教师基本呈现出每位教师负责 1 门课程的建设；二是地域差距，浙江省、陕西省、云南省三个省份教育资源差距较大，浙江省作为东部地区的职业教育强省，职业教育在线精品课程的竞争激烈程度要远远高于中西部地区，而且每个省份都有自己的评选标准。不管是何种原因，智慧景区资源库在后期的转型升级改造中，既要关注中西部地区的课程质量，又要关注浙江旅游职业学院其余 8 门课程的质量提升。

（2）分析诊断子项目课程主持单位与资源库共建院校关联情况。

一是区域关联。即智慧景区资源库共建院校的分布与子项目课程主持单位的分布存在区域关联性，具体以三个联合主持院校为中心，分别联合东部、西部、中部及东北地区的其余 13 所院校合作建设课程，且均受到地理、教育政策和资源分配等因素的影响。尤其是部分课程具有地方的典型特征，如"三峡旅游文化""东北冰雪旅游资源与文化""皖北历史文化旅游""长白山文化的历史记忆""中国良渚文化"等。

二是学科关联。智慧景区资源库共建院校与子项目课程主持单位之间也存在学科上的关联性，即其充分利用现代旅游景区的综合化发展趋势，注重吸引旅游类、餐饮类以及文化教育类相关专业的通识课程，这种关联可以促进跨学科（专业）合作和专业知识的整合。

三是合作关联。智慧景区资源库共建院校与子项目课程主持单位之间存在较好的合作基础，即院校之间平时就交往密切，在选择合作伙伴时，共建单位必然更倾向与自己已经建立合作关系的院校合作建设课程，这样可以减少沟通成本并提高合作效率。

3. 课程应用情况

在依托智慧景区资源库已有课程及其素材资源的基础上，各个院校的实际建设或应用课程排名情况如表 4-6 所示。其中，存在四个特别情况需要关注：一是云南旅游职业学院作为仅主持 3 门子项目课程的共建院校，其职教云课程应用情况要明显高于第二共建院校太原旅游职业学院；二是甘肃工业职业技术学院作为子项目课程的主持单位，因课程负责人离职导致慕课没有开设；三是三峡旅游职业技术学院、江西旅游商贸职业学院、江苏经贸职业技术学院等院校的资源库课程建设或应用情况明显不足，基本只建设了1门标准化课程；四是新疆应用职业技术学院等5所院校应用情况良好，直接依托智慧景区资源库在职教云平台开设了较多SPOC开展教学。

表4-6　智慧景区资源库课程应用情况排名（TOP18）*

序号	学校名称	课程数	职教云	资源库	慕课
1	浙江旅游职业学院	321	156	77	88
2	云南旅游职业学院	183	141	25	17
3	太原旅游职业学院	156	112	20	24
4	三峡旅游职业技术学院	42	36	2	4
5	郑州旅游职业学院	42	32	3	7
6	南京旅游职业学院	37	26	9	2
7	苏州旅游与财经高等职业技术学校	23	16	3	4
8	江西旅游商贸职业学院	20	14	1	5
9	江苏经贸职业技术学院	19	4	3	12
10	甘肃工业职业技术学院	18	9	9	0
11	吉林省经济管理干部学院（吉林经济职业学院）	18	10	1	7
12	广州番禺职业技术学院	15	2	7	6
13	新疆应用职业技术学院	14	14	0	0
14	池州职业技术学院	13	13	0	0
15	三亚航空旅游职业学院	12	12	0	0
16	合肥信息技术职业学院	11	11	0	0
17	淮南联合大学	11	7	3	1
18	荆州职业技术学院	11	11	0	0

*注：课程建设应用数据的获取时间是2023年7月18日。

（五）日志数统计分析与问题诊断

1. 三大应用平台的日志分布情况

一是智慧职教资源库平台。共有 10117139 条日志，占所有日志数的 12.72%。首先，主要是资源访问日志，即学习用户对教学资源的访问情况，包括查看课件、教案、视频等，可用于分析学习用户对不同资源的兴趣和使用频率。其次，还包括用户下载资源、建设者上传或更新资源的日志，可以提供用户在教学资源库平台上的活动和参与情况。目前，教学资源库的日志数是最少的，主要是因为该平台开设的课程不便于管理，缺少互动参与，而且课程负责人通常会坚持成果导向使其更加青睐慕课（MOOC）学院平台。

二是职教云平台。分为 1.0 平台与 2.0 平台，共有 39553594 条日志，占所有日志数的 49.72%，是主要日志来源。职教云平台的日志主要是课堂活动记录，即在其相对封闭的教学活动中，教师可以根据行政班建立课堂，也可以根据实际情况建立特色班级开设课堂。既可以使用教学资源库平台或慕课（MOOC）学院平台的课程资源引用到职教云平台课程中，也可以上传自己制作的资源库或引用其他教学资源库的课程资源，十分灵活、便捷。职教云平台的日志记录了学生在课前、课中、课后活动中的表现，如课前预习、课堂签到、课堂测验、课堂举手回答、课后评价、课程考试等，可用于评估学生在实际课堂环境中的学习和表现。同时还有师生合作互动日志，职教云平台可以记录学生与教师合作相关的活动和交流记录，如学生评价与反思、教师反馈等，也可以是实习期间实习日志的记录等。

三是慕课（MOOC）学院平台。共有 29882016 条日志，占所有日志的 37.56%。这些日志主要是学习进度和参与度的记录，如观看视频的时间、浏览课件的进度、参与讨论的频率以及相关作业、测验、考试等，同时还有讨论和互动记录等相关情况。目前，慕课（MOOC）学院平台产生的日志数主要以非共（参）建院校的用户日志为主（图 4-19）。

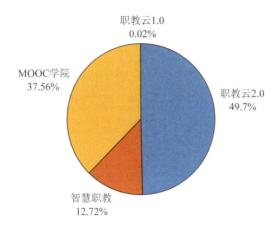

图 4-19　智慧景区资源库三大应用平台的日志数分布比例

2. 日志时间的分布情况

（1）分析诊断年度日志数的变化规律。

智慧景区资源库年度日志数的变化规律可能受多种因素影响，包括平台的发展和使用情况、用户活动水平、内容更新频率以及院校教学规律等。本次研究收集了 2017 年 6 月—2023 年 6 月初的日志数，按年度探究，通过观察（见图 4-20）可以得出如下规律：

图 4-20　智慧景区资源库年度日志分布情况

一是具有季节波动性。通过智慧景区资源库近几年的日志数均可看出，每个学期的期末通常是高峰期，而每年1—2月或7—8月都呈现出不同程度的下降，因为这个时间段都是寒暑假期间，教学活动相对减少，少数学生或其他用户还在坚持学习，导致日志数明显下降。这个时间段日志大部分是建设参与者在进行课程资源上传、课程维护、课程资源更新等活动。

二是平稳增长阶段。随着新学期的开始，通常是每年的2—5月和9—11月，随着新一轮教学活动的开启，新一批学生用户的加入，日志数逐渐稳定增长。由于学习用户的登录、学习、分享和下载活动持续进行，平台上的素材资源和用户交互越来越多，日志数保持相对稳定的增长。

三是教学高峰期。某些特定时间段可能会出现日志数的高峰，如学期结束时、重要考试前后等。在这些时期，用户可能更加活跃，上传、分享、交流、下载的日志数量明显增加。因为，教师和学生在准备课程、复习考试等方面的需求较高，从图4-20中也能明显看出这个规律。

（2）分析诊断学期日志数变化规律。

智慧景区资源库学期日志数的变化规律可能受到教学活动和学生学习行为的影响，具体可以从日志数的波动（见图4-21）看出以下规律：

一是开学初期增长。在学期开始时，学生和教师通常会积极参与课程准备和教学活动。此时，教师可能会上传教学资源和发布任务，导致学期初日志数小幅度的增长。

二是过程小高峰期。学期中的某些时间段可能会出现日志数的高峰，如项目报告截止日期、考试前的复习阶段等。在这些时期，学生和教师的活动和交互会相对频繁，导致学期日志数的增加。

三是学期中期相对稳定。学期中期，教学活动和学生学习的节奏可能相对稳定，日志数也会相对稳定。学生和教师会根据教学计划完成任务，但不会像开学初期和期末阶段那样出现剧烈的增长。

四是期末阶段增长。学期即将结束时，学生和教师可能会集中进行作业提交、复习和考试准备等活动，也可能出现以慕课为代表的学习用户集中补充学习或完成相应的讨论、作业、测验等，出现爆炸式的增长。

需要注意的是，2020 年初的数据有比较大的出入，主要是因为新冠疫情的影响，导致大量学生用户注册学习并进行网络教学，使其在期初出现大幅度的变化，其他学期的曲线变化基本保持一致。

图 4-21　智慧景区资源库学期日志分布规律

3. 日志类型的分布情况

截至 2023 年 7 月 17 日，智慧景区资源库的日志类型大概有 12 种，分别是课程学习 50356617 条（67.16%）、登录模块 13528004 条（18.05%）、作业模块 2854116 条（3.81%）、论坛模块 2718104 条（3.63%）、课堂互动 2115980 条（2.82%）、测验模块 2021532 条（2.70%）、考试模块 596735 条（0.80%）、资源建设 319421 条（0.43%）、浏览资源 130012 条（0.17%）、课程建设 234 条（0.00%）、资源素材模块 290799 条（0.39%）、用户模块 21023 条（0.03%）和调查模块 5637 条（0.01%）（具体如图 4-22 所示）。

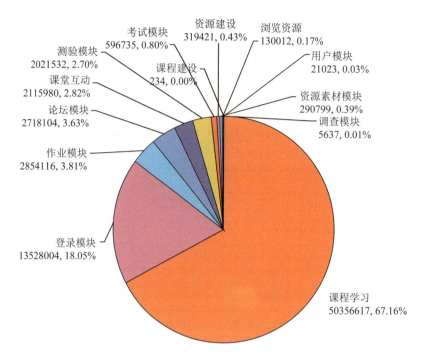

图 4-22　智慧景区资源库不同类型日志数量比例分布

通过观察发现，日志数最多的三个类型是课程学习、登录模块和作业模块。教学资源库作为一个课程学习平台，课程学习模块日志数最多说明其建设总体是比较成功的，也符合教育规律的实际情况。但是作为第二多的日志数模块，竟然是登录模块，而理论上应该在日志数前列的浏览资源模块却排名倒数第四，这是令人费解的现象。说明智慧景区资源库的学习用户中有大量用户的行为仅仅局限于登录资源库。据悉，部分院校为完成子项目课程绩效指标任务，存在让学生每天登录资源库平台的行为。同时也说明，未来智慧景区资源库要不断强化素材资源的吸引力，提高学习用户的自主学习积极性。此外，作业模块、论坛模块、测验模块与课堂互动均有大量的提升空间，即未来智慧景区资源库的相关教师要积极推进 SPOC 教学改革，科学设计慕课（MOOC）的结构与考核评价体系。

4. 标准化课程的日志数情况

智慧景区资源库共有 38 个子项目课程，每个子项目课程都要求开设标准化课程，标准化课程是严格按照课程标准建设的，要求相对严格，课程体系的构建与课程结构的安排都要在标准化的基础之上具有一定的示范引领作用，可被其他院校相关专业引用、学习、参考，是开展学分互认的重要载体。通过表4-7 可以看出，标准化课程的日志数中排名前列的，也基本获得了省级及以上在线精品课程的认证。按照智慧景区资源库的建设要求，子项目课程负责人要在先建设好标准化课程的基础之上，再将标准化课程引至慕课（MOOC）学院，进行相应微调后申请开课，通过智慧职教平台审核后即可上线供全社会人员免费学习。也就是说，智慧景区资源库的慕课（MOOC）课程是以标准化课程为基础，标准化课程好，慕课（MOOC）课程才会更好。值得注意的是，部分课程虽然标准化课程日志数偏高，但是却没有获得相应的成绩或认证，如智慧旅游课程，深层原因也值得探究，有可能是前期资源建设得很好，或者是课程名称较有吸引力，吸引了部分用户加入进行学习，而后续资源没有及时更新与维护，或者在慕课（MOOC）阶段缺乏相应的推广应用。正如前面分析，慕课（MOOC）的学习用户数相对要明显高于资源库标准化课程的学习用户数。

表 4-7　智慧景区资源库标准化课程的日志数与排名一览

序号	标准化名称	日志数排名	日志数
1	景点导游	20	82699
2	中国旅游地理	19	83274
3	旅游资源调查与评价	10	181809
4	景区服务与管理	27	47562
5	旅游策划	18	99526
6	市场调查与分析	12	129157
7	旅游规划	26	51373
8	计算机辅助设计	16	118221
9	景观设计	17	101212

续表

序号	标准化名称	日志数排名	日志数
10	旅游市场营销	30	25012
11	旅游标准知识	37	9411
12	旅游概论	22	78014
13	中国旅游文化	11	136288
14	旅游心理学	4	399174
15	旅游企业客户关系管理	21	80583
16	旅游创新创业	32	23709
17	旅游电子商务	1	780542
18	旅游英语	9	196885
19	旅游设施设计与管理	38	6245
20	旅游商品创意	36	11364
21	智慧旅游	6	232323
22	乡村旅游开发与管理	15	123056
23	研学旅行实务	29	31539
24	自由行行程策划	25	52347
25	园林植物识别与应用	14	125859
26	景观鉴赏	33	23225
27	中国良渚文化	24	63581
28	华夏面食传承与创新	7	215435
29	茶文化	28	46721
30	长白山文化的历史记忆	34	17024
31	东北冰雪旅游资源与文化	13	127645
32	中国古典园林文化	5	262521
33	旅游服务礼仪	23	72406
34	景区管理实务	2	412189
35	红色旅游资源文化	35	11881
36	黄河文化与旅游	31	23935
37	三峡旅游文化	3	401668
38	皖北历史文化旅游	8	200592

5. 共（参）建院校的日志数情况

一般而言，共（参）建学校注册用户多，日志数必然也多。结合表4-1和表4-3可以发现，部分院校，如甘肃工业职业技术学院注册学生用户数排名靠后（第40名），但是其学习用户的活跃率很高（达97.08%），位居第2。因此，学校总日志数排名也属于中高端，其子项目课程团队也获得智慧景区资源库优秀课程与团队称号，主持的课程也获得省级在线精品课程的认证。相反，部分院校注册人数偏低，活跃率又极低，那必然在团队与课程上毫无成果，相关教学改革类成果几乎为零。

同时，结合各共（参）建院校的注册用户数排名、总日志数排名及人均日志数排名（如表4-8所示），可将智慧景区资源库的建设、应用与推广情况分为三类：首先，是以浙江旅游职业学院、太原旅游职业学院、云南旅游职业学院及郑州旅游职业学院等院校为代表的高注册用户数、高总日志数及高人均日志数的共（参）建院校，说明其综合建设、应用与推广水平最高，建设成效也越好；其次，是以南京旅游职业学院、淮南联合大学、江苏经贸职业技术学院及苏州旅游与财经高等职业技术学校等院校为代表的较低注册用户数、低总日志数及低人均日志数的共（参）建院校，说明其综合建设、应用与推广水平明显偏低，建设成效也不明显；最后，是以甘肃工业职业技术学院、吉林省经济管理干部学院和广州番禺职业技术学院等院校为代表的注册用户数和总日志数居中或偏少，但高人均日志数的共（参）建院校，说明其综合建设与应用实践水平较高，也取得了较好的建设成效。

表4-8 智慧景区资源库共建院校日志数

注册用户排名	学校名称	总日志数排名*	日志数	注册用户数	人均日志数	人均日志数排名
1	浙江旅游职业学院	1	13421765	15720	854	3
2	太原旅游职业学院	2	10447036	9771	1069	1
3	云南旅游职业学院	3	7737056	7482	1034	2
4	郑州旅游职业学院	4	4840141	7507	645	5

续表

注册用户排名	学校名称	总日志数排名*	日志数	注册用户数	人均日志数	人均日志数排名
5	三峡旅游职业技术学院	7	2102398	8497	247	11
6	广州番禺职业技术学院	6	2336030	4310	542	7
7	南京旅游职业学院	22	337397	3501	96	16
8	江西旅游商贸职业学院	8	1435197	3278	438	8
9	淮南联合大学	20	373727	2714	138	15
10	苏州旅游与财经高等职业技术学校	27	260313	1485	175	13
11	吉林省经济管理干部学院	12	723910	1137	637	6
12	日照职业技术学院	24	310913	1133	274	10
13	甘肃工业职业技术学院	13	594123	821	724	4
14	黑龙江农业经济职业学院	41	182452	780	234	12
15	江苏经贸职业技术学院	121	61600	420	147	14
16	吉林外国语大学	129	57659	181	319	9

*注：总日志数排名是在全部智慧景区资源库应用单位中的排名。

（六）参建单位统计分析与问题诊断

1. 共建院校建设情况

（1）共建院校主持课程数量分析。

智慧景区资源库共有三所联合主持或共建院校，分别主持课程数量如图 4-23 所示。浙江旅游职业学院在课程总数与分类课程上都处于领先地位，这跟其是第一主持单位有关，必须在各项指标中起到带头示范效应。在教学资源库开设课程中发现第二和第三主持单位的数量过少，反而是职教云课程与第一主持院校数量差距不大。说明他们在课程建设中投入的精力、时间低于第一主持院校，但在线授课的需求旺盛，或许也跟疫情三年各省的防控政策及"停课不停学"以及"百万扩招"等政策相关。由于平台统计的关系，慕课（MOOC）学院统计的课程数是所开课程每开一轮就属于一门课，因此实际课程数并没有统计的多，展示的应是所有开设慕课（MOOC）的课程期数。从中依然可以看出第一主持单位的慕课（MOOC）数量是第二、第三主持单位的 3~5 倍，但是最后省级及以上在线精品课程的数量却持平。说明智慧景区资源库在东部带动中西部地区数字化资源建设方面有着较大的贡献，但在省内还要继续提高自身课程的竞争力与影响力。

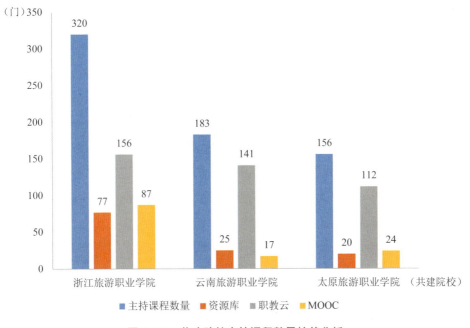

图 4-23　共建院校主持课程数量柱状分析

（2）共建院校建设素材情况。

根据图 4-24 可知，第一主持单位付出的精力最多，素材上传量是其他两所主持院校的 5 倍多，当然这也是第一院校主持子项目课程数比较多的原因。在后期的教学资源库更新升级过程中，既应该充分发挥第二和第三主持院校及其他参建院校的能动性，又可以根据实际情况吸纳一批新的参建院校的积极性，以分担第一主持院校的建设压力；第一主持院校也应该将更多时间、精力用于提升在线课程的质量与提高辐射影响范围，建设更多高质量的素材资源。

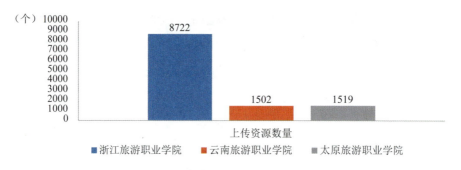

图 4-24　共建院校建设素材资源柱状分析

2. 参建院校建设情况

（1）参建院校主持课程数量。

各参建院校主持课程数量情况如图 4-25 所示。结合表 4-1、表 4-2、表 4-4、表 4-8 可知，郑州旅游职业学院在所有参建院校中表现突出，其注册用户人数、日志数与主持课程数均排名靠前，也是所有参建院校中唯一一所获得两门省级在线精品课程荣誉的院校。

（2）参建院校建设素材资源情况。

观察参建院校建设素材情况，是为了解参建院校在智慧景区资源库建设方面的具体贡献。其中，既要观察其教学资源数量，又要考察其教学资源质量及与其他院校或机构之间的合作、交流或课程推广应用情况。素材资源数量的贡献情况可以反映出智慧景区资源库参建院校的积极性。根据图 4-26 可知，有 2 所参建院校存在特殊情况：一是淮南联合大学，根据建设任务书，其主持的课程"皖北历史文化旅游"为 1.5 个学分，按要求应建设 300 个素材资源，其实际上传素材资源数仅为 223 个，单个项目的完成率仅为 74.33%，说明其参与积极性受多重因素影响而明显偏低；二是江西商贸旅游职业学院，根据建设任务书，其主持的课程"红色旅游资源文化"为 2 个学分，按要求应建设 400 个素材资源，其实际上传素材资源仅为 340 个，单个项目的完成率仅为 85.00%，说明其参与积极性也相对较低，主要是参建人力配备不足、经费配置不充足（该校没有按比例配套资源，均由第一主持院校拨付资金建设）。

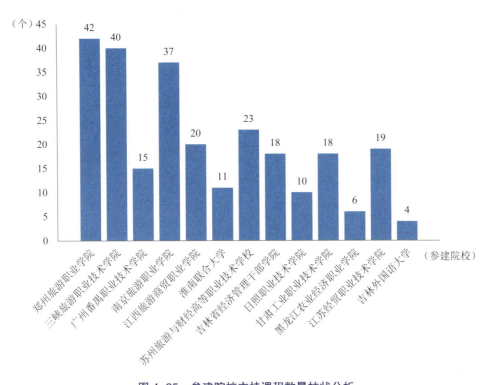

图 4-25　参建院校主持课程数量柱状分析

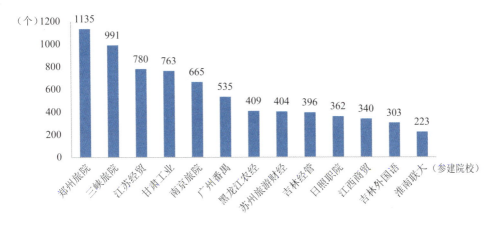

图 4-26　参建院校上传素材数情况

3. 参建企业用户数量与活跃率

智慧景区资源库共有 8 家参建企业，具有以下四个典型特征：首先，是地域的局限性，即 8 家参建企业都集中在浙江省与上海市，均由第一主持单位负责联络，而其他两所联合主持院校没有联系参建企业。但是，以欢乐谷、华强方特、乌镇旅游等为代表的合作企业，也和其他共（参）建院校均有校企合作关系。其次，是合作企业数量偏少，智慧景区资源库有 16 所共（参）建院校，却只有 8 家参建企业，因此未来的校企合作还有待拓展，尤其是进一步增强与行业头部企业的联系。实际上，在智慧景区资源库的申报建设之初，尚有上海迪士尼度假区、杭州宋城演艺等行业头部企业可参与建设，但受复杂的审批手续影响导致没有成为参建企业。但是自教学资源库正式立项之后，这些行业头部企业均有人力、物力、财力的投入。再次，是应用度偏低。如表 4-9 所示，8 家参建企业仅有 97 人注册学习用户，且无一人是活跃用户。在智慧景区资源库企业用户活跃率高达 97.31%（见图 4-10）的前提下，参建企业活跃人数为 0。不得不反思可能存在三个方面的情况：一是未来在参建企业上是否需要进行调整；二是未来在资源制作上是否需要进行优化；三是参建企业是否担忧自身优质资源或企业案例被其他行业用户窃取而不愿意分享。最后，辐射范围广。虽然参建企业较少，但在智慧景区资源库的实际建设与应用推广过程中，很多旅游行业企业、地方主管部门及行业协会都参与了智慧景区资源库的建设、推广与应用，说明其资源的优质性、示范性具有代表性。

表 4-9　智慧景区资源库参建企业用户数量与活跃人数

序号	公司名称	注册人数	活跃人数
1	杭州趣牛旅游设计有限公司	3	0
2	上海华侨城投资发展有限公司	22	0
3	杭州西溪湿地旅游发展有限公司	17	0
4	浙江省旅游发展研究中心有限公司	13	0
5	华强方特（宁波）文化旅游发展有限公司	36	0

序号	公司名称	注册人数	活跃人数
6	浙江旅游科学研究院有限公司	3	0
7	乌镇旅游股份有限公司	2	0
8	浙江朗域标识工程有限公司	1	0

二、资源库子项目层面的数据分析与问题诊断

智慧景区资源库共有 38 门标准化的子项目课程，涉及专业基础课、专业核心课以及专业选修课与地方特色课，是整个教学资源库的基础框架。各个子项目课程在素材资源建设、课程与日志、应用推广等方面均有较大差异。

（一）素材资源的统计分析与问题诊断

1. 素材数量情况

首先，根据表 4-10 所示，38 门子项目课程中，35 门子项目课程的动态资源占比超过了 50%，但"旅游标准知识""皖北历史文化旅游"2 门子项目课程的动态资源占比仅微超 40%。事实上，这 2 门子项目课程在整个建设过程中，不仅子项目负责人未有效统筹并完成建设总量，而且素材资源的结构类型也未达标。其次，31 门子项目课程完成了目标值，且基本超额完成任务。在 7 门未完成既定任务的子项目课程中，"景点导游""中国旅游地理""旅游电子商务"3 门课程是在课程验收通过之后需要进行新一轮素材更新，暂时下架了部分素材，"研学旅行实务""自由行行程策划""皖北历史文化旅游""旅游标准知识"4 门子项目课程则未有效完成既定目标任务。

表 4-10　智慧景区资源库 38 门子项目课程素材资源建设情况

序号	子项目名称	素材数量	目标数	动态资源数	动态资源占比
1*	景点导游	799	800	496	62.08%
2*	中国旅游地理	364	400	183	50.27%
3	旅游资源调查与评价	804	800	468	58.21%
4	景区服务与管理	856	800	498	58.18%

续表

序号	子项目名称	素材数量	目标数	动态资源数	动态资源占比
5	旅游策划	838	800	434	51.79%
6	市场调查与分析	611	600	338	55.32%
7	旅游规划	868	800	472	54.38%
8	计算机辅助设计	827	800	483	58.40%
9	景观设计	804	800	415	51.62%
10	旅游市场营销	800	800	412	51.50%
11**	旅游标准知识	694	800	280	40.35%
12	旅游概论	616	600	373	60.55%
13	中国旅游文化	410	400	227	55.37%
14	旅游心理学	400	400	278	69.50%
15	旅游企业客户关系管理	404	400	209	51.73%
16	旅游创新创业	404	400	214	52.97%
17*	旅游电子商务	590	600	340	57.63%
18	旅游英语	437	400	254	58.12%
19	旅游设施设计与管理	422	400	213	50.47%
20	旅游商品创意	416	400	226	54.33%
21	智慧旅游	402	400	205	51.00%
22	乡村旅游开发与管理	811	800	434	53.51%
23**	研学旅行实务	369	400	196	53.12%
24**	自由行行程策划	378	400	179	47.35%
25	园林植物识别与应用	407	400	219	53.81%
26	景观鉴赏	450	400	253	56.22%
27	中国良渚文化	431	400	318	73.78%
28	华夏面食传承与创新	413	400	231	55.93%
29	茶文化	430	400	348	80.93%
30	长白山文化的历史记忆	302	300	159	52.65%
31	东北冰雪旅游资源与文化	419	400	232	55.37%
32	中国古典园林文化	404	400	212	52.48%

序号	子项目名称	素材数量	目标数	动态资源数	动态资源占比
33	旅游服务礼仪	411	400	240	58.39%
34	景区管理实务	818	800	439	53.67%
35	红色旅游资源文化	403	400	212	52.61%
36	黄河文化与旅游	403	400	242	60.05%
37	三峡旅游文化	409	400	222	54.28%
38**	皖北历史文化旅游	294	300	118	40.14%

* 注：因需更新部分素材资源而对部分老旧素材进行了下架处理，实际已完成。

** 注：未实际完成建设任务书指标。

2. 素材来源情况分析

如表 4-11 所示，有 12 门子项目课程的原创素材资源比例低于智慧景区资源库素材资源的总平均原创比例 96.31%。原创率越高需要子项目课程团队制作的素材资源比例就越高，也越能彰显课程知识树的知识体系，更好地展示子项目课程内容。值得注意的有两点：一是以"旅游标准知识""皖北历史文化旅游"等未完成建设目标任务的子项目课程，其原创率也相对较低，即原创率高低与目标任务的完成率总体呈正相关；二是"研学旅行实务""旅游市场营销""旅游设施设计与管理""旅游标准知识""中国旅游地理""乡村旅游开发与管理""皖北历史文化旅游""旅游创新创业"等子项目课程的原创素材资源比例尚未达到 95% 的建设目标任务，尤其是"旅游创新创业"课程，其原创比例仅为 83.17%，该课程负责人在建设期间甚至直接将其他教学资源库的相关课程素材资源上传。应该说，随着我国整体版权意识的不断强化，教学资源库及各子项目课程团队均应有强烈的版权保护意识，既要防止其他组织或个人的侵权行为，也要防止出现侵犯他人或组织的侵权行为。因此，未来在智慧景区资源库的素材迭代升级过程中，应优先更新替换非原创素材资源。

表 4-11　智慧景区资源库子项目课程素材原创比例

序号	子项目课程名称	原创素材比例
1	中国旅游文化	100.00%
2	园林植物识别与应用	100.00%
3	长白山文化的历史记忆	100.00%
4	东北冰雪旅游资源与文化	100.00%
5	中国古典园林文化	100.00%
6	旅游服务礼仪	100.00%
7	黄河文化与旅游	100.00%
8	三峡旅游文化	100.00%
9	旅游英语	99.77%
10	景点导游	99.62%
11	景观鉴赏	99.56%
12	旅游规划	99.42%
13	景区管理实务	99.39%
14	旅游商品创意	99.28%
15	旅游心理学	99.25%
16	景观设计	99.01%
17	智慧旅游	98.26%
18	旅游策划	97.97%
19	中国良渚文化	97.91%
20	旅游企业客户关系管理	97.52%
21	茶文化	97.25%
22	旅游资源调查与评价	97.17%
23	景区服务与管理	96.85%
24	旅游电子商务	96.78%
25	市场调查与分析	96.56%
26	华夏面食传承与创新	96.37%
	平均原创率	96.31%
27	计算机辅助设计	95.89%

序号	子项目课程名称	原创素材比例
28	自由行行程策划	95.50%
29	旅游概论	95.29%
30	红色旅游资源文化	95.02%
31	研学旅行实务	94.04%
32	旅游市场营销	93.63%
33	旅游设施设计与管理	93.60%
34	旅游标准知识	93.37%
35	中国旅游地理	93.13%
36	乡村旅游开发与管理	88.14%
37	皖北历史文化旅游	85.03%
38	旅游创新创业	83.17%

（二）课程与日志的统计分析与问题诊断

1. 子项目课程种类与数量建设情况

智慧景区资源库子项目课程的应用种类包括技能训练模块、个性化课程、标准化课程等（因慕课均为 1 门，故不做比较分析），其中标准化课程是要求每个子项目必须要建设的。根据表 4-12 可知，智慧景区资源库的技能训练模块一共 58 门课，主要考虑的是不同技能培养方面的情况，主要包括基础认知、社交技能、实践技能、创新能力等模块，可以看出其对不同技能的培养十分关注。个性化课程的原本意义是根据学生或注册学习用户的需要、性格、行为等因素进行个性化定制。根据表 4-4 与表 4-12 可知，课程质量的好坏与子项目课程种类多不多、全不全并无直接关系。例如，"旅游心理学"只开设了标准化课程，但是依然被认定为吉林省级职业教育在线精品课程，"景点导游"虽然建设了 4 门技能训练模块课程、3 门个性化课程，种类与门数均较多，但未获得任何级别的在线精品课程认定。值得注意的是，"景点导游"曾是国家级精品课程与国家级精品资源共享课程，但受其课程负责人的相关认知尤其是文旅行业发展的新趋势，使其建设并未跟上文旅行业的发展新要求，也未契合旅

165

游职业教育发展的新要求。

表 4-12　智慧景区资源库子项目课程的种类

序号	子项目名称	技能训练模块	个性化课程	标准化课程
1	景点导游	4	3	1
2	中国旅游地理	0	2	1
3	旅游资源调查与评价	2	3	1
4	景区服务与管理	6	6	1
5	旅游策划	5	2	1
6	市场调查与分析	10	3	1
7	旅游规划	5	8	1
8	计算机辅助设计	4	0	1
9	景观设计	4	0	1
10	旅游市场营销	0	0	1
11	旅游标准知识	0	3	1
12	旅游概论	0	0	1
13	中国旅游文化	0	1	1
14	旅游心理学	0	0	1
15	旅游企业客户关系管理	0	1	1
16	旅游创新创业	0	0	1
17	旅游电子商务	3	4	1
18	旅游英语	0	3	1
19	旅游设施设计与管理	0	0	1
20	旅游商品创意	2	2	1
21	智慧旅游	0	0	1
22	乡村旅游开发与管理	5	4	1
23	研学旅行实务	0	0	1
24	自由行行程策划	0	1	1
25	园林植物识别与应用	0	0	1
26	景观鉴赏	1	4	1
27	中国良渚文化	1	3	1

序号	子项目名称	技能训练模块	个性化课程	标准化课程
28	华夏面食传承与创新	0	0	1
29	茶文化	0	3	1
30	长白山文化的历史记忆	0	0	1
31	东北冰雪旅游资源与文化	1	0	1
32	中国古典园林文化	0	2	1
33	旅游服务礼仪	5	5	1
34	景区管理实务	0	0	1
35	红色旅游资源文化	0	1	1
36	黄河文化与旅游	0	1	1
37	三峡旅游文化	0	0	1
38	皖北历史文化旅游	0	1	1

2. 子项目课程的用户日志类型分布情况

通过对子项目课程的日志进行统计分析，可以得出其建设、推广与应用的相关特征与规律。因整个日志数及类型较为复杂，选取学习过程中各子项目排名前 5 种类型进行分析。根据表 4-13 可知，虽然在智慧景区资源库中登录模块的日志数是第二多的，但是在 38 个子项目课程的前五名日志类型中，并没有登录日志，说明智慧景区资源库在标准化课程的建设与运营方面，共（参）建院校均做得比较扎实（见表 4-13）。其中：第一名的日志类型均是学生学习课件，这十分符合线上课程的学习使用规律。而一门课程的好坏，日志绝对不能只存在于学生端，也要有互动环节，因此除个别课程的日志数集中在学习、浏览等环节外，大部分课程都有发帖、回帖、签到、考试、测验等互动环节。这是一个良好的现象，只有充分的互动才能保持子项目课程的运行良好，才是教学资源库项目建设的初衷所在，实现真正的"能学"与"辅教"作用，而不是课程开发后无人问津或仅仅为了完成验收。

表 4-13　智慧景区资源库子项目标准化课程前五名日志类型

序号	子项目名称	第一名	第二名	第三名	第四名	第五名
1	景点导游	学习课件（学生）	浏览课程	浏览课件（老师）	新增课件	浏览资源
2	中国旅游地理	学习课件（学生）	参与课中签到	参加作业	发帖	参与课中讨论
3	旅游资源调查与评价	学习课件（学生）	参加测验	参加作业	发帖	回帖
4	景区服务与管理	学习课件（学生）	发帖	参加作业	参与课中签到	提交作业
5	旅游策划	学习课件（学生）	发帖	参加作业	参与课中签到	提交作业
6	市场调查与分析	学习课件（学生）	浏览资源	发帖	学习课件	参加作业
7	旅游规划	学习课件（学生）	参加作业	参与课中签到	发帖	提交作业
8	计算机辅助设计	学习课件（学生）	参加作业	参加测验	提交作业	批改作业
9	景观设计	学习课件（学生）	发帖	参加作业	参与课程签到	提交作业
10	旅游市场营销	学习课件（学生）	参与课中签到	发帖	参加作业	提交作业
11	旅游标准知识	学习课件（学生）	发帖	学习课件	参与课中签到	参加测验
12	旅游概论	学习课件（学生）	发帖	参与课中签到	参加作业	提交作业
13	中国旅游文化	学习课件（学生）	发帖	参加作业	提交作业	参与课中签到
14	旅游心理学	学习课件（学生）	发帖	参与课中签到	参加作业	参与课中讨论
15	旅游企业客户关系管理	学习课件（学生）	参加测验	发帖	提交测验	参加作业
16	旅游创新创业	学习课件（学生）	参加作业	参与课中签到	参与课中讨论	发帖
17	旅游电子商务	学习课件（学生）	参加作业	提交作业	参与课中签到	批改作业

续表

序号	子项目名称	第一名	第二名	第三名	第四名	第五名
18	旅游英语	学习课件（学生）	参加测验	提交测验	批改测验	参加作业
19	旅游设施设计与管理	学习课件（学生）	发帖	参加作业	参与课中签到	提交作业
20	旅游商品创意	学习课件（学生）	参加作业	发帖	参与课中签到	浏览课件（老师）
21	智慧旅游	学习课件（学生）	参加作业	发帖	浏览课件（老师）	提交作业
22	乡村旅游开发与管理	学习课件（学生）	参与课中签到	参加测验	参与课中讨论	参与课中头脑风暴
23	研学旅行实务	学习课件（学生）	参与课中签到	参加作业	浏览课件	提交作业
24	自由行行程策划	学习课件（学生）	参加作业	提交作业	参加考试	批改作业
25	园林植物识别与应用	学习课件（学生）	浏览课件（老师）	参加作业	发帖	提交作业
26	景观鉴赏	学习课件（学生）	参加作业	回帖	提交作业	批改作业
27	中国良渚文化	学习课件（学生）	参加作业	批改作业	提交作业	参加测验
28	华夏面食传承与创新	学习课件（学生）	回帖	发帖	参加作业	参加测验
29	茶文化	学习课件（学生）	参加作业	发帖	提交作业	批改作业
30	长白山文化的历史记忆	学习课件（学生）	参加作业	参加学习	回帖	参加考试
31	东北冰雪旅游资源与文化	学习课件（学生）	参加作业	发帖	参与课中签到	提交作业
32	中国古典园林文化	学习课件（学生）	参加作业	提交作业	参加测验	参与课中签到
33	旅游服务礼仪	学习课件（学生）	参与课中签到	浏览课件（老师）	导入题目（老师）	浏览资源
34	景区管理实务	学习课件（学生）	参加作业	发帖	提交作业	参加学习

续表

序号	子项目名称	第一名	第二名	第三名	第四名	第五名
35	红色旅游资源文化	学习课件（学生）	参加作业	发帖	提交作业	参加测验
36	黄河文化与旅游	学习课件（学生）	参加作业	浏览课件（老师）	提交作业	批改作业
37	三峡旅游文化	学习课件（学生）	浏览课件（老师）	参加作业	提交作业	浏览资源
38	皖北历史文化旅游	学习课件（学生）	参加作业	参加学习	提交作业	浏览课件（老师）

（三）课程应用推广的统计分析与问题诊断

课程建设的中后期，各个子项目课程就到了"边建边用"的环节，即在完成课程基本建设后，同步开展相应的应用与推广阶段。尤其是课程的推广，是检验课程"含金量"的重要过程，只有真正高质量的课程，才能被其他院校师生或文旅行业企业用户所接受。关于子项目课程应用推广的效果，可以从其用户数量、活跃用户数量、用户访问频率、课程被调用情况、用户地域分布等指标来分析。因前 3 个指标在整体层面的数据分析、课程与日志统计分析中已经详细阐述，此处重点说明后 2 个指标的数据情况。

1. 课程调用情况

（1）课程被调用的学校数量。

智慧景区资源库建设的初衷就是希望通过建设一批课程可以提供给相关专业使用。其中：专业核心类课程可以提供给开设智慧景区开发与管理专业或旅游管理专业的院校使用，旅游基础类课程可以提供给开设旅游类专业的院校使用，岗位选修类或地方特色类可以提供给全国职业院校纳入公共选修课使用。根据表 4-14 可以看出，智慧景区资源库共有 8 门专业核心类课程、9 门旅游基础类课程、21 门岗位选修类或地方特色类，很明显的是前两类课程的被调用学校数明显高于第三类。但是，值得注意的是，第三类课程占了一半以上的数量，而根据表 4-4 入选省级及以上在线精品课程的情况可知，19 门省级及以上在线精品课程中 11 门是岗位选修类或地方特色类课程，占比达到了

57.89%，高于岗位选修类或地方特色类课程在总子项目课程数的占比 55.26%。由此可知，智慧景区资源库的子项目课程呈现出两个特征：一是专业核心类与旅游基础类课程的被调用或应用推广面较广，尤其是在开设旅游类专业的职业院校中尤为明显，而岗位选修类或地方特色类的应用推广面有待进一步提升，尤其是在入选各个院校公共选修课层面；二是受智慧景区资源库"展示美丽中国形象""讲好美丽中国故事"的总体定位要求，使得地方特色类课程特别出彩，可以在未来教学资源库迭代升级过程中进一步强化。

表 4-14　智慧景区资源库子项目课程被调用学校数

序号	子项目课程名称	课程被调用学校数（SPOC）	课程被调用学校数（MOOC）	子项目课程性质
1	景点导游	23	1	专业核心类
2	旅游资源调查与评价	14	1	专业核心类
3	景区服务与管理	81	1	专业核心类
4	旅游策划	47	1	专业核心类
5	市场调查与分析	20	1	专业核心类
6	旅游规划	13	1	专业核心类
7	计算机辅助设计	9	1	专业核心类
8	景观设计	31	0	专业核心类
9	中国旅游地理	96	2	旅游基础类
10	旅游市场营销	12	2	旅游基础类
11	旅游标准知识	7	1	旅游基础类
12	旅游概论	44	0	旅游基础类
13	中国旅游文化	30	1	旅游基础类
14	旅游心理学	90	1	旅游基础类
15	景观鉴赏	18	1	旅游基础类
16	茶文化	18	1	旅游基础类
17	旅游服务礼仪	30	1	旅游基础类
18	旅游企业客户关系管理	12	1	岗位选修类或地方特色类

续表

序号	子项目课程名称	课程被调用学校数（SPOC）	课程被调用学校数（MOOC）	子项目课程性质
19	旅游创新创业	6	1	岗位选修类或地方特色类
20	旅游电子商务	26	1	岗位选修类或地方特色类
21	旅游英语	11	1	岗位选修类或地方特色类
22	旅游设施设计与管理	2	1	岗位选修类或地方特色类
23	旅游商品创意	9	2	岗位选修类或地方特色类
24	智慧旅游	14	1	岗位选修类或地方特色类
25	乡村旅游开发与管理	20	0	岗位选修类或地方特色类
26	研学旅行实务	22	1	岗位选修类或地方特色类
27	自由行行程策划	2	1	岗位选修类或地方特色类
28	园林植物识别与应用	9	1	岗位选修类或地方特色类
29	中国良渚文化	3	1	岗位选修类或地方特色类
30	华夏面食传承与创新	1	1	岗位选修类或地方特色类
31	长白山文化的历史记忆	1	1	岗位选修类或地方特色类
32	东北冰雪旅游资源与文化	10	0	岗位选修类或地方特色类
33	中国古典园林文化	6	1	岗位选修类或地方特色类
34	景区管理实务	6	1	岗位选修类或地方特色类
35	红色旅游资源文化	8	1	岗位选修类或地方特色类

序号	子项目课程名称	课程被调用学校数 （SPOC）	课程被调用学校数 （MOOC）	子项目课程 性质
36	黄河文化与旅游	1	1	岗位选修类或地方 特色类
37	三峡旅游文化	4	1	岗位选修类或地方 特色类
38	皖北历史文化旅游	15	1	岗位选修类或地方 特色类

（2）课程学习的人数。

根据智慧职教教学资源库的数据中心，统计可得各子项目课程的MOOC学习人数及其他课程的学习人数（见表4-15）。首先，总体而言，学习人数多少与能否获得省级及以上在线精品课程的认证呈正相关，如"中国良渚文化""旅游资源调查与评价""景区服务与管理""旅游电子商务""旅游心理学"等学习人数位居前列的均是省级乃至国家级在线精品课程。其次，部分特色课程，如"旅游商品创意""自由行行程策划"等课程，学习人数相对较少，但同样也是省级在线精品课程。主要原因有：一是课程质量好或内容契合当前主流，如"自由行行程策划"可能非常符合当下定制旅游的快速发展需求；二是课程有特色，尤其是"旅游商品创意"以云南省的少数民族为特色，具有浓厚的地方特色，是学习用户了解云南地区的"重要窗口"；三是部分省份的在线精品课程竞争水平相对温和；四是学生学习质量高，教师建设团队认真运营，用户留存率高，使其对课程的内容质量或功能方面很满意。

表4-15　智慧景区资源库子项目课程学习人数

序号	子项目课程名称	MOOC学习人数	其他课程学习人数	合计
1	中国良渚文化	32998	650	33648
2	旅游资源调查与评价	24405	2267	26672
3	中国旅游地理	5363	16084	21447
4	景区服务与管理	6902	12236	19138
5	旅游电子商务	15690	2990	18680

续表

序号	子项目课程名称	MOOC 学习人数	其他课程学习人数	合计
6	旅游心理学	4396	13350	17746
7	旅游策划	2775	11015	13790
8	茶文化	9988	3309	13297
9	华夏面食传承与创新	9509	787	10296
10	三峡旅游文化	6693	2719	9412
11	市场调查与分析	995	8392	9387
12	旅游概论	1846	7511	9357
13	中国旅游文化	2618	6182	8800
14	智慧旅游	2886	4616	7502
15	景观设计	2756	3899	6655
16	景点导游	3511	3126	6637
17	景观鉴赏	2480	3451	5931
18	东北冰雪旅游资源与文化	4377	1387	5764
19	旅游创新创业	274	5308	5582
20	计算机辅助设计	2250	2756	5006
21	旅游服务礼仪	128	4753	4881
22	旅游英语	3398	1109	4507
23	旅游规划	1765	2304	4069
24	旅游标准知识	1505	2002	3507
25	红色旅游资源文化	1601	1715	3316
26	旅游商品创意	1380	1537	2917
27	旅游市场营销	728	2140	2868
28	旅游企业客户关系管理	1192	1599	2791
29	景区管理实务	1836	934	2770
30	乡村旅游开发与管理	0	2621	2621
31	自由行行程策划	2121	262	2383
32	研学旅行实务	540	1824	2364
33	皖北历史文化旅游	925	1408	2333
34	园林植物识别与应用	1015	1299	2314

续表

序号	子项目课程名称	MOOC 学习人数	其他课程学习人数	合计
35	中国古典园林文化	1178	1087	2265
36	黄河文化与旅游	1900	210	2110
37	旅游设施设计与管理	234	796	1030
38	长白山文化的历史记忆	635	38	673

（3）课程的互动总量。

根据表 4-15 与表 4-16 可知，学习用户越多的课程互动量也越大。但是，也有部分课程的学习用户较少但互动量大的课程，如"旅游英语"，这也是该课程被认定为职业教育国家级在线精品课程的重要原因之一。也从另一方面得出该课程学习用户的学习扎实且全面。

表 4-16　智慧景区资源库子项目课程互动量

序号	子项目名称	MOOC 互动量	其他课程互动量	合计
1	旅游资源调查与评价	5374036	751614	6125650
2	中国旅游地理	1725329	2655312	4380641
3	景区服务与管理	1784898	2364474	4149372
4	市场调查与分析	139423	3431381	3570804
5	中国良渚文化	3457869	9265	3467134
6	华夏面食传承与创新	2806702	430699	3237401
7	旅游电子商务	2621390	279949	2901339
8	旅游心理学	716394	2073370	2789764
9	茶文化	2281186	420459	2701645
10	旅游策划	445418	1586421	2031839
11	旅游英语	1465622	267632	1733254
12	中国旅游文化	360755	1154788	1515543
13	景点导游	560324	650497	1210821
14	计算机辅助设计	670594	498481	1169075
15	景观鉴赏	536050	521812	1057862
16	旅游创新创业	37159	1012571	1049730

序号	子项目名称	MOOC 互动量	其他课程互动量	合计
17	三峡旅游文化	698823	157629	856452
18	智慧旅游	485381	366301	851682
19	景观设计	0	818489	818489
20	旅游规划	297401	506653	804054
21	旅游概论	0	750824	750824
22	旅游标准知识	182249	361136	543385
23	景区管理实务	297166	242280	539446
24	红色旅游资源文化	185883	311539	497422
25	东北冰雪旅游资源与文化	0	387030	387030
26	旅游企业客户关系管理	119795	259147	378942
27	乡村旅游开发与管理	0	369092	369092
28	自由行行程策划	310472	28123	338595
29	皖北历史文化旅游	49873	285993	335866
30	旅游服务礼仪	3297	298261	301558
31	旅游商品创意	88044	179321	267365
32	黄河文化与旅游	243083	687	243770
33	园林植物识别与应用	114400	97724	212124
34	旅游市场营销	73121	135764	208885
35	中国古典园林文化	113347	64514	177861
36	研学旅行实务	16037	153394	169431
37	旅游设施设计与管理	6068	144687	150755
38	长白山文化的历史记忆	39174	284	39458

2. 课程用户来源情况

（1）用户区域来源情况。

智慧景区资源库的学习用户数几乎已完整覆盖我国23个省份、4个直辖市、5个自治区和2个特别行政区。如表4-17所示，大部分用户集中在中东部地区，西部地区用户偏少，澳门、香港的学习用户均只有1~2个，仅台湾地区受多重因素影响尚未有学习用户。值得注意的是，北京和上海两个直辖市的学习用户较少。这两个城市无论是高校数量还是人口数量，都是所有分析城市中最多的，但实际注册学习的用户均在千人左右规模。因此，从空间地域角度来说，智慧景区资源库未来应注重三个方面的应用推广：一是进一步强化中东部地区的既有影响力与竞争力，尤其是要发挥好既有参建单位的区域影响力；二是通过资源库共建会议与培训班等方式，逐步提升在北京、上海以及西部地区的知名度与影响力，尤其应充分发挥已有西部合作院校的辐射作用；三是进一步强化双语素材资源的制作与宣传，逐步扩大在"一带一路"沿线国家中的知名度与影响力，更好地"展现美丽中国形象""讲好美丽中国故事"。

表 4-17　智慧景区资源库用户所在省（直辖市、自治区）与人数

序号	省份 / 直辖市 / 自治区 / 特别行政区	人数
1	浙江	19900
2	广东	11900
3	山西	11200
4	湖北	9308
5	云南	8767
6	河南	7690
7	安徽	7567
8	江苏	7474
9	河北	6107
10	山东	4444
11	湖南	4381
12	江西	4070
13	四川	3706
14	重庆	3628
15	福建	3335
16	新疆	2662
17	贵州	2421
18	吉林	2359

序号	省份 / 直辖市 / 自治区 / 特别行政区	人数
19	黑龙江	2352
20	陕西	2110
21	广西	1844
22	天津	1789
23	辽宁	1625
24	海南	1523
25	甘肃	1249
26	内蒙古	1215
27	宁夏	1080
28	北京	1035
29	上海	955
30	青海	71
31	西藏	46
32	澳门	2
33	香港	1
34	台湾	0

（2）用户区域与共（参）建院校的关联情况。

通过表 4-17 可知，用户区域与共（参）建院校所在区域具有较强的关联性，一般的规律是用户数量多的省份就是智慧景区资源库共建单位所在地区，如浙江省、山西省、云南省等，但也有参建院校所在省份人数有巨大突破的，如广东省学习智慧景区资源库的学习用户数超过了两个主持院校所在省份，也有部分参建院校所在省份的学习用户数超过参建院校所在省份人数的，如湖北省，也有参建院校所在省份学习人数较少的，如甘肃省。人数多的省份说明他们对智慧景区资源库的课程关注度与使用率都很高，用户规模与参与程度必然都很高。人数少的省份更加要关注，虽然甘肃省的人数偏少，却是周边省份中比较多的，远远超过了宁夏、青海等省份的参与人数，说明参建院校仍起到了一定的积极作用。因此，后续要进一步加强与参建院校的合作，针对参与度特别少的地域，更要提供针对性的课程内容和服务，共同推动智慧景区资源库课程的应用与发展。

三、资源库课程负责人层面的数据分析与问题诊断

（一）建设行为分析与问题诊断

子项目课程负责人是整个教学资源库的建设质量及目标任务完成度的重要实施者与保障者。通过对课程负责人层面的行为数据分析，也可分析其负责课程质量好坏、任务完成进度。为有效监测课程负责人的行为数据，本次将根据智慧景区资源库的重要时间节点，划分为五个阶段：

1. 立项前的准备阶段

即 2017 年 6 月至 2019 年 1 月，该阶段为智慧景区资源库建设的前期准备阶段，主要以第一主持院校浙江旅游职业学院建设为主。如表 4-18 所示，该阶段有 11 位课程负责人有素材资源上传活动，其余 27 位课程负责人的素材上传量均为 0。这 11 个子项目课程是申报智慧景区资源库的基石，但是质量及原创性均得不到保证。

2. 申报与初期建设阶段

即 2019 年 2 月至 2020 年 1 月，该阶段为智慧景区资源库最为关键的队伍组建期与申报及初期建设期。如表 4-18 所示，该阶段依然有 16 位课程负责人上传的素材数保持为 0。在该阶段，智慧景区资源库第一主持单位的主要任务是明确第二和第三主持单位，并就课程合作关系及其他参建单位的建设任务进行初步的协商。在获教育部正式立项前，虽然各主要参建院校均已签订了资源库共建协议及课程建设协议书，但是多数课程负责人依然处于观望情绪。即便在 2019 年 11 月初智慧景区资源库获得正式立项之后，也仅比前一阶段多了 11 位课程负责人开始课程建设工作，分别是"计算机辅助设计""旅游心理学""景观鉴赏""景区管理实务""旅游创新创业""红色旅游资源文化""旅游设施设计与管理""乡村旅游开发与管理""黄河文化与旅游""东北冰雪旅游资源与文化""长白山文化的历史记忆"。其中，4 门子项目课程的素材资源

数量在 10 个以内。

3. 特殊应急建设阶段

即 2020 年 2 月,新冠感染疫情暴发。为积极响应教育部"停课不停学""停课不停教",智慧景区资源库积极行动,快速组织建设了一批资源及课程上线。实际上,这期间智慧景区资源库学习用户数量得到了迅猛增长,但是除"乡村旅游开发与管理"子项目课程外,其余子项目课程并没有新增太多的素材资源。当然,这个也与智慧职教的平台设置有关,即更新上传的素材资源不能体现最新上传时间。实际上,也因为当时全国基本上属于封控的特殊时期,各个课程负责人只能组织课程团队成员制作一些静态资源及部分录屏资源。

4. 核心建设阶段

即 2020 年 3 月至 2021 年 12 月,是智慧景区资源库的素材资源建设的核心期,也是各大课程团队尤其是课程负责人的活跃期,绝大多数子项目课程都是在此期间完成了素材资源的建设。其中,14 门子项目课程集中在此阶段完成素材资源的制作与上传,如"旅游概论""中国旅游文化"等。

5. 整改提升阶段

即 2022 年 1 月开始至今,是智慧景区资源库根据国家级教学资源库的相关要求与验收需要,对已经完成课程建设的子项目课程进行了专项检查。该阶段几乎停止了素材资源的制作,主要进行查漏补缺与更新完善,也有一个例外就是"旅游标准知识",由于一直未完成既定建设任务,此期间依然上传了较多的素材资源。

纵观整个过程,智慧景区资源库的课程负责人在建设行为上,有三个比较突出的特征:一是以"景区服务与管理""景点导游""旅游市场营销""旅游策划""中国旅游地理"等为代表课程,在第一阶段和第四阶段均有较多数量的素材资源的上传行为,说明其前期虽然基础较好,但素材质量较差,需要进行大量的更新;二是以"东北冰雪旅游资源与文化"为代表的课程,因其加盟智慧景区资源库的时候已经有非常扎实的课程建设基础,因此其主要建设期在申报与初期建设阶段,该课程也是第一个被认定为国家级精品在线课程;三是大部分课程负责人并未真正履行每年更新 10% 的既定承诺，即 2022 年至今，理论上每个课程应该更新 15% 的素材资源，但目前更新最多的是"旅游标准知识"（该课程是因为前期没有建设完成）"旅游策划""旅游电子商务"等课程。尤其是各课程负责人并未真正履行每年更新 10% 的承诺，需要后期教学资源库迭代升级的特别重视，重点解决后期建设经费与建设动力问题。

智慧景区资源库子项目课程素材建设时间段情况如表 4-18 所示。

表 4-18　智慧景区资源库子项目课程素材建设时间段

序号	子项目课程名称	2017.6— 2019.1	2019.2— 2020.1	2020.2	2020.3— 2021.12	2022.1 至今
1	景区服务与管理	435	139	8	216	4
2	景点导游	531	153	3	112	0
3	市场调查与分析	5	47	0	550	9
4	旅游规划	153	165	0	551	0
5	计算机辅助设计	0	164	12	624	27
6	景观设计	41	257	0	506	0
7	旅游市场营销	330	41	0	436	0
8	旅游资源调查与评价	191	353	6	284	14
9	旅游策划	382	124	0	295	39
10	旅游标准知识	65	113	0	385	131
11	旅游概论	0	0	0	627	1
12	中国旅游地理	297	56	0	64	0
13	中国旅游文化	0	0	0	410	0
14	旅游服务礼仪	0	0	0	411	0
15	旅游心理学	0	189	26	185	0
16	茶文化	135	160	0	205	1
17	景观鉴赏	0	10	33	407	0
18	景区管理实务	0	1	0	817	0
19	旅游企业客户关系管理	0	0	0	404	0

续表

序号	子项目课程名称	2017.6—2019.1	2019.2—2020.1	2020.2	2020.3—2021.12	2022.1至今
20	旅游创新创业	0	99	51	254	0
21	旅游电子商务	0	0	0	618	77
22	旅游英语	0	0	0	416	21
23	旅游设施设计与管理	0	1	0	399	22
24	旅游商品创意	0	0	0	416	0
25	智慧旅游	0	0	0	382	20
26	红色旅游资源文化	0	44	0	359	0
27	乡村旅游开发与管理	0	12	171	623	5
28	研学旅行实务	0	0	11	358	0
29	自由行行程策划	0	0	13	365	0
30	中国古典园林文化	0	0	0	404	0
31	华夏面食传承与创新	0	0	0	413	0
32	黄河文化与旅游	0	2	0	406	0
33	三峡旅游文化	0	0	0	405	4
34	东北冰雪旅游资源与文化	0	286	0	115	21
35	长白山文化的历史记忆	0	36	32	234	0
36	皖北历史文化旅游	0	0	0	294	0
37	园林植物识别与应用	0	0	0	407	0
38	中国良渚文化	0	0	0	432	0

（二）维护行为分析与问题诊断

本小节重点分析智慧景区资源库课程负责人的维护行为，特别是时间规律和次数方面。本部分以"景观鉴赏"课程负责人的日志为例进行分析。该课程作为智慧景区资源库旅游基础类课程，在各个建设维度均属于中等层次，并没有某项指标特别靠前，可以代表各个子项目课程的一般情况。

1. 课程负责人维护行为时间段

观察"景观鉴赏"课程负责人维护课程的频率和时间分布特征（见图4-27），可知：从2017年开始到2021年逐年上升，到2021年到达顶峰，2022年、2023年逐年递减，且递减幅度较大。按照正常建设规律，在2021年全面完成子项目建设任务后，课程的维护应该趋于稳定，而不是有较大的落差。说明在建设期课程负责人的积极性非常高，也表现了极大的责任心，但是验收后也应该有同样的持续性维护行为。这在前述整改提升阶段的课程素材上传数量结果如出一辙，说明课程的后续维护与更新、日常推广与应用仍然缺乏有效的监督或激励机制。

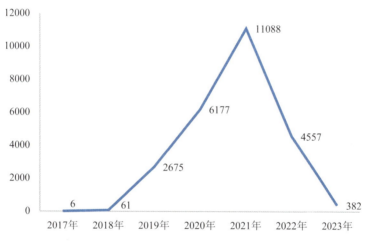

图4-27 "景观鉴赏"课程负责人每年维护次数情况

2. 课程负责人维护行为次数与课程建设成果的关联分析

根据表4-4中19门省级及以上在线精品课程的认证结果，结合表4-19可以看出课程负责人维护次数排名前19中有11门都是表4-4中的课程。因此，可以说课程负责人维护次数多的，获得课程建设标志性成果或衍生成果的概率更高。排名较靠后的如"东北冰雪旅游资源与文化"因其2020年就获得了国家级精品在线课程的认证，成为智慧景区资源库最早吃到"螃蟹"的课程，后期的维护可能不仅仅依靠课程负责人，要由成熟的课程团队来整体运行。

表 4-19　智慧景区资源库课程负责人维护次数

序号	课程名称	课程负责人维护次数
1	旅游英语	208373
2	华夏面食传承与创新	199469
3	旅游资源调查与评价	169590
4	计算机辅助设计	86573
5	旅游电子商务	72801
6	茶文化	61127
7	景区服务与管理	38880
8	景点导游	36456
9	旅游策划	30135
10	旅游企业客户关系管理	29934
11	旅游标准知识	26155
12	景观鉴赏	24946
13	旅游规划	22509
14	景观设计	19412
15	三峡旅游文化	19136
16	旅游设施设计与管理	18787
17	自由行行程策划	18276
18	智慧旅游	16028
19	园林植物识别与应用	15318
20	市场调查与分析	13661
21	中国旅游文化	13477
22	中国古典园林文化	12927
23	红色旅游资源文化	12769
24	旅游市场营销	12356
25	长白山文化的历史记忆	9211
26	黄河文化与旅游	8441
27	旅游商品创意	6393
28	景区管理实务	6283

续表

序号	课程名称	课程负责人维护次数
29	旅游创新创业	5453
30	研学旅行实务	5057
31	乡村旅游开发与管理	4748
32	旅游概论	4274
33	中国良渚文化	4036
34	旅游心理学	3852
35	中国旅游地理	3748
36	东北冰雪旅游资源与文化	3348
37	旅游服务礼仪	3187
38	皖北历史文化旅游	3114

四、学生层面的数据分析与问题诊断

（一）日志类型分析与问题诊断

1. 学生来源类型与日志数情况

通过获取智慧景区资源库的学生来源和学生访问日志数据，得到了图4-28与图4-29。根据图4-28可知，智慧景区资源库的绝大部分学生为应届普通高中毕业生（实际上还包括中等职业毕业生、技校生等），其他四个来源的学生数之和也不到应届高中毕业生的1/3，其他四个来源的学生日志数之和不到应届毕业生的1/10。之所以出现此类情况，主要原因可能是：一是智慧职教系统设置的时候，大部分院校学生的数据由教务管理部门或教学实施部门导入数据，并未对学生类型进行准确分类，尤其是中等职业院校毕业生、技校生、退役军人以及"百万扩招"生；二是智慧景区资源库已有子项目课程及其素材资源的针对性不强，即目前智慧景区资源库对新型职业农民与下岗职工的吸引力明显偏低，未来相关子项目课程亟待更新相关素材资源；三是智慧景区资源库的宣传推广力度不够、渠道不够通畅，使得相关目标群体并不知道相关课程，或者并不愿意进行在线自主学习。与此同时，还应注意的是，智慧景区资源库与建设任务书中明确的旅游类新型职业农业培训基地的目标相距甚远。

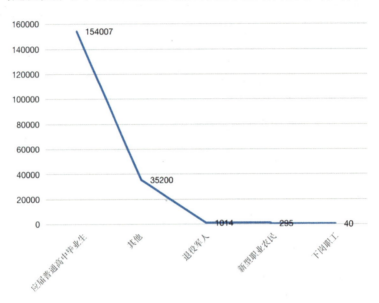

图 4-28　智慧景区资源库学生来源分布

图 4-29　智慧景区资源库不同类型学生的日志数

2. 学生不同类型日志情况

学生产生的日志类型有多种情况。此处选取最常见的四种类型日志进行分析，分别是访问资源（表4-20）、访问课程（表4-21）、参与互动（表4-22）和完成作业考试（表4-23）等。通过对上述四类日志的TOP10排名可知，出现了多所非智慧景区资源库共（参）建院校的名称，如浙江艺术职业学院、江苏海事职业技术学院、山东中医药高等专科学校等，而在16所共（参）建院校中，只有7所院校的学生上榜。说明其余9所院校在学生应用层面还有很大提升空间，尤其是在教师推进"三教"改革方面亟待增强。

表4-20　智慧景区资源库学生访问资源次数排名前10情况

序号	姓名	学校名称	访问次数
1	崔雯雯	三峡旅游职业技术学院	6558
2	和　希	云南旅游职业学院	5021
3	贾智龙	江西旅游商贸职业学院	3556
4	甘永玲	江西旅游商贸职业学院	3537
5	涂天凡	江西旅游商贸职业学院	3440
6	杨万琴	云南旅游职业学院	3420
7	杨玉仙	云南旅游职业学院	3420
8	谢淼帆	云南旅游职业学院	3420
9	许骏南	云南旅游职业学院	3420
10	王雪淳	云南旅游职业学院	3358

表4-21　智慧景区资源库学生访问课程次数排名前10情况

序号	姓名	学校名称	访问次数
1	朱碧漪	浙江艺术职业学院	46013
2	马海波	浙江旅游职业学院	23491
3	李志勇	浙江旅游职业学院	22539
4	张梦晓	太原旅游职业学院	21771
5	刘小静	襄阳职业技术学院	18135

续表

序号	姓名	学校名称	访问次数
6	江小龙	广州番禺职业技术学院	17905
7	杨六金	江西旅游商贸职业学院	17891
8	康伟	太原旅游职业学院	17675
9	陈思颖	广州番禺职业技术学院	16956
10	叶世成	江西旅游商贸职业学院	16680

表 4-22　智慧景区资源库学生参与互动次数排名前 10 情况

序号	姓名	学校名称	访问次数
1	葛　瑶	江苏海事职业技术学院	9902
2	王柃尹	江苏海事职业技术学院	9160
3	李婷婷	江苏海事职业技术学院	8227
4	宗雨林	江苏海事职业技术学院	8076
5	李志勇	浙江旅游职业学院	7860
6	牟振宇	浙江旅游职业学院	7758
7	徐哲宇	浙江旅游职业学院	6109
8	卞景哲	浙江旅游职业学院	6055
9	潘伊伊	浙江旅游职业学院	5761
10	张蕾雨	重庆工业职业技术学院	5443

表 4-23　智慧景区资源库学生完成作业考试次数排名前 10 情况

序号	姓名	学校名称	访问次数
1	董　瑞	江苏建筑职业技术学院	23
2	杨雨晨	江苏建筑职业技术学院	20
3	李大寅	江苏建筑职业技术学院	20
4	马文娟	江苏建筑职业技术学院	20
5	王　康	江苏建筑职业技术学院	19
6	许国平	安徽工商职业学院	18
7	董小玲	安徽工商职业学院	18

序号	姓名	学校名称	访问次数
8	汪龙文	安徽工商职业学院	18
9	贾　志	安徽工商职业学院	18
10	刘　阔	山东中医药高等专科学校	17

（二）学习时段分析与问题诊断

1. 学生每日学习时段峰谷期

根据智慧景区资源库数据中心对现有数据进行学生每日学习时段的分析（见图4-30）可知，每日9：00—12：00是访问高峰期，第二个小高峰是15：00—18：00，后面缓慢下降到凌晨到达谷底，比较符合学生正常的学习与生活规律。通常而言，每日9至17时是各个院校学生的主要学习时间，而在每日18至24时依然有较大访问量的学习日志，说明非教学时间学生参与学习的人次依然较多，智慧景区资源库确实可以促使学生利用碎片化时间开展学习活动。

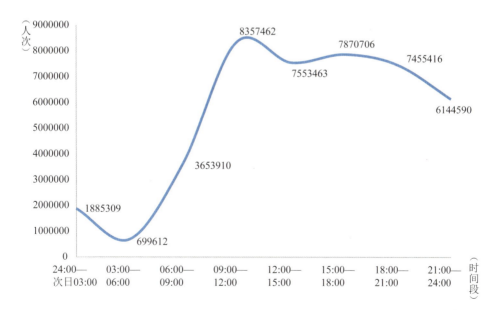

图4-30　智慧景区资源库每日学生访问时段人次曲线图

2. 学生学习规律与教师建设活动的关联性

分析完学生每日的访问时段情况，同步来看教师的访问情况。通过图4-31可知，教师访问时段的规律与学生的完全一致。教师、学生是共同学习的伙伴，教师不仅是智慧景区资源库的知识制作者、传播者，同样也是学习者。一方面，可以认为是教师的主动活动设置或教学行为引导学生在这些时间段积极参与学习；另一方面，也可以认为是学生在这些时间段的表现引导教师参与反馈或完成互动教学。但是，也存在一种可能性，即本身和师生的生物钟有关，即重点在此时间段完成教学或学习。或许每日9至12时的日志访问量明显低于12至18时的日志访问量，这一点值得进一步开展跟踪与分析。

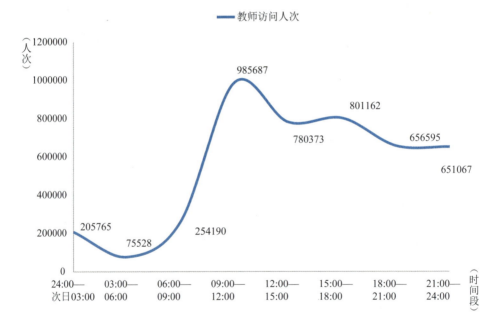

图 4-31　智慧景区资源库每日教师访问时段人次曲线图

第五章　智慧景区资源库的共建单位教师感知分析

　　专业教学资源库的建设与应用是教育信息化的重要体现，也是"互联网＋职业教育"的必然要求。专业教师群体作为资源库课程建设、应用与推广的主力军，在很大程度上决定了标准化课程及其资源建设的质量与运用实践成效。因此，基于共建单位专业教师视角，分析判断其对于智慧景区资源库的感知与评价，对完善未来教学资源库迭代升级、促进教学资源库应用推广等具有重要意义。

一、调研基本情况说明与数据分析过程

（一）调查目的

　　本项研究是针对智慧景区资源库共建单位（如浙江旅游职业学院、太原旅游职业学院、云南旅游职业学院等共建院校）的相关专业教师进行调查，目的是收集一手数据资料，了解共建单位的专业教师对于智慧景区资源库整体建设、应用与推广等方面的评价与感知情况，剖析其中存在的问题，进而基于调查结果针对性地提出合理化的对策建议，以此促进智慧景区资源库的高质量发展与转型升级。

（二）调查维度

　　通过对相关文献的梳理，结合智慧景区资源库的具体建设情况，最终确定从"整体感知""综合服务管理感知""课程建设感知""课程应用推广感知"

"建设意义感知"五个方面来调查分析共建单位专业教师对于智慧景区资源库建设、应用与推广的态度与评价，同时也为问卷设计提供了理论的指导，形成问卷设计量表的五个维度。

（三）调查设计

本次调研共由两部分组成：第一部分是基本信息，共设计了 7 个题项，主要围绕人口学变量设计问题，如学校、性别、专业、教龄、职称、课题主持情况等内容。第二部分主要是调查专业教师对智慧景区资源库感知判断的情况，共设计了 70 个题项，包含五个维度的内容："整体感知""综合服务管理感知""课程建设感知""课程应用推广感知""建设意义感知"，主要以问题量表的形式展开。其中，第 1~10 题项考查针对智慧景区资源库整体的感知与判断，第 11~24 题项考查其综合服务管理（含技术支持与保障）的感知与判断，第 25~43 题项考查其课程建设的感知与判断，第 44~55 题项考查其课程应用推广的感知与判断，第 56~70 题项考查其建设意义的感知与判断。调查问卷采用李克特的五点量表，对态度赋予数值，进行编码。量表中，态度分为五个等级——"完全反对""比较反对""中立""比较赞成""完全赞成"，对应赋予数值，分别为 1、2、3、4、5，用户选的数值越大，说明对题项的感知或认可程度越高（详见附录 2）。

（四）调查对象

本次调研面向浙江旅游职业学院、太原旅游职业学院、三峡旅游职业技术学院、江西旅游商贸职业学院、云南旅游职业学院、郑州旅游职业学院、吉林外国语大学、江苏经贸职业技术学院、吉林省经济管理干部学院、南京旅游职业学院、甘肃工业职业技术学院、广州番禺职业技术学院、日照职业技术学院、苏州旅游与财经高等职业技术学校、黑龙江农业经济职业学院、淮南联合大学等 20 余所智慧景区资源库共建院校或应用院校，选取智慧景区开发与管理、旅游管理等直接相关专业的专业教师进行问卷调研，主要采用线上和线下两种方式发送问卷。调查对象的基本情况详见表 5-1。

根据表 5-1 可知：首先，被调研专任教师的 97.75% 为共建单位的专业教师，说明本次调研能充分说明其对智慧景区资源库的感知与评价情况；其次，被调研的专任教师中，72.20% 是智慧景区开发与管理专业和旅游管理专业教师，与项目建设任务书的情况基本匹配；再次，被调研教师中，79.82% 是女性教师，也基本与当前国内职业院校旅游类专业教师的性别比例较为一致；最后，被调研教师的加权教龄为 11.95 年，与大部分教师为讲师（47.53%）和副教授（28.25%）职称结构较为吻合，说明智慧景区资源库的建设力量年龄与职称结构较为合理，总体拥有较为丰富的教学与专业建设经验。此外，在被调研的专业教师中，分别有 32.29% 和 56.95% 的教师曾主编并出版教材、主持校级及以上教改课题，还分别有 21.97% 和 12.56% 的教师正着手准备主编教材或开展教改研究，但覆盖率还不够高，说明智慧景区资源库的共建单位专业教师的"三教"改革经历有待提高。

表 5-1　调查对象基本信息统计

基本信息	类别	人数	百分比	基本信息	类别	人数	百分比
学校	浙江旅游职业学院	33	14.80%	学校	淮南联合大学	5	2.24%
	太原旅游职业学院	29	13.00%	主持出版教材	是	72	32.29%
	三峡旅游职业技术学院	23	10.31%		否	102	45.74%
	江西旅游商贸职业学院	18	8.07%		有计划或进行中	49	21.97%
	云南旅游职业学院	18	8.07%	专业	智慧景区专业	45	20.18%
	郑州旅游职业学院	17	7.62%		旅游管理专业	116	52.02%
	吉林外国语大学	14	6.28%		其他旅游类专业	40	17.94%
	江苏经贸职业技术学院	12	5.38%		其他非旅游专业	22	9.87%
	南京旅游职业学院	10	4.48%	性别	男	45	20.18%
	吉林省经济管理干部学院	9	4.04%		女	178	79.82%
	日照职业技术学院	7	3.14%	教龄	3 年（含）以内	31	13.90%
	甘肃工业职业技术学院	6	2.69%		3~5 年	21	9.42%
	广州番禺职业技术学院	6	2.69%		5~10 年	44	19.73%
	苏州旅游财经学校	6	2.69%		10~20 年	97	43.50%
	黑龙江农业经济职业学院	5	2.24%		20 年以上	30	13.45%

基本信息	类别	人数	百分比	基本信息	类别	人数	百分比
职称	助教	46	20.63%	主持教改项目	是	127	56.95%
	讲师（中级）	106	47.53%		否	68	30.49%
	副教授（副高级）	63	28.25%		有计划或进行中	28	12.56%
	教授（正高级）	8	3.59%	合计		223	100.00%

（五）数据整理

本次调研共计发放问卷 225 份，最终回收问卷 223 份，问卷回收率 99.11%，有效问卷 223 份，有效问卷率 100%，调查问卷回收率具有统计学意义。笔者运用 SPSS27.0 对搜集到的 223 份问卷数据进行整理，并对其信度和效度进行检验和分析。

1. 整体信度检验

本研究运用 Cornbach's Alpha 系数对问卷的信度进行测量，最终得到的结果如表 5-2 所示。

表 5-2　可靠性统计

可靠性统计	
克隆巴赫 Alpha	项数
0.985	70

信度系数值 α 为 0.985 大于 0.9，因而说明本次研究数据信度质量很高，可用于进一步分析。

2. 各维度信度检验

表 5-3　各维度信度可靠性检验

维度	可靠性系数		
	案例数量	题目数量	克隆巴赫 Alpha
整体感知	223	10	0.916
综合服务管理感知	223	14	0.963

续表

维度	可靠性系数		
	案例数量	题目数量	克隆巴赫 Alpha
课程建设感知	223	18	0.951
课程应用推广感知	223	13	0.975
建设意义感知	223	15	0.986

整体信度检验为极佳，将各维度分开检验，如表 5-3 所示，信度系数值 α 均大于 0.9，表明各维度的信度也为极佳。因此，调研问卷的信度良好，可以进行进一步分析。

3. 效度分析

效度是检验结果的可靠性。一般通过因素分析，找出量表之间的共同因素。针对本研究的问卷，通过 SPSS27.0 统计检验分析。KMO 即 Kaiser-Meyer-Olkin 的取样适当性，值介于 0 到 1，KMO 越接近 1，表示变量间的共同因素越多。学者 Kaiser（1974）对 KMO 值做了判断标准，KMO 值小于 0.5 时，不适合做因素分析，KMO 值大于 0.6 时，可以进行因素分析，KMO 值大于 0.8 时，表示性质良好。

如表 5-4 所示，问卷的 KMO 值为 0.955，近似方卡 22697.859，达到 0.05 显著水平，自由度为 2415，显著性 P=0.000 < 0.05，即净相关系数均为 0，是单元矩阵，适合进行因素分析。因此，表示调查量表效度良好。

表 5-4 KMO 和巴特利特检验

KMO 取样适切性量数		0.955
巴特利特球形度检验	近似卡方	22697.859
	自由度	2415
	显著性	0.000

二、智慧景区资源库的感知与判断

（一）资源库整体的感知与判断

在李克特五点量表中，中位数为 3，换成百分比为（M-1）/（点数 -1）=50%，即满意度为 50%。若均值为 3.4，满意度为 60%；均值为 3.8，满意度为 70%。如表 5-5 所示，教师对于智慧景区资源库整体感知与判断的观测变量中，"A1 符合职教发展新趋势""A2 促进专业（群）的综合性发展""A3 促进校企深度融合发展""A5 促进教师教学创新团队建设""A7 促进院校间的合作与交流""A9 资源库应持续更新完善""A10 促进我国终身教育体系的形成"等 8 个指标的中位数均高于 4，表明教师对于智慧景区资源库的整体感知与判断十分积极正面，尤其是对"A4 促进教师的综合提升与发展""A2 促进专业（群）的综合性发展""A1 符合职教发展新趋势"认可度很高。分数最低的是"A6 资源库建设项目已经过时，应该摒弃"和"A8 资源库建设项目可能导致部分专业教师下岗或分流"两个对于资源库建设持负面评价的指标，分值均低于中位数，表明整体而言，教师群体并不认为资源库建设有较大负面影响，普遍为支持态度。

表 5-5　资源库整体感知与判断的描述统计分析

选项	最小值	最大值	平均值	标准差
A1	1	5	4.62	0.686
A2	1	5	4.63	0.678
A3	1	5	4.55	0.726
A4	1	5	4.63	0.684
A5	1	5	4.55	0.781
A6*	1	5	2.43	1.572
A7	1	5	4.53	0.758
A8*	1	5	2.61	1.469

选项	最小值	最大值	平均值	标准差
A9	1	5	4.55	0.727
A10	1	5	4.59	0.685

*注：系负面指标，其平均值越低，说明认可度或满意度越高。

（二）资源库综合服务管理的感知与判断

如表 5-6 所示，教师对于智慧景区资源库综合服务管理感知与判断的观测变量中，所有指标的中位数均高于 4，表明教师对于智慧景区资源库综合服务管理认可度很高，尤其是对"B10 学校领导重视资源库建设并给予支持""B2 建设目标与步骤清晰且推进有序""B3 主持院校提供及时有效的服务指导"认可度很高。分数偏低的是"B14 学校奖励了课程建设与应用的老师""B6 智慧职教能提供及时有效的技术服务""B5 智慧职教操作方便且设计科学合理""B13 学校给予职称评定的政策支持"，该四项指标的分值虽然略高于中位数，但相比其他指标而言分数明显偏低：首先是表明教师所在院校虽然对教师参与资源库建设给予了精神支持和硬件支持，但对于和教师利益息息相关的个人激励则有待提升；其次是教师对于资源库支撑平台——智慧职教的技术支持的满意度偏低，这也与智慧职教平台在后期由于公司运营管理出现问题而疏于平台维护有较大关系，未来需进一步加强支撑平台建设，也说明目前资源库运作平台相对单一，存在一定的风险。

表 5-6　资源库综合服务管理感知与判断的描述统计

选现	最小值	最大值	平均值	标准差
B1	1	5	4.41	0.741
B2	1	5	4.46	0.727
B3	1	5	4.45	0.727
B4	1	5	4.43	0.749
B5	1	5	4.21	0.933

续表

选现	最小值	最大值	平均值	标准差
B6	1	5	4.18	0.938
B7	1	5	4.36	0.775
B8	1	5	4.34	0.789
B9	1	5	4.42	0.778
B10	1	5	4.48	0.728
B11	1	5	4.43	0.749
B12	1	5	4.36	0.798
B13	1	5	4.25	0.874
B14	1	5	4.00	1.046

（三）资源库课程建设的感知与判断

如表 5-7 所示，教师对于智慧景区资源库课程建设的感知与判断的观测变量中，除"C5 课程建设要考虑多层次人员需求"指标外，其余所有指标的平均值均高于 4，表明教师对于智慧景区资源库课程建设过程的参与度及认可度很高，对于课程建设质量十分认可。尤其是"C13 团队成员认真努力完成课程建设"指标的中位数最高，表明教师均对于自身参与资源库的投入程度给予较高认可。"C17 愿意继续完善相关课程"的指标平均值位居第二，表明教师继续参与资源库的建设热情仍然高涨。所有指标中，仅"C5 课程建设要考虑多层次人员需求"的平均值低于中位数，表明教师普遍认为智慧景区资源库课程的受众面主要是高职学生群体。此外，"C10 智慧职教的学习界面友好"指标的平均值也相对偏低，结合维度 2 分析结果可以看出，智慧职教平台的学习界面同样存在提升改进空间。而其主要原因是 2022 年度职教云应用端（App 和网页端）的频繁闪退、考试平台漏洞等问题给应用教师、学生带来了极大的烦恼。

表 5-7　资源库课程建设的感知与判断的描述统计

选项	最小值	最大值	平均值	标准差
C1	1	5	4.43	0.862
C2	1	5	4.36	0.923
C3	1	5	4.52	0.776
C4	1	5	4.40	0.832
C5	1	5	3.01	1.330
C6	1	5	4.26	0.815
C7	1	5	4.25	0.833
C8	1	5	4.48	0.728
C9	1	5	4.41	0.789
C10	1	5	4.18	0.951
C11	1	5	4.35	0.873
C12	1	5	4.44	0.726
C13	1	5	4.59	0.671
C14	1	5	4.48	0.709
C15	1	5	4.43	0.750
C16	1	5	4.48	0.728
C17	1	5	4.50	0.716
C18	1	5	4.44	0.762

（四）资源库课程应用推广的感知与判断

如表 5-8 所示，教师对于智慧景区资源库课程应用推广的感知与判断的观测变量中，所有指标的平均值均高于 4，表明教师对于智慧景区资源库课程应用推广的评价很高。尤其是"D13 宣传中对课程建设质量有信心"指标的平均值最高，表明教师均对于资源库的课程质量认可度很高。"D11 主持院校提供宣传推广平台"和"D6 课程充分利用资源库平台进行宣传推广"两项指标平均值并列第二，表明教师对于主持院校及自身参与课程在宣传推广过程中发挥的作用及取得成效满意度较高。相比较而言，"D1 课程在国内职业院校有影响力""D2 课程在国内旅游类院校有影响力""D3 课程在国内旅游类专业有影响力"三项指标的平均值偏低，均低于 4.2，表明教师对于所参与课程的影响力持较为保守的评价态度，未来还存在较大的发展空间。值得注意的是，在智慧景区资源库的 38 门标准化课程中，已有职业教育国家级在线精品课程 7 门、省级在线精品课程 17 门和省级课程思政示范课 2 门，尚有 16 门课程未获任何省级及以上的课程荣誉，具有较大提升空间。

表 5-8　资源库课程应用推广的感知与判断的描述统计

选项	最小值	最大值	平均值	标准差
D1	1	5	4.13	0.812
D2	1	5	4.17	0.804
D3	1	5	4.15	0.824
D4	1	5	4.25	0.800
D5	1	5	4.31	0.821
D6	1	5	4.37	0.782
D7	1	5	4.34	0.793
D8	1	5	4.25	0.831
D9	1	5	4.30	0.795
D10	1	5	4.35	0.797
D11	1	5	4.37	0.782
D12	1	5	4.29	0.826
D13	1	5	4.40	0.764

（五）资源库建设意义的感知与判断

如表 5-9 所示，教师对于智慧景区资源库建设意义的感知与判断的观测变量中，所有指标的平均值均高于 4.3，表明教师对于智慧景区资源库建设意义的感知与判断的评价极高。尤其是"E1 有利于推动新形态教材建设""E15 有利于省级及以上在线开放课程的培育""E14 有利于优质资源的开放应用""E2 有利于推进教学方式方法的创新"等题项指标的平均值最高，表明专业教师普遍认为智慧景区资源库建设对于促进"三教"改革具有重要意义。事实也是如此，除了有 22 门课程被认定为省级及以上在线精品课程或课程思政课以外，还有 12 本新形态教材及数字课程出版并多次获得省级及以上教学技能比赛。但是，相比而言，"E5 有利于促进教考分离"题项指标的平均值偏低，表明教师对于资源库课程在教考分离改革中发挥的作用认可程度相对较低，说明未来教学资源库的应用推广可在教考分离中开辟新的天地。

表 5-9　资源库建设意义的感知与判断的描述统计

选项	最小值	最大值	平均值	标准差
E1	1	5	4.57	0.667
E2	1	5	4.55	0.662
E3	1	5	4.50	0.716
E4	1	5	4.52	0.703
E5	1	5	4.39	0.732
E6	1	5	4.53	0.670
E7	1	5	4.48	0.709
E8	1	5	4.42	0.736
E9	1	5	4.49	0.697
E10	1	5	4.47	0.728
E11	1	5	4.49	0.703
E12	1	5	4.52	0.677
E13	1	5	4.52	0.683
E14	1	5	4.56	0.640
E15	1	5	4.57	0.674

三、智慧景区资源库的相关性分析

通过综合调研与访谈发现，智慧景区资源库的共建单位教师感知在部分认知方面与其学校、所属专业、性别、职称等因素均存在一定程度的相关性。

（一）学校性质与感知的相关性分析

本次研究将参与调研的学校性质划分为三类，即共建院校、参建院校与其他院校。考虑到其他院校教师数量较少，仅为 5 个，不具有代表性，故仅对共建院校与参建院校进行相关性分析。其中，共建院校是指浙江旅游职业学院、太原旅游职业学院和云南旅游职业学院三所联合主持院校；参建院校是指郑州旅游职业学院、三峡旅游职业技术学院、南京旅游职业学院等各负责 1~2 门子项目课程的院校。本次研究选用 ANOVA 检验不同学校性质对相关题项的认知或感知是否有显著差异。其中，为保证整体判断的一致性，将原问卷中的 3 项（A6 资源库建设项目已经过时，应该摒弃；A8 资源库建设项目可能导致部分专业教师下岗或分流；C5 课程建设要考虑多层次学生需求）负面认知与判断改为正面认知与判断，同步调整数据。

1. 关于资源库整体的感知与判断

根据表 5-10 可知，不同性质院校在"A1 符合职教发展新趋势""A2 促进专业（群）综合发展""A4 促进教师的综合提升与发展"3 个题项上在 0.05 的显著性水平上具有显著差异；在"A3 促进校企深度融合发展""A5 促进教师教学创新团队建设""A6 要坚持建设且能紧跟时代发展""A7 促进院校间的合作与交流""A8 增强专业教师的岗位竞争力""A9 资源应持续更新完善""A10 促进我国终身教育体系的形成"7 个题项上没有显著差异。

表 5-10　不同性质院校对资源库整体感知与判断的 ANOVA 检验分析

题项		平方和	自由度	均方	F	显著性
A1 符合职教发展新趋势	组间	3.623	2	1.811	3.946	0.021
A2 促进专业（群）综合发展	组间	3.442	2	1.721	3.837	0.023
A4 促进教师的综合提升与发展	组间	3.624	2	1.812	3.977	0.020

通过卡方检验进行验证，也发现表 5-10 的结果。同时，参建院校在"A1 符合职教发展新趋势""A2 促进专业（群）综合发展""A4 促进教师的综合提升与发展"3 个题项上的均值显著高于共建院校（如表 5-11 所示），尤其是持"中立""比较反对"或"完全反对"的基本没有，但浙江旅游职业学院与太原旅游职业学院持"中立""比较反对"或"完全反对"的相对较多，教师间的认知差异较大，或许也与两校建设任务相对较重有关。

表 5-11 不同性质院校对整体感知具有显著差异题项的均值分析

学校性质	共建院校		参建院校		其他院校	
指标	均值	标准差	均值	标准差	均值	标准差
A1 符合职教发展新趋势	4.45	0.825	4.72	0.567	4.6	0.894
A2 促进专业（群）综合发展	4.46	0.826	4.72	0.567	4.8	0.447
A4 促进教师的综合提升与发展	4.46	0.826	4.72	0.577	4.8	0.447

2. 关于资源库综合服务管理的感知与判断

根据表 5-12 可知，不同性质院校在"B1 建设方案与任务书设计科学合理""B2 建设目标与步骤清晰明确且推进有序""B3 主持院校能提供及时有效的服务指导""B5 智慧职教操作方便、设计科学合理""B6 智慧职教能提供及时有效的技术服务""B7 学校能够提供足够的建设经费""B8 学校财务部门能对经费使用给予指导""B9 学校教学相关部门能给予支持""B10 学校领导重视资源库建设并给予支持""B11 学校给予充足的人力资源支持""B12 相关校企合作单位给予支持""B13 学校给予职称评定的政策支持"12 个题项上在 0.05 的显著性水平上具有显著差异；仅在"B4 主持院校能提供及时有效的技术支持""B14 学校奖励了课程建设与应用的老师"2 个题项上没有显著差异。

表 5-12 不同性质院校对资源库综合服务感知与判断的 ANOVA 检验分析

题项		平方和	自由度	均方	F	显著性
B1 建设方案与任务书设计科学合理	组间	7.533	2	3.767	7.248	0.001
B2 建设目标与步骤清晰明确且推进有序	组间	4.963	2	2.482	4.854	0.009
B3 主持院校能提供及时有效的服务指导	组间	4.593	2	2.296	4.484	0.012
B5 智慧职教操作方便、设计科学合理	组间	10.338	2	5.169	6.223	0.002
B6 智慧职教能提供及时有效的技术服务	组间	9.282	2	4.641	5.484	0.005
B7 学校能提供足够的建设经费	组间	5.316	2	2.658	4.569	0.011
B8 学校财务部门能对经费使用给予指导	组间	5.580	2	2.790	4.632	0.011
B9 学校教学相关部门能给予支持	组间	6.470	2	3.235	5.572	0.004

续表

题项		平方和	自由度	均方	F	显著性
B10 学校领导重视资源库建设并给予支持	组间	4.796	2	2.398	4.675	0.010
B11 学校给予充足的人力资源支持	组间	8.556	2	4.278	8.115	0.000
B12 相关校企合作单位给予支持	组间	5.316	2	2.658	4.300	0.015
B13 学校给予职称评定的政策支持	组间	11.86	2	5.930	8.279	0.000

通过卡方检验进行验证，得出了表 5-12 的结果。同时，除了"B4 主持院校能提供及时有效的技术支持""B14 学校奖励了课程建设与应用的老师"2 个题项之外，参建院校在其他题项上的均值均要明显高于共建院校（如表 5-13 所示），尤其是浙江旅游职业学院与太原旅游职业学院持"中立""比较反对"或"完全反对"的相对较多，教师间的认知差异较大，或许也与两校建设任务相对较重有关。

表 5-13　不同性质院校对综合服务感知具有显著差异题项的均值分析

学校性质	共建院校		参建院校		其他院校	
指标	均值	标准差	均值	标准差	均值	标准差
B1 建设方案与任务书设计科学合理	4.19	0.858	4.55	0.617	4.00	1.000
B2 建设目标与步骤清晰明确且推进有序	4.26	0.882	4.57	0.591	4.60	0.894
B3 主持院校能提供及时有效的服务指导	4.27	0.871	4.57	0.604	4.20	0.837
B5 智慧职教操作方便、设计科学合理	3.93	1.111	4.38	0.776	4.20	0.837
B6 智慧职教能提供及时有效的技术服务	3.91	1.058	4.34	0.833	4.20	0.837
B7 学校能够提供足够的建设经费	4.18	0.897	4.48	0.664	4.00	1.000
B8 学校财务部门能对经费使用给予指导	4.15	0.858	4.46	0.716	4.00	1.000
B9 学校教学相关部门能给予支持	4.20	0.920	4.55	0.651	4.20	0.837
B10 学校领导重视资源库建设并给予支持	4.29	0.860	4.59	0.624	4.40	0.548
B11 学校给予充足的人力资源支持	4.18	0.868	4.58	0.626	4.20	0.837
B12 相关校企合作单位给予支持	4.18	0.854	4.48	0.727	4.00	1.225
B13 学校给予职称评定的政策支持	3.95	1.042	4.43	0.703	4.00	1.000

3. 关于资源库课程建设的感知与判断

通过分析发现，不同性质院校在资源库课程建设方面的感知与评价没有显著差异，即主持院校、参建院校等在"C1 全程参与资源库课程建设""C2 积极参与课程架构设计与标准研发""C3 积极参与课程资源的设计与制作""C4 设计多样的个性化资源及微课""C5 课程建设考虑多层次人员的需求""C6 标准化课程建设是核心与关键""C7 配套慕课或 SPOC 建设更有意义""C8 积极参与课程的实践与应用""C9 积极参与课程的全方位推广宣传""C10 智慧职教的学习界面友好""C11 课程资源没有版权问题""C12 课程资源都是原创设计制作""C13 团队成员认真努力完成课程建设""C14 课程已经兼顾四大学习用户的需求""C15 课程能够契合行业企业的培训需求""C16 课程需要持续更新与完善""C17 愿意继续完善相关课程"17 个题项上没有显著差异。

4. 关于资源库课程应用推广的感知与判断

根据表 5-14 可知，不同性质院校仅在"D9 课程宣传推广形式丰富多样"和"D13 学校提供宣传推广平台"2 个题项上在 0.05 的显著性水平上具有显著差异；在"D1 课程资源质量优秀品质高""D2 课程在国内职业院校有影响力""D3 课程在国内旅游类院校有影响力""D4 课程在国内旅游类专业有影响力""D5 课程通过多种途径进行宣传推广""D6 课程充分利用学校平台进行宣传推广""D7 课程充分利用资源库平台进行宣传推广""D8 课程充分利用团队资源进行宣传推广""D10 课程有众多院校师生学习或应用""D11 资源库会议提供宣传推广平台""D12 主持院校提供宣传推广平台""D14 宣传中对课程建设质量有信心"12 个题项上没有显著差异。但是，通过卡方检验分析，"D9 课程宣传推广形式丰富多样"和"D13 学校提供宣传推广平台"2 个题项在 0.05 的显著性水平上差异不明显。

表 5-14　不同性质院校对资源库应用推广感知与判断的 ANOVA 检验分析

题项		平方和	自由度	均方	F	显著性
D9 课程宣传推广形式丰富多样	组间	4.284	2	2.142	3.159	0.044
D13 学校提供宣传推广平台	组间	6.459	2	3.23	4.894	0.008

5. 关于资源库建设意义的感知与判断

根据表 5-15 可知，不同性质院校在"E1 有利于推动新形态教材建设""E3 有利于对学生实施精准施教""E4 有利于高效利用碎片化时间""E5 有利于促进教考分离""E6 有利于共建共享优质教学资源""E7 有利于课程组或教学创新团队建设""E8 有利于改善学风""E9 有利于学生自主学习""E10 有利于提高课堂教学质量""E11 有利于建立校校、校企之间教师共同体""E12 有利于提高教师教学能力与水平""E13 有利于提升院校间协作水平与质量"12 个题项上存在显著差异。在"E2 有利于推进教学方式方法的创新""E14 有利于优质资源的开放应用""E15 有利于省级及以上精品在线课程培育"3 个题项在 0.05 的显著性水平上差异不明显。

表 5-15　不同性质院校对资源库建设意义感知与判断的 ANOVA 检验分析

题项		平方和	自由度	均方	F	显著性
E1 有利于推动新形态教材建设	组间	3.192	2	1.596	3.678	0.027
E3 有利于对学生实施精准施教	组间	5.743	2	2.872	5.849	0.003
E4 有利于高效利用碎片化时间	组间	5.325	2	2.663	5.617	0.004
E5 有利于促进教考分离	组间	3.7	2	1.85	3.535	0.031
E6 有利于共建共享优质教学资源	组间	3.955	2	1.977	4.55	0.012
E7 有利于课程组或教学创新团队建设	组间	3.196	2	1.598	3.242	0.041
E8 有利于改善学风	组间	4.293	2	2.146	4.074	0.018
E9 有利于学生自主学习	组间	5.252	2	2.626	5.638	0.004
E10 有利于提高课堂教学质量	组间	4.337	2	2.169	4.214	0.016
E11 有利于建立校校、校企之间教师共同体	组间	3.777	2	1.889	3.921	0.021
E12 有利于提高教师教学能力与水平	组间	4.289	2	2.145	4.844	0.009
E13 有利于提升院校间协作水平与质量	组间	3.65	2	1.825	4.013	0.019

通过卡方检验进行验证，也发现表 5-15 的结果。同时，除了"E2 有利于推进教学方式方法的创新""E14 有利于优质资源的开放应用""E15 有利于省级及以上精品在线课程培育"3 个题项之外，参建院校在其他题项上的均值均要明显高于共建院校或其他院校（如表 5-16 所示），尤其是浙江旅游职业学院与太原旅游职业学院持"中立""比较反对"或"完全反对"的相对较多，教师间的认知差异较大，或许也与两校建设任务相对较重有关。

表 5-16　不同性质院校对建设意义感知具有显著差异题项的均值分析

学校性质	共建院校		参建院校		其他院校	
指标	均值	标准差	均值	标准差	均值	标准差
E1 有利于推动新形态教材建设	4.44	0.809	4.66	0.533	4.20	1.095
E3 有利于对学生实施精准施教	4.30	0.863	4.62	0.569	4.20	1.095
E4 有利于高效利用碎片化时间	4.34	0.841	4.64	0.564	4.20	1.095
E5 有利于促进教考分离	4.27	0.795	4.47	0.664	3.80	1.095
E6 有利于共建共享优质教学资源	4.40	0.789	4.62	0.556	4.00	1.000
E7 有利于课程组或教学创新团队建设	4.34	0.841	4.57	0.591	4.20	1.095
E8 有利于改善学风	4.26	0.882	4.52	0.607	4.00	1.000
E9 有利于学生自主学习	4.30	0.833	4.61	0.572	4.20	0.837
E10 有利于提高课堂教学质量	4.30	0.863	4.58	0.602	4.20	1.095
E11 有利于建立校校、校企之间教师共同体	4.34	0.841	4.59	0.575	4.20	1.095
E12 有利于提高教师教学能力与水平	4.35	0.813	4.62	0.556	4.20	0.837
E13 有利于提升院校间协作水平与质量	4.35	0.797	4.62	0.584	4.40	0.894

（二）所属专业与感知的相关性分析

本次研究主要针对四类专业，即智慧景区开发与管理专业、旅游管理专业、其他旅游类专业与其他非旅游类专业四个层级。其中，智慧景区开发与管理专业与智慧景区资源库的关系最为紧密，其次为旅游管理专业，导游、研学旅行管理与服务等其他旅游类专业的紧密度较弱，也有部分其他非旅游类专业的师生通过公共选修课等途径参与建设或使用。

1. 关于资源库整体的感知与判断

根据表 5-17 可知，不同专业教师在"A4 促进教师的综合提升与发展""A6 要坚持建设且能紧跟时代发展""A8 增强专业教师的岗位竞争力""A9 资源应持续更新完善""A10 促进我国终身教育体系的形成"5 个题项上存在显著差异。在"A1 符合职教发展新趋势""A2 促进专业（群）综合发展""A3 促进校企深度融合发展""A5 促进教师教学创新团队建设""A7 促进院校间的合作与交流"5 个题项在 0.05 的显著性水平上差异不明显。

表 5-17　不同专业对资源库整体感知与判断的 ANOVA 检验分析

题项		平方和	自由度	均方	F	显著性
A4 促进教师的综合提升与发展	组间	3.796	3	1.265	2.770	0.043
A6 要坚持建设且能紧跟时代发展	组间	29.026	3	9.675	4.076	0.008
A8 增强专业教师的岗位竞争力	组间	20.260	3	6.753	3.224	0.023
A9 资源应持续更新完善	组间	4.492	3	1.497	2.908	0.036
A10 促进我国终身教育体系的形成	组间	4.863	3	1.621	3.579	0.015

通过卡方检验进行验证，也得出表 5-17 的结果。在"A4 促进教师的综合提升与发展""A6 要坚持建设且能紧跟时代发展""A8 增强专业教师的岗位竞争力""A9 资源应持续更新完善""A10 促进我国终身教育体系的形成"5 个题项中，智慧景区开发与管理专业教师对资源库的整体认知与评价要明显好于旅游管理专业及其他旅游类专业（如表 5-18 所示），说明资源库建设的专业对口度或对口率对资源库建设的成效与质量具有正相关性。

表 5-18　不同专业对资源库整体感知具有显著差异题项的均值分析

所在的专业	智慧景区开发与管理		旅游管理		其他旅游类专业		其他非旅游类专业	
指标	均值	标准差	均值	标准差	均值	标准差	均值	标准差
A4 促进教师的综合提升与发展	4.84	0.367	4.58	0.648	4.48	1.012	4.77	0.528
A6 要坚持建设且能紧跟时代发展	4.20	1.408	3.27	1.557	3.67	1.509	3.64	1.761

所在的专业	智慧景区开发与管理		旅游管理		其他旅游类专业		其他非旅游类专业	
指标	均值	标准差	均值	标准差	均值	标准差	均值	标准差
A8 增强专业教师的岗位竞争力	3.89	1.402	3.13	1.424	3.48	1.467	3.59	1.623
A9 资源应持续更新完善	4.73	0.618	4.50	0.639	4.35	1.027	4.77	0.612
A10 促进我国终身教育体系的形成	4.82	0.387	4.52	0.639	4.43	1.010	4.77	0.528

2. 关于资源库综合服务管理的感知与判断

根据表 5-19 可知，不同专业教师仅在"B13 学校给予职称评定的政策支持"题项上存在显著差异。在"B1 建设方案与任务书设计科学合理""B2 建设目标与步骤清晰明确且推进有序""B3 主持院校能提供及时有效的服务指导""B4 主持院校能提供及时有效的技术支持""B5 智慧职教操作方便、设计科学合理""B6 智慧职教能提供及时有效的技术服务""B7 学校能够提供足够的建设经费""B8 学校财务部门能对经费使用给予指导""B9 学校教学相关部门能给予支持""B10 学校领导重视资源库建设并给予支持""B11 学校给予充足的人力资源支持""B12 相关校企合作单位给予支持""B14 学校奖励了课程建设与应用的老师"13 个题项在 0.05 的显著性水平上差异不明显。通过卡方检验分析，也验证了此结果，且发现智慧景区开发与管理专业、旅游管理专业（尤其是浙江旅游职业学院和太原旅游职业学院）在"B13 学校给予职称评定的政策支持"题项上的认知明显高于第三主持院校——云南旅游职业学院，其中浙江旅游职业学院给予课题整体认定为国家级重大教学改革项目，且所有子项目课程整体认定为省部级课题项目。

表 5-19　不同专业对综合服务管理感知与判断的 ANOVA 检验分析

题项		平方和	自由度	均方	F	显著性
B13 学校给予职称评定的政策支持	组间	9.86	3	3.287	4.511	0.004

3. 关于资源库课程建设的感知与判断

根据表 5-20 可知，不同专业教师在"C6 标准化课程建设是核心与关键""C10 智慧职教的学习界面友好""C16 课程需要持续更新与完善""C17 愿意继续完善相关课程"4 个题项上存在显著差异。在"C1 全程参与资源库课程建设""C2 积极参与课程架构设计与标准研发""C3 积极参与课程资源的设计与制作""C4 设计多样的个性化资源及微课""C5 课程建设考虑多层次人员的需求""C7 配套慕课或 SPOC 建设更有意义""C8 积极参与课程的实践与应用""C9 积极参与课程的全方位推广宣传""C11 课程资源没有版权问题""C12 课程资源都是原创设计制作""C13 团队成员认真努力完成课程建设""C14 课程已经兼顾四大学习用户的需求""C15 课程能够契合行业企业的培训需求""C18 课程资源质量优秀品质高"14 个题项在 0.05 的显著性水平上差异不明显。

表 5-20　不同专业对资源库课程建设感知与判断的 ANOVA 检验分析

题项		平方和	自由度	均方	F	显著性
C6 标准化课程建设是核心与关键	组间	6.858	3	2.286	3.563	0.015
C10 智慧职教的学习界面友好	组间	8.489	3	2.830	3.222	0.024
C16 课程需要持续更新与完善	组间	4.771	3	1.590	3.085	0.028
C17 愿意继续完善相关课程	组间	4.207	3	1.402	2.803	0.041

通过卡方检验进行验证，也得出表 5-20 的结果。在"C6 标准化课程建设是核心与关键""C10 智慧职教的学习界面友好""C16 课程需要持续更新与完善""C17 愿意继续完善相关课程"4 个题项中，智慧景区开发与管理专业教师对资源库的课程建设认知与评价要明显好于旅游管理专业及其他旅游类专业（如表 5-21 所示），说明资源库建设的专业对口度或对口率对课程建设的成效与质量具有正相关性。

表 5-21　不同专业对资源库课程建设感知具有显著差异题项的均值分析

所在的专业	智慧景区开发与管理		旅游管理		其他旅游类专业		其他非旅游类专业	
指标	均值	标准差	均值	标准差	均值	标准差	均值	标准差
C6 标准化课程建设是核心与关键	4.58	0.583	4.23	0.784	4.02	1.025	4.23	0.813
C10 智慧职教的学习界面友好	4.53	0.694	4.16	0.910	3.97	1.143	3.95	1.090
C16 课程需要持续更新与完善	4.76	0.484	4.42	0.674	4.33	0.944	4.50	0.859
C17 愿意继续完善相关课程	4.76	0.484	4.41	0.747	4.43	0.813	4.59	0.666

4. 关于资源库应用推广的感知与判断

根据表 5-22 可知，不同专业教师仅在"D10 资源库会议提供宣传推广平台""D11 主持院校提供宣传推广平台"2 个题项上存在显著差异。在"D1 课程在国内职业院校有影响力""D2 课程在国内旅游类院校有影响力""D3 课程在国内旅游类专业有影响力""D4 课程通过多种途径进行宣传推广""D5 课程充分利用学校平台进行宣传推广""D6 课程充分利用资源库平台进行宣传推广""D7 课程充分利用团队资源进行宣传推广""D8 课程宣传推广形式丰富多样""D9 课程有众多院校师生学习或应用""D12 学校提供宣传推广平台""D13 宣传中对课程建设质量有信心"11 个题项在 0.05 的显著性水平上差异不明显。

表 5-22　不同专业对资源库应用推广感知与判断的 ANOVA 检验分析

题项		平方和	自由度	均方	F	显著性
D10 资源库会议提供宣传推广平台	组间	5.186	3	1.729	2.787	0.042
D11 主持院校提供宣传推广平台	组间	4.842	3	1.614	2.698	0.047

通过卡方检验进行验证，也发现表 5-22 的结果。在"D10 资源库会议提供宣传推广平台""D11 主持院校提供宣传推广平台"2 个题项中，智慧景区开发与管理专业教师对资源库的应用推广认知与评价要明显好于旅游管理专业及其他旅游类专业（如表 5-23 所示），说明资源库建设的专业对口度或对口率对其应用推广的成效具有正相关性，也是说明智慧景区开发与管理专业在资

源库建设过程中具有很强的主人翁意识。值得注意的是，主持院校付出的努力与艰辛，在其他院校中并未很好地体现出来。

表 5-23　不同专业对资源库应用推广感知具有显著差异题项的均值分析

所在的专业	智慧景区开发与管理		旅游管理		其他旅游类专业		其他非旅游类专业	
指标	均值	标准差	均值	标准差	均值	标准差	均值	标准差
D10 资源库会议提供宣传推广平台	4.60	0.654	4.32	0.764	4.13	0.939	4.45	0.858
D11 主持院校提供宣传推广平台	4.62	0.650	4.32	0.729	4.17	0.931	4.45	0.912

5. 关于资源库建设意义的感知与判断

根据表 5-24 可知，不同专业教师在"E1 有利于推动新形态教材建设""E2 有利于推进教学方式方法的创新""E3 有利于对学生实施精准施教""E4 有利于高效利用碎片化时间""E6 有利于共建共享优质教学资源""E7 有利于课程组或教学创新团队建设""E8 有利于改善学风""E9 有利于学生自主学习""E10 有利于提高课堂教学质量""E11 有利于建立校校、校企之间教师共同体""E12 有利于提高教师教学能力与水平"11 个题项上存在显著差异。而在"E5 有利于促进教考分离""E13 有利于提升院校间协作水平与质量""E14 有利于优质资源的开放应用""E15 有利于省级及以上精品在线课程培育"4 个题项在 0.05 的显著性水平上差异不明显。

表 5-24　不同专业对资源库建设意义感知与判断的 ANOVA 检验分析

题项		平方和	自由度	均方	F	显著性
E1 有利于推动新形态教材建设	组间	4.316	3	1.439	3.339	0.020
E2 有利于推进教学方式方法的创新	组间	4.598	3	1.533	3.622	0.014
E3 有利于对学生实施精准施教	组间	4.767	3	1.589	3.193	0.024
E4 有利于高效利用碎片化时间	组间	6.595	3	2.198	4.674	0.003
E6 有利于共建共享优质教学资源	组间	3.664	3	1.221	2.789	0.042
E7 有利于课程组或教学创新团队建设	组间	4.981	3	1.660	3.408	0.018
E8 有利于改善学风	组间	6.477	3	2.159	4.157	0.007

题项		平方和	自由度	均方	F	显著性
E9 有利于学生自主学习	组间	8.079	3	2.693	5.919	0.001
E10 有利于提高课堂教学质量	组间	5.682	3	1.894	3.707	0.012
E11 有利于建立校校、校企之间教师共同体	组间	4.785	3	1.595	3.328	0.020
E12 有利于提高教师教学能力与水平	组间	5.267	3	1.756	3.987	0.009

　　通过卡方检验进行验证，也发现表 5-24 的结果。在 11 个具有显著性差异的题项中，智慧景区开发与管理专业教师对资源库建设意义的认知与评价要明显好于旅游管理专业及其他旅游类专业（如表 5-25 所示），说明资源库建设的专业对口度或对口率对其建设意义的感知具有正相关性，这与第四章的数据分析结果相似，即共建院校智慧景区开发与管理专业深度参与了基于资源库标准化课程的 SPOC 教学与实践，不断创新教学方式、实施精准施教。

表 5-25　不同专业对资源库建设意义感知具有显著差异题项的均值分析

所在的专业	智慧景区开发与管理		旅游管理		其他旅游类专业		其他非旅游类专业	
指标	均值	标准差	均值	标准差	均值	标准差	均值	标准差
E1 有利于推动新形态教材建设	4.84	0.367	4.49	0.653	4.50	0.784	4.55	0.858
E2 有利于推进教学方式方法的创新	4.82	0.387	4.47	0.638	4.45	0.846	4.59	0.734
E3 有利于对学生实施精准施教	4.76	0.484	4.44	0.676	4.33	0.944	4.59	0.734
E4 有利于高效利用碎片化时间	4.84	0.367	4.45	0.690	4.35	0.893	4.59	0.734
E6 有利于共建共享优质教学资源	4.78	0.420	4.45	0.651	4.47	0.847	4.55	0.739
E7 有利于课程组或教学创新团队建设	4.76	0.435	4.41	0.647	4.32	0.944	4.55	0.858
E8 有利于改善学风	4.73	0.539	4.35	0.676	4.23	0.974	4.45	0.739
E9 有利于学生自主学习	4.76	0.484	4.46	0.610	4.18	0.984	4.68	0.646
E10 有利于提高课堂教学质量	4.76	0.435	4.41	0.686	4.28	0.933	4.55	0.858
E11 有利于建立校校、校企之间教师共同体	4.78	0.471	4.42	0.674	4.38	0.838	4.50	0.859
E12 有利于提高教师教学能力与水平	4.78	0.420	4.46	0.651	4.33	0.888	4.64	0.658

（三）教师性别与感知的相关性分析

1. 关于资源库整体及综合服务管理方面的感知与判断

首先，针对资源库整体方面：根据分析可知，不同性别教师在"A1 符合职教发展新趋势""A2 促进专业（群）综合发展""A3 促进校企深度融合发展""A4 促进教师的综合提升与发展""A5 促进教师教学创新团队建设""A6 要坚持建设且能紧跟时代发展""A7 促进院校间的合作与交流""A8 增强专业教师的岗位竞争力""A9 资源应持续更新完善""A10 促进我国终身教育体系的形成"10 个题项在 0.05 的显著性水平上差异均不明显。

其次，针对资源库综合服务管理方面：根据分析可知，不同性别教师在"B1 建设方案与任务书设计科学合理""B2 建设目标与步骤清晰明确且推进有序""B3 主持院校能提供及时有效的服务指导""B4 主持院校能提供及时有效的技术支持""B5 智慧职教操作方便、设计科学合理""B6 智慧职教能提供及时有效的技术服务""B7 学校能够提供足够的建设经费""B8 学校财务部门能对经费使用给予指导""B9 学校教学相关部门能给予支持""B10 学校领导重视资源库建设并给予支持""B11 学校给予充足的人力资源支持""B12 相关校企合作单位给予支持""B13 学校给予职称评定的政策支持""B14 学校奖励了课程建设与应用的老师"14 个题项在 0.05 的显著性水平上差异均不明显。

2. 关于资源库课程建设的感知与判断

根据表 5-26 可知，不同性别教师仅在"C3 积极参与课程资源的设计与制作""C13 团队成员认真努力完成课程建设""C15 课程能够契合行业企业的培训需求"3 个题项上存在显著差异。而在"C1 全程参与资源库课程建设""C2 积极参与课程架构设计与标准研发""C4 设计多样的个性化资源及微课""C5 课程建设考虑多层次人员的需求""C6 标准化课程建设是核心与关键""C7 配套慕课或 SPOC 建设更有意义""C8 积极参与课程的实践与应用""C9 积极参与课程的全方位推广宣传""C10 智慧职教的学习界面友好""C11 课程资源没有版权问题""C12 课程资源都是原创设计制作""C14 课程已经兼顾四大学习用户的需求""C16 课程需要持续更新与完善""C17 愿意继续完善相关课程""C18 课程资源质量优秀品质高"15 个题项在 0.05 的显著性水平上差异不明显。

表 5-26 不同性别对资源库课程建设感知与判断的 ANOVA 检验分析

题项		平方和	自由度	均方	F	显著性
C3 积极参与课程资源的设计与制作	组间	2.670	1	2.670	4.504	0.035
C13 团队成员认真努力完成课程建设	组间	2.042	1	2.042	4.606	0.033
C15 课程能够契合行业企业的培训需求	组间	2.474	1	2.474	4.469	0.036

通过卡方检验进行验证，也发现表 5-26 的结果。在 3 个具有显著性差异的题项中，男性专业教师对资源库课程建设的认知与评价要明显好于女性教师（如表 5-27 所示）：一是在积极参与课程资源的设计与制作方面，男性教师自认为积极性要明显高于女性教师；二是在团队成员业绩或努力程度认可方面，男性教师也要明显高于女性教师；三是在认为课程具备育训并举的特征方面，男性教师也要明显高于女性教师。其中缘由主要体现在两个方面：一是在积极性与认可度方面，男性教师相对宽容与包容；二是男性教师相对行业的接触面要广一些。

表 5-27 不同性别对资源库课程建设感知具有显著差异题项的均值分析

性别	男		女	
指标	均值	标准差	均值	标准差
C3 积极参与课程资源的设计与制作	4.73	0.751	4.46	0.775
C13 团队成员认真努力完成课程建设	4.78	0.670	4.54	0.665
C15 课程能够契合行业企业的培训需求	4.64	0.830	4.38	0.721

3. 关于资源库应用推广的感知与判断

根据表 5-28 可知，不同性别教师在"D1 课程在国内职业院校有影响力""D2 课程在国内旅游类院校有影响力""D3 课程在国内旅游类专业有影响力""D4 课程通过多种途径进行宣传推广""D9 课程有众多院校师生学习或应用""D11 主持院校提供宣传推广平台"6 个题项上存在显著差异。在

"D5 课程充分利用学校平台进行宣传推广""D6 课程充分利用资源库平台进行宣传推广""D7 课程充分利用团队资源进行宣传推广""D8 课程宣传推广形式丰富多样""D10 资源库会议提供宣传推广平台""D12 学校提供宣传推广平台""D13 宣传中对课程建设质量有信心"7 个题项在 0.05 的显著性水平上差异不明显。

表 5-28　不同性别对资源库应用推广感知与判断的 ANOVA 检验分析

题项		平方和	自由度	均方	F	显著性
D1 课程在国内职业院校有影响力	组间	3.586	1	3.586	5.546	0.019
D2 课程在国内旅游类院校有影响力	组间	3.575	1	3.575	5.645	0.018
D3 课程在国内旅游类专业有影响力	组间	4.102	1	4.102	6.180	0.014
D4 课程通过多种途径进行宣传推广	组间	3.187	1	3.187	5.076	0.025
D9 课程有众多院校师生学习或应用	组间	6.001	1	6.001	9.863	0.002
D11 主持院校提供宣传推广平台	组间	3.042	1	3.042	5.062	0.025

通过卡方检验进行验证，也发现表 5-28 的结果。在 6 个具有显著性差异的题项中，男性专业教师对资源库应用推广的认知与评价要明显好于女性教师（如表 5-29 所示）：一是在资源库相关课程在国内职业院校、旅游类院校、旅游类专业等不同层次有影响力方面，男性教师的感知评价要明显高于女性教师；二是在认为课程通过多种途径进行宣传推广、课程有众多院校师生学习或使用方面，男性教师的感知评价也要明显高于女性教师；三是在主持院校提供了宣传推广平台方面，也存在一样的显著差异。

表 5-29　不同性别对资源库应用推广感知具有显著差异题项的均值分析

性别	男		女	
指标	均值	标准差	均值	标准差
D1 课程在国内职业院校有影响力	4.38	0.886	4.06	0.782
D2 课程在国内旅游类院校有影响力	4.42	0.839	4.11	0.785
D3 课程在国内旅游类专业有影响力	4.42	0.866	4.08	0.802
D4 课程通过多种途径进行宣传推广	4.49	0.843	4.19	0.779

性别	男		女	
指标	均值	标准差	均值	标准差
D9 课程有众多院校师生学习或应用	4.62	0.777	4.21	0.781
D11 主持院校提供宣传推广平台	4.60	0.809	4.31	0.767

4. 关于资源库建设意义的感知与判断

根据表 5-30 可知，不同性别教师在"E3 有利于对学生实施精准施教""E4 有利于高效利用碎片化时间""E6 有利于共建共享优质教学资源""E8 有利于改善学风""E9 有利于学生自主学习""E12 有利于提高教师教学能力与水平""E13 有利于提升院校间协作水平与质量"7 个题项上存在显著差异。在"E1 有利于推动新形态教材建设""E2 有利于推进教学方式方法的创新""E5 有利于促进教考分离""E7 有利于课程组或教学创新团队建设""E10 有利于提高课堂教学质量""E11 有利于建立校校、校企之间教师共同体""E14 有利于优质资源的开放应用""E15 有利于省级及以上精品在线课程培育"8 个题项在 0.05 的显著性水平上差异不明显。

表 5-30　不同性别对资源库建设意义感知与判断的 ANOVA 检验分析

题项		平方和	自由度	均方	F	显著性
E3 有利于对学生实施精准施教	组间	3.747	1	3.747	7.527	0.007
E4 有利于高效利用碎片化时间	组间	2.455	1	2.455	5.063	0.025
E6 有利于共建共享优质教学资源	组间	1.867	1	1.867	4.223	0.041
E8 有利于改善学风	组间	2.915	1	2.915	5.493	0.020
E9 有利于学生自主学习	组间	2.787	1	2.787	5.869	0.016
E12 有利于提高教师教学能力与水平	组间	3.872	1	3.872	8.748	0.003
E13 有利于提升院校间协作水平与质量	组间	2.153	1	2.153	4.686	0.031

通过卡方检验进行验证，也发现表 5-30 的结果。在 7 个具有显著性差异的题项中，男性专业教师对资源库建设意义的认知与评价要明显好于女性教师对其的认知与评价（如表 5-31 所示），尤其是在通过 SPOC 开展混合式教学

以实施精准施教、高效利用碎片化时间、共建共享优质教学资源、改善学风、增强学生自主学习能力、提高教师教学能力与水平、提升校际协作水平与质量等方面。

表 5-31　不同性别对资源库建设意义感知具有显著差异题项的均值分析

性别	男		女	
指标	均值	标准差	均值	标准差
E3 有利于对学生实施精准施教	4.76	0.743	4.43	0.696
E4 有利于高效利用碎片化时间	4.73	0.751	4.47	0.682
E6 有利于共建共享优质教学资源	4.71	0.757	4.48	0.640
E8 有利于改善学风	4.64	0.802	4.36	0.709
E9 有利于学生自主学习	4.71	0.757	4.43	0.671
E12 有利于提高教师教学能力与水平	4.78	0.704	4.45	0.655
E13 有利于提升院校间协作水平与质量	4.71	0.815	4.47	0.639

（四）教师教龄与感知的相关性分析

教龄对教师的专业教学实践、专业教学经验、职业发展理念、职业提升意愿、职业创新改革以及协同发展等方面的认知均具有很大的差异。因此，本次研究专门设置了教龄选项，以期通过教龄方面的认知差异，判断未来教师教学创新团队或资源库建设团队组建的合理性。

1. 关于资源库整体的感知与判断

根据表 5-32 可知，不同教龄教师在"A1 符合职教发展新趋势""A2 促进专业（群）综合发展""A3 促进校企深度融合发展""A4 促进教师的综合提升与发展""A5 促进教师教学创新团队建设""A7 促进院校间的合作与交流""A9 资源应持续更新完善""A10 促进我国终身教育体系的形成"8 个题项上存在显著差异。在"A6 要坚持建设且能紧跟时代发展""A8 增强专业教师的岗位竞争力"2 个"反向"题项在 0.05 的显著性水平上差异不明显。说明，无论是哪个年龄段的教师，其对资源库的整体认知都是正向的。

表 5-32　不同教龄对资源库整体感知与判断的 ANOVA 检验分析

题项		平方和	自由度	均方	F	显著性
A1 符合职教发展新趋势	组间	7.580	4	1.895	4.258	0.002
A2 促进专业（群）综合发展	组间	6.203	4	1.551	3.525	0.008
A3 促进校企深度融合发展	组间	8.670	4	2.167	4.355	0.002
A4 促进教师的综合提升与发展	组间	9.290	4	2.323	5.355	0.000
A5 促进教师教学创新团队建设	组间	10.206	4	2.552	4.448	0.002
A7 促进院校间的合作与交流	组间	11.477	4	2.869	5.391	0.000
A9 资源应持续更新完善	组间	7.233	4	1.808	3.583	0.007
A10 促进我国终身教育体系的形成	组间	7.389	4	1.847	4.167	0.003

通过均值分析并根据表 5-33 可知，在"5~10 年"和"20 年以上"两个教龄段的老师，其对资源库的整体认知要明显高于"3~5 年"和"10~20 年"两个教龄段的老师，也明显要高于"3 年（含）以内"教龄段的老师。其中，"3 年（含）以内"教龄段的老师或许因为年轻或毕业后进入职业教育领域时间不长，对相关概念的认知尚不全面、科学或透彻；"5~10 年"教龄段的老师，一般而言都是各个院校的专业骨干教师，其职称一般都是在副教授左右，具有一定的经验积累与实践体会；"20 年以上"教龄段的老师或许因为即将退休、或许因为进入职业教育领域较长，对快速数字化的迭代升级触动更大，其认知判断相对更好。值得重视的是，"3~5 年"和"10~20 年"两个教龄段的老师认知差异相对不明显。

表 5-33　不同教龄对资源库整体感知具有显著差异题项的均值分析

教龄	3 年（含）以内		3~5 年		5~10 年		10~20 年		20 年以上	
指标	均值	标准差	均值	标准差	均值	标准差	均值	标准差	均值	标准差
A1 符合职教发展新趋势	4.23	0.805	4.57	0.507	4.82	0.390	4.61	0.798	4.80	0.407
A2 促进专业（群）综合发展	4.29	0.783	4.67	0.483	4.82	0.390	4.59	0.800	4.80	0.407

续表

教龄	3 年（含）以内		3~5 年		5~10 年		10~20 年		20 年以上	
指标	均值	标准差	均值	标准差	均值	标准差	均值	标准差	均值	标准差
A3 促进校企深度融合发展	4.16	0.779	4.62	0.498	4.77	0.476	4.49	0.855	4.77	0.430
A4 促进教师的综合提升与发展	4.16	0.820	4.67	0.483	4.80	0.462	4.64	0.766	4.83	0.379
A5 促进教师教学创新团队建设	4.03	0.983	4.62	0.498	4.70	0.632	4.58	0.762	4.70	0.794
A7 促进院校间的合作与交流	4.00	1.000	4.62	0.498	4.73	0.499	4.55	0.804	4.70	0.535
A9 资源应持续更新完善	4.13	0.806	4.71	0.463	4.68	0.561	4.55	0.829	4.67	0.479
A10 促进我国终身教育体系的形成	4.19	0.792	4.62	0.498	4.75	0.438	4.57	0.789	4.80	0.407

2. 关于资源库综合服务管理的感知与判断

通过卡方分析发现，不同教龄教师在"B1 建设方案与任务书设计科学合理""B2 建设目标与步骤清晰明确且推进有序""B3 主持院校能提供及时有效的服务指导""B4 主持院校能提供及时有效的技术支持""B5 智慧职教操作方便、设计科学合理""B6 智慧职教能提供及时有效的技术服务""B7 学校能够提供足够的建设经费""B8 学校财务部门能对经费使用给予指导""B9 学校教学相关部门能给予支持""B10 学校领导重视资源库建设并给予支持""B11 学校给予充足的人力资源支持""B12 相关校企合作单位给予支持""B13 学校给予职称评定的政策支持""B14 学校奖励了课程建设与应用的老师"14 个有关资源库综合服务与管理方面的认知判断在 0.05 显著性水平上差异不明显，即全教龄段教师对智慧景区资源库的综合服务与管理均持总体认可态度。

3. 关于资源库课程建设的感知与判断

根据表 5-34 可知，不同教龄教师在"C1 全程参与资源库课程建设""C2 积极参与课程架构设计与标准研发""C3 积极参与课程资源的设计与制作""C4 设计多样的个性化资源及微课""C8 积极参与课程的实践与应用""C9 积极参与课程的全方位推广宣传""C10 智慧职教的学习界面友好""C11 课程资源没有版权问题""C12 课程资源都是原创设计制作""C13 团队成员认真努力完成课程建设""C14 课程已经兼顾四大学习用户的需求""C15 课程能够契合行业企业的培训需求""C16 课程需要持续更新与完善""C17 愿意继续完善相关课程""C18 课程资源质量优秀品质高"15 个题项上存在显著差异。在"C5 课程建设考虑多层次人员的需求""C6 标准化课程建设是核心与关键""C7 配套慕课或 SPOC 建设更有意义"3 个题项在 0.05 的显著性水平上差异不明显。

表 5-34　不同教龄对资源库课程建设感知与判断的 ANOVA 检验分析

题项		平方和	自由度	均方	F	显著性
C1 全程参与资源库课程建设	组间	27.552	4	6.888	10.940	0.000
C2 积极参与课程架构设计与标准研发	组间	16.668	4	4.167	5.262	0.000
C3 积极参与课程资源的设计与制作	组间	20.753	4	5.188	10.014	0.000
C4 设计多样的个性化资源及微课	组间	22.999	4	5.750	9.592	0.000
C8 积极参与课程的实践与应用	组间	6.313	4	1.578	3.089	0.017
C9 积极参与课程的全方位推广宣传	组间	8.044	4	2.011	3.372	0.011
C10 智慧职教的学习界面友好	组间	9.423	4	2.356	2.683	0.032
C11 课程资源没有版权问题	组间	11.795	4	2.949	4.089	0.003
C12 课程资源都是原创设计制作	组间	12.203	4	3.051	6.351	0.000
C13 团队成员认真努力完成课程建设	组间	14.826	4	3.707	9.482	0.000
C14 课程已经兼顾四大学习用户的需求	组间	11.417	4	2.854	6.205	0.000
C15 课程能够契合行业企业的培训需求	组间	11.825	4	2.956	5.704	0.000
C16 课程需要持续更新与完善	组间	11.578	4	2.894	5.948	0.000
C17 愿意继续完善相关课程	组间	10.983	4	2.746	5.825	0.000
C18 课程资源质量优秀品质高	组间	17.491	4	4.373	8.545	0.000

通过均值分析并根据表 5-35 可知，与前述整体认知的差异不同，针对资源库的课程建设方面的认知差异，"5~10 年"教龄段的教师依然明显高于其他

教龄段教师的认知与判断，"3 年（含）以内"教龄段教师的认知与判断得分依然最低。而教龄在"3~5 年""10~20 年"和"20 年以上"的教师，其认知与判断得分则处于中间，相对较为平衡。由此可见，在智慧景区资源库的课程建设过程中，主力依然是"5~10 年"教龄段教师；相对较为特殊的选项是"C8 积极参与课程的实践与应用"，其"20 年以上"教龄段教师的认知和判断得分相反要明显高于"3 年（含）以内""3~5 年"两个教龄段教师，说明前者的实践应用能力尚可，而年轻教师的网络教学资源获取能力反而较弱，说明需要强化宣传普及。

表 5-35　不同教龄对资源库课程建设感知具有显著差异题项的均值分析

教龄	3 年（含）以内		3~5 年		5~10 年		10~20 年		20 年以上	
指标	均值	标准差	均值	标准差	均值	标准差	均值	标准差	均值	标准差
C1 全程参与资源库课程建设	3.58	0.886	4.43	0.746	4.70	0.594	4.56	0.816	4.53	0.900
C2 积极参与课程架构设计与标准研发	3.71	0.864	4.29	1.007	4.59	0.658	4.46	0.902	4.40	1.070
C3 积极参与课程资源的设计与制作	3.81	0.910	4.33	1.017	4.75	0.615	4.62	0.668	4.70	0.535
C4 设计多样的个性化资源及微课	3.65	0.798	4.24	1.044	4.64	0.650	4.54	0.708	4.53	0.900
C8 积极参与课程的实践与应用	4.10	0.831	4.43	0.746	4.59	0.622	4.52	0.738	4.67	0.606
C9 积极参与课程的全方位推广宣传	4.00	0.730	4.33	0.730	4.64	0.574	4.47	0.792	4.37	0.999
C10 智慧职教的学习界面友好	4.03	0.836	3.76	1.179	4.45	0.791	4.12	1.043	4.40	0.621
C11 课程资源没有版权问题	3.84	0.860	4.43	0.811	4.55	0.730	4.34	0.934	4.60	0.724
C12 课程资源都是原创设计制作	3.87	0.763	4.43	0.676	4.55	0.697	4.52	0.723	4.63	0.490
C13 团队成员认真努力完成课程建设	3.97	0.752	4.57	0.598	4.80	0.509	4.65	0.630	4.73	0.640

续表

教龄	3 年（含）以内		3~5 年		5~10 年		10~20 年		20 年以上	
指标	均值	标准差	均值	标准差	均值	标准差	均值	标准差	均值	标准差
C14 课程已经兼顾四大学习用户的需求	3.97	0.706	4.52	0.602	4.68	0.561	4.48	0.765	4.70	0.535
C15 课程能够契合行业企业的培训需求	3.94	0.727	4.43	0.598	4.61	0.655	4.42	0.827	4.73	0.450
C16 课程需要持续更新与完善	3.94	0.727	4.52	0.602	4.68	0.601	4.52	0.738	4.60	0.724
C17 愿意继续完善相关课程	3.97	0.795	4.48	0.602	4.68	0.601	4.57	0.720	4.60	0.621
C18 课程资源质量优秀品质高	3.81	0.703	4.33	0.796	4.70	0.594	4.48	0.765	4.67	0.661

4. 关于资源库应用推广的感知与判断

根据表 5-36 可知，不同教龄教师在"D2 课程在国内旅游类院校有影响力""D3 课程在国内旅游类专业有影响力""D5 课程充分利用学校平台进行宣传推广""D6 课程充分利用资源库平台进行宣传推广""D7 课程充分利用团队资源进行宣传推广""D10 资源库会议提供宣传推广平台""D13 宣传中对课程建设质量有信心"7 个题项上存在显著差异。在"D1 课程在国内职业院校有影响力""D4 课程通过多种途径进行宣传推广""D8 课程宣传推广形式丰富多样""D9 课程有众多院校师生学习或应用""D11 主持院校提供宣传推广平台""D12 学校提供宣传推广平台"6 个题项在 0.05 的显著性水平上差异不明显。

表 5-36 不同教龄对资源库应用推广感知与判断的 ANOVA 检验分析

题项		平方和	自由度	均方	F	显著性
D2 课程在国内旅游类院校有影响力	组间	7.226	4	1.807	2.889	0.023
D3 课程在国内旅游类专业有影响力	组间	8.194	4	2.048	3.131	0.016
D5 课程充分利用学校平台进行宣传推广	组间	6.447	4	1.612	2.454	0.047
D6 课程充分利用资源库平台进行宣传推广	组间	7.927	4	1.982	3.377	0.010

续表

题项		平方和	自由度	均方	F	显著性
D7 课程充分利用团队资源进行宣传推广	组间	9.857	4	2.464	4.135	0.003
D10 资源库会议提供宣传推广平台	组间	7.255	4	1.814	2.956	0.021
D13 宣传中对课程建设质量有信心	组间	8.256	4	2.064	3.712	0.006

通过均值分析并根据表 5-37 可知，针对资源库的应用推广方面的认知差异，"5~10 年"和"20 年以上"教龄段的教师明显高于其他教龄段教师的认知与判断，"3 年（含）以内"教龄段教师的认知与判断得分依然最低。而在"3~5 年"和"10~20 年"教龄段的教师，其认知与判断得分则处于中间，相对较为平衡。由此可见，在智慧景区资源库的课程应用推广过程中，主力依然是"5~10 年"和"20 年以上"教龄段教师，而"10~20 年"教龄段教师的认知与判断得分相对较低值得警惕，理论上该年龄层教师应该具有相对较高的职称、较为丰富的教学经验以及较为优质的应用推广资源；"3 年（含）以内""3~5 年"两个教龄段教师的认知与判断得分较低，主要说明了年轻教师对在线精品课程的影响力经验不足，或者最主要的原因是宣传推广的渠道资源不够丰富。

表 5-37 不同教龄对资源库应用推广感知具有显著差异题项的均值分析

教龄	3 年（含）以内		3~5 年		5~10 年		10~20 年		20 年以上	
指标	均值	标准差	均值	标准差	均值	标准差	均值	标准差	均值	标准差
D2 课程在国内旅游类院校有影响力	3.90	0.746	4.00	0.837	4.41	0.693	4.11	0.852	4.40	0.724
D3 课程在国内旅游类专业有影响力	3.87	0.885	4.00	0.837	4.39	0.722	4.08	0.838	4.43	0.728
D5 课程充分利用学校平台进行宣传推广	3.94	0.892	4.33	0.796	4.52	0.628	4.31	0.821	4.37	0.928
D6 课程充分利用资源库平台进行宣传推广	4.00	0.894	4.38	0.805	4.55	0.627	4.32	0.811	4.63	0.615
D7 课程充分利用团队资源进行宣传推广	3.87	0.846	4.29	0.784	4.55	0.627	4.34	0.828	4.53	0.681

续表

教龄	3 年（含）以内		3~5 年		5~10 年		10~20 年		20 年以上	
指标	均值	标准差	均值	标准差	均值	标准差	均值	标准差	均值	标准差
D10 资源库会议提供宣传推广平台	4.03	0.875	4.19	0.814	4.55	0.663	4.33	0.851	4.60	0.563
D13 宣传中对课程建设质量有信心	4.06	0.727	4.14	0.910	4.57	0.661	4.40	0.799	4.67	0.547

5. 关于资源库建设意义的感知与判断

根据表 5-38 可知，不同教龄教师在"E2 有利于推进教学方式方法的创新""E3 有利于对学生实施精准施教""E4 有利于高效利用碎片化时间""E6 有利于共建共享优质教学资源""E7 有利于课程组或教学创新团队建设""E9 有利于学生自主学习""E10 有利于提高课堂教学质量""E11 有利于建立校校、校企之间教师共同体""E12 有利于提高教师教学能力与水平""E13 有利于提升院校间协作水平与质量""E14 有利于优质资源的开放应用""E15 有利于省级及以上精品在线课程培育"12 个题项上存在显著差异。仅在"E1 有利于推动新形态教材建设""E5 有利于促进教考分离""E8 有利于改善学风"3 个题项在 0.05 的显著性水平上差异不明显。

表 5-38　不同教龄对资源库建设意义感知与判断的 ANOVA 检验分析

题项		平方和	自由度	均方	F	显著性
E2 有利于推进教学方式方法的创新	组间	4.298	4	1.074	2.520	0.042
E3 有利于对学生实施精准施教	组间	6.716	4	1.679	3.419	0.010
E4 有利于高效利用碎片化时间	组间	8.523	4	2.131	4.595	0.001
E6 有利于共建共享优质教学资源	组间	6.549	4	1.637	3.838	0.005
E7 有利于课程组或教学创新团队建设	组间	5.256	4	1.314	2.692	0.032
E9 有利于学生自主学习	组间	7.066	4	1.766	3.826	0.005
E10 有利于提高课堂教学质量	组间	7.072	4	1.768	3.488	0.009
E11 有利于建立校校、校企之间教师共同体	组间	5.953	4	1.488	3.126	0.016
E12 有利于提高教师教学能力与水平	组间	7.026	4	1.756	4.045	0.003

续表

题项		平方和	自由度	均方	F	显著性
E13 有利于提升院校间协作水平与质量	组间	5.191	4	1.298	2.872	0.024
E14 有利于优质资源的开放应用	组间	4.104	4	1.026	2.573	0.039
E15 有利于省级及以上精品在线课程培育	组间	4.747	4	1.187	2.693	0.032

通过均值分析并根据表 5-39 可知，针对资源库建设意义方面的认知差异，"5~10 年"和"20 年以上"教龄段的教师同样明显高于其他教龄段教师的认知与判断，"3 年（含）以内"教龄段教师的认知与判断得分依然最低。而在"3~5 年"和"10~20 年"教龄段的教师，其认知与判断得分则处于中间，相对较为平衡。由此可见，在智慧景区资源库的课程应用推广过程中，主力依然是"5~10 年"和"20 年以上"教龄段教师，而"10~20 年"教龄段教师的认知与判断得分相对较低值得警惕，理论上该年龄层教师应该具有相对较高的职称、较为丰富的教学经验以及较为优质的应用推广资源；"3 年（含）以内""3~5 年"两个教龄段教师的认知与判断得分较低，这说明了年轻教师对在线精品课程的影响力经验不足，或者最主要的原因是宣传推广的渠道资源不够丰富。

表 5-39 不同教龄对资源库建设意义感知具有显著差异题项的均值分析

教龄	3 年（含）以内		3~5 年		5~10 年		10~20 年		20 年以上	
指标	均值	标准差	均值	标准差	均值	标准差	均值	标准差	均值	标准差
E2 有利于推进教学方式方法的创新	4.26	0.729	4.57	0.598	4.73	0.499	4.53	0.723	4.63	0.556
E3 有利于对学生实施精准施教	4.13	0.806	4.52	0.602	4.70	0.553	4.47	0.779	4.63	0.556
E4 有利于高效利用碎片化时间	4.10	0.790	4.52	0.680	4.75	0.488	4.52	0.752	4.67	0.547
E6 有利于共建共享优质教学资源	4.16	0.779	4.48	0.602	4.73	0.499	4.53	0.694	4.67	0.606

续表

教龄	3 年（含）以内		3~5 年		5~10 年		10~20 年		20 年以上	
指标	均值	标准差	均值	标准差	均值	标准差	均值	标准差	均值	标准差
E7 有利于课程组或教学创新团队建设	4.19	0.792	4.48	0.602	4.68	0.518	4.43	0.776	4.63	0.615
E9 有利于学生自主学习	4.10	0.700	4.48	0.602	4.64	0.574	4.48	0.752	4.70	0.596
E10 有利于提高课堂教学质量	4.19	0.833	4.43	0.676	4.73	0.499	4.39	0.798	4.67	0.547
E11 有利于建立校校、校企之间教师共同体	4.23	0.762	4.48	0.602	4.70	0.509	4.42	0.788	4.70	0.535
E12 有利于提高教师教学能力与水平	4.19	0.792	4.33	0.730	4.75	0.488	4.51	0.694	4.67	0.547
E13 有利于提升院校间协作水平与质量	4.23	0.762	4.43	0.676	4.73	0.499	4.49	0.738	4.63	0.556
E14 有利于优质资源的开放应用	4.26	0.729	4.57	0.598	4.70	0.509	4.55	0.677	4.67	0.547
E15 有利于省级及以上精品在线课程培育	4.26	0.773	4.48	0.602	4.75	0.488	4.58	0.719	4.63	0.615

（五）教师职称与感知的相关性分析

职称是包括职业院校在内的高校教师综合素质与能力水平的最主要衡量指标之一。因此，本项研究引入职称作为教师的基本信息要素来进行相关性分析。

1. 关于资源库整体的感知与判断

根据表 5-40 可知，不同职称教师在"A1 符合职教发展新趋势""A4 促进教师的综合提升与发展""A5 促进教师教学创新团队建设""A7 促进院校间的合作与交流""A9 资源应持续更新完善""A10 促进我国终身教育体系的形成"6 个题项上存在显著差异。仅在"A2 促进专业（群）综合发展""A3 促进校企深度融合发展""A6 要坚持建设且能紧跟时代发展""A8 增强专业教师的岗位竞争力"4 个题项在 0.05 的显著性水平上差异不明显。

表 5-40　不同职称对资源库建设意义感知与判断的 ANOVA 检验分析

题项		平方和	自由度	均方	F	显著性
A1 符合职教发展新趋势	组间	5.313	3	1.771	3.907	0.010
A4 促进教师的综合提升与发展	组间	8.995	3	2.998	6.922	0.000
A5 促进教师教学创新团队建设	组间	6.907	3	2.302	3.929	0.009
A7 促进院校间的合作与交流	组间	5.817	3	1.939	3.490	0.017
A9 资源应持续更新完善	组间	4.142	3	1.381	2.673	0.048
A10 促进我国终身教育体系的形成	组间	5.092	3	1.697	3.756	0.012

通过均值分析并根据表 5-41 可知，资源库整体的认知得分与教师的职称呈显著的正相关，即职称越高其对资源库整体的认知与判断得分越高，说明高级职称教师具有典型的意识理念引领性。但是也值得注意的是，在"A2 促进专业（群）综合发展""A3 促进校企深度融合发展"等题项上不同职称教师没有显著差异，也说明目前被调研院校教师的专业群综合发展、校企深度融合等方面的认知尚不强烈或实践不够深入。

表 5-41　不同职称对资源库整体感知具有显著差异题项的均值分析

职称	助教		讲师（中级）		副教授（副高级）		教授（正高级）	
指标	均值	标准差	均值	标准差	均值	标准差	均值	标准差
A1 符合职教发展新趋势	4.37	0.741	4.61	0.738	4.76	0.530	5.00	0.000
A4 促进教师的综合提升与发展	4.26	0.828	4.68	0.684	4.78	0.490	5.00	0.000
A5 促进教师教学创新团队建设	4.22	0.892	4.64	0.693	4.59	0.816	4.88	0.354
A7 促进院校间的合作与交流	4.24	0.899	4.56	0.744	4.68	0.643	4.75	0.463
A9 资源应持续更新完善	4.30	0.785	4.58	0.730	4.63	0.679	4.88	0.354
A10 促进我国终身教育体系的形成	4.33	0.732	4.59	0.701	4.73	0.601	4.88	0.354

2.关于资源库综合服务管理的感知与判断

根据表 5-42 可知，不同职称教师在"B1 建设方案与任务书设计科学合理""B2 建设目标与步骤清晰明确且推进有序""B3 主持院校能提供及时有效的服务指导""B10 学校领导重视资源库建设并给予支持"4 个题项上存在显著差异。而在"B4 主持院校能提供及时有效的技术支持""B5 智慧职教操作方便、设计科学合理""B6 智慧职教能提供及时有效的技术服务""B7 学校能够提供足够的建设经费""B8 学校财务部门能对经费使用给予指导""B9 学校教学相关部门能给予支持""B11 学校给予充足的人力资源支持""B12 相关校企合作单位给予支持""B13 学校给予职称评定的政策支持""B14 学校奖励了课程建设与应用的老师"10 个题项在 0.05 的显著性水平上差异不明显。

表 5-42　不同职称对资源库综合服务感知与判断的 ANOVA 检验分析

题项		平方和	自由度	均方	F	显著性
B1 建设方案与任务书设计科学合理	组间	4.540	3	1.513	2.825	0.040
B2 建设目标与步骤清晰明确且推进有序	组间	5.099	3	1.700	3.314	0.021
B3 主持院校能提供及时有效的服务指导	组间	5.256	3	1.752	3.426	0.018
B10 学校领导重视资源库建设并给予支持	组间	5.622	3	1.874	3.663	0.013

通过均值分析并根据表 5-43 可知，在"B1 建设方案与任务书设计科学合理""B2 建设目标与步骤清晰明确且推进有序""B3 主持院校能提供及时有效的服务指导"3 个题项中，讲师（中级）与副教授（副高级）职称教师对资源库综合服务的认知得分要明显高于助教与教授（正高级）职称教师，一定程度上反映了其关注度不高或参与度不深。而在"B10 学校领导重视资源库建设并给予支持"题项中，助教的认知得分要明显低于其他职称，则充分说明了其经验相对不足或入职时间不长，对学校的相关政策了解不够。

表 5-43　不同职称对资源库综合服务感知具有显著差异题项的均值分析

职称	助教		讲师（中级）		副教授 （副高级）		教授 （正高级）	
指标	均值	标准差	均值	标准差	均值	标准差	均值	标准差
B1 建设方案与任务书设计科学合理	4.15	0.816	4.52	0.679	4.43	0.777	4.25	0.463
B2 建设目标与步骤清晰明确且推进有序	4.17	0.825	4.53	0.679	4.57	0.712	4.38	0.518

续表

职称	助教		讲师（中级）		副教授 （副高级）		教授 （正高级）	
指标	均值	标准差	均值	标准差	均值	标准差	均值	标准差
B3 主持院校能提供及时有效的服务 指导	4.17	0.797	4.52	0.665	4.57	0.712	4.25	0.886
B10 学校领导重视资源库建设并给予 支持	4.17	0.851	4.54	0.692	4.60	0.636	4.50	0.756

3. 关于资源库课程建设的感知与判断

根据表 5-44 可知，不同职称教师在"C1 全程参与资源库课程建设""C2 积极参与课程架构设计与标准研发""C3 积极参与课程资源的设计与制作""C4 设计多样的个性化资源及微课""C8 积极参与课程的实践与应用""C11 课程资源没有版权问题""C12 课程资源都是原创设计制作""C13 团队成员认真努力完成课程建设""C14 课程已经兼顾四大学习用户的需求""C15 课程能够契合行业企业的培训需求""C16 课程需要持续更新与完善""C17 愿意继续完善相关课程""C18 课程资源质量优秀品质高"13 个题项上存在显著差异。在"C5 课程建设考虑多层次人员的需求""C6 标准化课程建设是核心与关键""C7 配套慕课或 SPOC 建设更有意义""C9 积极参与课程的全方位推广宣传""C10 智慧职教的学习界面友好"5 个题项在 0.05 的显著性水平上差异不明显。

表 5-44 不同职称对资源库课程建设感知与判断的 ANOVA 检验分析

题项		平方和	自由度	均方	F	显著性
C1 全程参与资源库课程建设	组间	19.509	3	6.503	9.801	0.000
C2 积极参与课程架构设计与标准研发	组间	14.397	3	4.799	6.009	0.001
C3 积极参与课程资源的设计与制作	组间	19.566	3	6.522	12.515	0.000
C4 设计多样的个性化资源及微课	组间	18.135	3	6.045	9.767	0.000
C8 积极参与课程的实践与应用	组间	5.052	3	1.684	3.274	0.022
C11 课程资源没有版权问题	组间	9.699	3	3.233	4.444	0.005

续表

题项		平方和	自由度	均方	F	显著性
C12 课程资源都是原创设计制作	组间	12.986	3	4.329	9.120	0.000
C13 团队成员认真努力完成课程建设	组间	13.336	3	4.445	11.228	0.000
C14 课程已经兼顾四大学习用户的需求	组间	9.273	3	3.091	6.609	0.000
C15 课程能够契合行业企业的培训需求	组间	9.662	3	3.221	6.126	0.001
C16 课程需要持续更新与完善	组间	9.666	3	3.222	6.534	0.000
C17 愿意继续完善相关课程	组间	10.183	3	3.394	7.178	0.000
C18 课程资源质量优秀品质高	组间	12.865	3	4.288	8.083	0.000

通过均值分析并根据表 5-45 可知，讲师（中级）及以上职称教师在具体课程建设方面的感知得分要远远高于助教职称的教师，而讲师（中级）、副教授（副高级）和教授（正高级）职称教师的差异则并不明显。因此，未来资源库的开发建设既要继续发挥有职称教师的经验与能力水平，实现传帮带作用，真正实现专业教师教学创新团队的传承发展，又要强化对助教职称教师的培训，尤其在"C1 全程参与资源库课程建设""C2 积极参与课程架构设计与标准研发""C3 积极参与课程资源的设计与制作""C4 设计多样的个性化资源及微课"等涉及具体课程建设方面。

表 5-45　不同职称对资源库课程建设感知具有显著差异题项的均值分析

职称	助教		讲师（中级）		副教授（副高级）		教授（正高级）	
指标	均值	标准差	均值	标准差	均值	标准差	均值	标准差
C1 全程参与资源库课程建设	3.87	0.957	4.54	0.795	4.62	0.771	4.88	0.354
C2 积极参与课程架构设计与标准研发	3.87	0.980	4.44	0.885	4.54	0.820	4.63	1.061
C3 积极参与课程资源的设计与制作	3.96	1.032	4.60	0.699	4.71	0.490	5.00	0.000
C4 设计多样的个性化资源及微课	3.85	0.965	4.52	0.720	4.59	0.754	4.63	0.744
C8 积极参与课程的实践与应用	4.22	0.867	4.50	0.707	4.65	0.600	4.50	0.756
C11 课程资源没有版权问题	3.98	0.931	4.38	0.867	4.56	0.778	4.63	0.744
C12 课程资源都是原创设计制作	3.98	0.802	4.51	0.720	4.63	0.548	4.62	0.518

职称		助教		讲师（中级）		副教授 （副高级）		教授 （正高级）	
指标		均值	标准差	均值	标准差	均值	标准差	均值	标准差
C13 团队成员认真努力完成课程建设		4.11	0.823	4.70	0.572	4.73	0.574	4.75	0.463
C14 课程已经兼顾四大学习用户的需求		4.09	0.784	4.57	0.676	4.62	0.607	4.63	0.744
C15 课程能够契合行业企业的培训需求		4.04	0.788	4.50	0.720	4.62	0.633	4.37	1.061
C16 课程需要持续更新与完善		4.09	0.784	4.57	0.690	4.57	0.689	4.88	0.354
C17 愿意继续完善相关课程		4.09	0.812	4.59	0.629	4.62	0.682	4.75	0.707
C18 课程资源质量优秀品质高		3.98	0.802	4.54	0.719	4.62	0.682	4.50	0.756

4. 关于资源库应用推广的感知与判断

根据表 5-46 可知，不同职称教师在"D4 课程通过多种途径进行宣传推广""D5 课程充分利用学校平台进行宣传推广""D6 课程充分利用资源库平台进行宣传推广""D7 课程充分利用团队资源进行宣传推广""D9 课程有众多院校师生学习或应用"5 个题项上存在显著差异。在"D1 课程在国内职业院校有影响力""D2 课程在国内旅游类院校有影响力""D3 课程在国内旅游类专业有影响力""D8 课程宣传推广形式丰富多样""D10 资源库会议提供宣传推广平台""D11 主持院校提供宣传推广平台""D12 学校提供宣传推广平台""D13 宣传中对课程建设质量有信心"8 个题项在 0.05 的显著性水平上差异不明显。

表 5-46　不同职称对资源库应用推广感知与判断的 ANOVA 检验分析

题项		平方和	自由度	均方	F	显著性
D4 课程通过多种途径进行宣传推广	组间	5.094	3	1.698	2.717	0.046
D5 课程充分利用学校平台进行宣传推广	组间	7.061	3	2.354	3.615	0.014
D6 课程充分利用资源库平台进行宣传推广	组间	6.439	3	2.146	3.632	0.014
D7 课程充分利用团队资源进行宣传推广	组间	9.198	3	3.066	5.142	0.002
D9 课程有众多院校师生学习或应用	组间	6.259	3	2.086	3.405	0.019

通过均值分析并根据表 5-47 可知，不同职称教师在充分利用多种途径及

平台资源进行宣传推广方面具有典型的正相关性，即职称越高的教师，对其感知评价得分越高；而在"D9 课程有众多院校师生学习或应用"题项认知上，教授（正高级）职称教师的感知评价得分要明显高于其他职称教师的感知评价得分。

表 5-47　不同职称对资源库应用推广感知具有显著差异题项的均值分析

职称	助教		讲师（中级）		副教授（副高级）		教授（正高级）	
指标	均值	标准差	均值	标准差	均值	标准差	均值	标准差
D4 课程通过多种途径进行宣传推广	3.98	0.830	4.30	0.795	4.32	0.758	4.63	0.744
D5 课程充分利用学校平台进行宣传推广	3.98	0.882	4.42	0.754	4.33	0.861	4.62	0.518
D6 课程充分利用资源库平台进行宣传推广	4.07	0.879	4.40	0.764	4.49	0.716	4.75	0.463
D7 课程充分利用团队资源进行宣传推广	3.96	0.868	4.42	0.767	4.43	0.734	4.75	0.463
D9 课程有众多院校师生学习或应用	4.04	0.893	4.30	0.771	4.40	0.752	4.88	0.354

5. 关于资源库建设意义的感知与判断

根据表 5-48 可知，不同职称教师在"E2 有利于推进教学方式方法的创新""E3 有利于对学生实施精准施教""E4 有利于高效利用碎片化时间""E6 有利于共建共享优质教学资源""E9 有利于学生自主学习""E12 有利于提高教师教学能力与水平""E14 有利于优质资源的开放应用""E15 有利于省级及以上精品在线课程培育"8 个题项上存在显著差异。在"E1 有利于推动新形态教材建设""E5 有利于促进教考分离""E7 有利于课程组或教学创新团队建设""E8 有利于改善学风""E10 有利于提高课堂教学质量""E11 有利于建立校校、校企之间教师共同体""E13 有利于提升院校间协作水平与质量"7 个题项在 0.05 的显著性水平上差异不明显。

表 5-48　不同职称对资源库建设意义感知与判断的 ANOVA 检验分析

题项		平方和	自由度	均方	F	显著性
E2 有利于推进教学方式方法的创新	组间	3.803	3	1.268	2.971	0.033
E3 有利于对学生实施精准施教	组间	4.163	3	1.388	2.773	0.042
E4 有利于高效利用碎片化时间	组间	4.930	3	1.643	3.438	0.018
E6 有利于共建共享优质教学资源	组间	3.719	3	1.240	2.832	0.039
E9 有利于学生自主学习	组间	4.644	3	1.548	3.289	0.022
E12 有利于提高教师教学能力与水平	组间	4.445	3	1.482	3.336	0.020
E14 有利于优质资源的开放应用	组间	3.759	3	1.253	3.144	0.026
E15 有利于省级及以上精品在线课程培育	组间	4.052	3	1.351	3.057	0.029

通过均值分析并根据表 5-49 可知，不同职称教师在资源库意义上具有典型的正相关性，即职称越高的教师，对其感知评价得分越高。

表 5-49　不同职称对资源库建设意义感知具有显著差异题项的均值分析

职称	助教		讲师（中级）		副教授（副高级）		教授（正高级）	
指标	均值	标准差	均值	标准差	均值	标准差	均值	标准差
E2 有利于推进教学方式方法的创新	4.30	0.756	4.58	0.661	4.65	0.572	4.75	0.463
E3 有利于对学生实施精准施教	4.24	0.794	4.56	0.691	4.56	0.690	4.75	0.463
E4 有利于高效利用碎片化时间	4.24	0.794	4.58	0.674	4.60	0.661	4.75	0.463
E6 有利于共建共享优质教学资源	4.28	0.779	4.57	0.662	4.63	0.576	4.63	0.518
E9 有利于学生自主学习	4.22	0.728	4.57	0.648	4.52	0.737	4.75	0.463
E12 有利于提高教师教学能力与水平	4.24	0.794	4.58	0.645	4.59	0.613	4.63	0.518
E14 有利于优质资源的开放应用	4.30	0.756	4.60	0.643	4.65	0.513	4.63	0.518
E15 有利于省级及以上精品在线课程培育	4.30	0.785	4.61	0.670	4.67	0.539	4.63	0.744

四、智慧景区资源库的影响因素分析

（一）因子分析的过程

1. 因子分析过程与筛选

根据本章第一部分的整体信度检验和效度分析可知，本次研究量表适合进行因子分析。通过第一轮对资源库整体感知、综合服务管理感知、课程建设感知、课程应用推广感知、建设意义感知等 70 项指标进行可靠性分析，得到信度系数值 α 为 0.985，大于 0.9（如表 5-2 所示），说明本次研究数据信度质量很高，可用于进一步分析。但是也发现，假如删除原问卷中"A6 要坚持建设且能紧跟时代发展""A8 增强专业教师的岗位竞争力""C5 课程建设考虑多层次人员的需求"三个负向指标之后，其信度系数可以达到 0.987。因此，此处因子分析研究删掉该三项指标。

通过第二轮对资源库整体感知、综合服务管理感知、课程建设感知、课程应用推广感知、建设意义感知等 67 项指标进行可靠性分析，得到信度系数值 α 为 0.990，大于 0.9（如表 5-50 所示），说明本次研究数据信度质量很高，可用于进一步分析。

表 5-50　可靠性分析（67 项指标）

Cronbach's Alpha	基于标准化项的 Cronbachs Alpha	项数
0.990	0.990	67

基于第二轮的信度分析，对 67 项指标进行因子分析后发现，"C7 配套慕课或 SPOC 建设更有意义""C11 课程资源没有版权问题""C12 课程资源都是原创设计制作""C13 课程已经兼顾四大学习用户的需求""C14 课程能够契合行业企业的培训需求""C15 课程需要持续更新与完善""C16 愿意继续完善相关课程"7 项指标在旋转载荷矩阵中的数值不高，也暂时删除。

通过第三轮对资源库整体感知、综合服务管理感知、课程建设感知、课程应用推广感知、建设意义感知等 60 项指标进行可靠性分析，得到信度系数值

α 为 0.989，大于 0.9（如表 5-51 所示），说明本次研究数据信度质量依然很高，可用于进一步作因子分析。

表 5-51　可靠性分析（60 项指标）

Cronbach's Alpha	基于标准化项的 Cronbachs Alpha	项数
0.990	0.990	60

基于第三轮的信度分析，对剩余 60 项指标进行因子分析。首先，如表 5-52 所示，问卷的 KMO 值为 0.959，近似方卡 19934.279，自由度为 1770，显著性 P=0.000 < 0.05，即净相关系数均为 0，是单元矩阵，适合进行因素分析。因此，表示调查量表效度良好。其次，利用 SPSS 的降维因子分析模块，采用主成分分析法的相关性矩阵分析和最大方差法进行因子矩阵旋转分析，初步萃取了 6 大类核心因子，其可累计解释变异值达 80.25%（见表 5-53 和图 5-1），说明其可解释绝大部分因素的特征值。

表 5-52　KMO 和巴特利特检验（60 项指标）

KMO 取样适切性量数		0.959
巴特利特球形度检验	近似卡方	19934.279
	自由度	1770
	显著性	0.000

表 5-53　智慧景区资源库感知因素提取核心因子后解释的总方差 *

成分	初始特征值			提取平方和载入			旋转平方和载入		
	合计	方差（%）	累积（%）	合计	方差（%）	累积（%）	合计	方差（%）	累积（%）
1	37.356	62.260	62.260	37.356	62.260	62.260	13.411	22.352	22.352
2	2.749	4.581	66.841	2.749	4.581	66.841	8.989	14.982	37.334
3	2.546	4.243	71.084	2.546	4.243	71.084	8.023	13.372	50.706
4	2.219	3.699	74.783	2.219	3.699	74.783	6.314	10.523	61.229
5	2.043	3.405	78.187	2.043	3.405	78.187	5.922	9.869	71.099
6	1.236	2.059	80.247	1.236	2.059	80.247	5.489	9.148	80.247

＊注：提取方法：主成分分析；第 7~60 项省略。

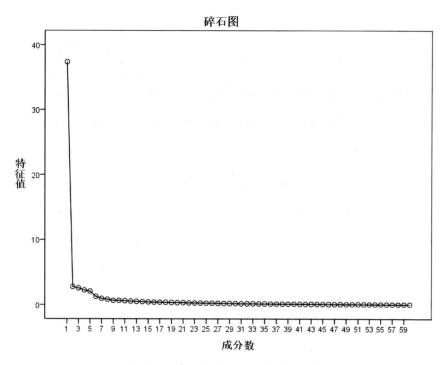

图 5-1 表现各成分特征值的碎石图

　　旋转后的因子载荷矩阵（见表 5-54）显示，60 个题项指标被萃取为 6 大因子；其中，第一大因子（F1）是资源库建设意义方面的，值得说明的是，"C6 标准化课程建设是核心与关键"也被归纳到建设意义方面，说明标准化课程作为资源库建设的基本单位具有非常重要的地位与作用，也是资源库建设的核心成果；第二大因子（F2）是资源库课程的宣传推广与应用方面，说明标准化课程与慕课建成之后的推广及相关 SPOC、微课、技能训练模块、培训课程的应用是考核子项目课程团队的重要绩效指标，也是仅次于资源库建设意义之后的第二大因子；第三大因子（F3）是资源库的整体背景认知方面；第四大因子（F4）是资源库课程建设方面，其中原有多个课程建设方面的题项指标均因诸多原因被删除，如"C7 配套慕课或 SPOC 建设更有意义"在项目归类上容易造成混乱导致其数值比重不高，如"C11 课程资源没有版权问题"和"C12 课程资源都是原创设计制作"则因较多教师版权意识不强烈导致其数值比重不高，如"C13 课程已经兼顾四大学习用户的需求"和"C14 课程能够契合行业企业的培训需求"则同样可能属于建设意义方面导致归属混乱，如"C15 课程需要持续更新与完善"和"C16 愿意继续完善相关课程"又类似属于未来愿景方面容易导致归属混乱；第五大因子（F5）是资源库综合服务管理方面，其中"C10 智慧职教的学习界面友好"作为平台方被归属此类；第六大因子（F6）是政策保障，从原综合服务管理部分分离出来，相对更加妥当。

表 5-54　旋转后的因子载荷矩阵 *

题项	F1	F2	F3	F4	F5	F6
E1 有利于推动新形态教材建设	0.750	0.268	0.255	0.288	0.183	0.198
E2 有利于推进教学方式方法的创新	0.755	0.295	0.303	0.262	0.184	0.144
E3 有利于对学生实施精准施教	0.708	0.246	0.318	0.227	0.160	0.285
E4 有利于高效利用碎片化时间	0.747	0.287	0.285	0.250	0.204	0.162
E5 有利于促进教考分离	0.654	0.324	0.174	0.224	0.260	0.274
E6 有利于共建共享优质教学资源	0.754	0.265	0.250	0.261	0.175	0.249
E7 有利于课程组或教学创新团队建设	0.703	0.294	0.309	0.271	0.145	0.297
E8 有利于改善学风	0.699	0.287	0.214	0.209	0.164	0.291
E9 有利于学生自主学习	0.695	0.272	0.251	0.217	0.241	0.270
E10 有利于提高课堂教学质量	0.733	0.344	0.270	0.155	0.306	0.105
E11 有利于建立校校、校企之间教师共同体	0.740	0.315	0.281	0.220	0.245	0.179
E12 有利于提高教师教学能力与水平	0.742	0.329	0.237	0.154	0.247	0.174
E13 有利于提升院校间协作水平与质量	0.727	0.327	0.254	0.208	0.250	0.231
E14 有利于优质资源的开放应用	0.784	0.311	0.280	0.232	0.166	0.154
E15 有利于省级及以上精品在线课程培育	0.749	0.279	0.284	0.259	0.220	0.108
C6 标准化课程建设是核心与关键	0.521	0.233	0.132	0.262	0.309	0.287
D1 课程在国内职业院校有影响力	0.284	0.789	0.136	0.187	0.144	0.195
D2 课程在国内旅游类院校有影响力	0.276	0.795	0.178	0.178	0.170	0.185
D3 课程在国内旅游类专业有影响力	0.260	0.807	0.176	0.170	0.134	0.170
D4 课程通过多种途径进行宣传推广	0.338	0.752	0.138	0.278	0.137	0.166
D5 课程充分利用学校平台进行宣传推广	0.318	0.641	0.243	0.294	0.212	0.232

题项	F1	F2	F3	F4	F5	F6
D6 课程充分利用资源库平台进行宣传推广	0.356	0.637	0.304	0.282	0.249	0.155
D7 课程充分利用团队资源进行宣传推广	0.380	0.608	0.302	0.336	0.181	0.265
D8 课程宣传推广形式丰富多样	0.375	0.676	0.239	0.214	0.168	0.281
D9 课程有众多院校师生学习或应用	0.296	0.712	0.295	0.239	0.203	0.181
D10 资源库会议提供宣传推广平台	0.467	0.547	0.249	0.196	0.339	0.175
D11 主持院校提供宣传推广平台	0.493	0.532	0.278	0.181	0.326	0.280
D12 学校提供宣传推广平台	0.430	0.565	0.245	0.073	0.235	0.409
D13 宣传中对课程建设质量有信心	0.502	0.546	0.254	0.240	0.237	0.167
A1 符合职教发展新趋势	0.331	0.171	0.813	0.195	0.162	0.140
A2 促进专业（群）综合发展	0.329	0.190	0.819	0.160	0.146	0.133
A3 促进校企深度融合发展	0.244	0.248	0.797	0.147	0.212	0.182
A4 促进教师的综合提升与发展	0.308	0.203	0.812	0.199	0.170	0.148
A5 促进教师教学创新团队建设	0.209	0.209	0.694	0.260	0.189	0.261
A7 促进院校间的合作与交流	0.312	0.189	0.693	0.232	0.238	0.204
A9 资源应持续更新完善	0.222	0.237	0.772	0.183	0.146	0.228
A10 促进我国终身教育体系的形成	0.314	0.226	0.745	0.179	0.235	0.119
C1 全程参与资源库课程建设	0.233	0.153	0.226	0.789	0.178	0.127
C2 积极参与课程架构设计与标准研发	0.256	0.230	0.155	0.811	0.157	0.177
C3 积极参与课程资源的设计与制作	0.336	0.235	0.240	0.765	0.082	0.091
C4 设计多样的个性化资源及微课	0.190	0.319	0.216	0.773	0.204	0.127
C8 积极参与课程的实践与应用	0.416	0.231	0.305	0.586	0.268	0.145
C9 积极参与课程的全方位推广宣传	0.341	0.300	0.165	0.632	0.262	0.137
C13 团队成员认真努力完成课程建设	0.522	0.276	0.291	0.529	0.059	0.145
C18 课程资源质量优秀品质高	0.420	0.393	0.292	0.518	0.189	0.168
B1 建设方案与任务书设计科学合理	0.460	0.132	0.323	0.229	0.580	0.240
B2 建设目标与步骤清晰明确且推进有序	0.478	0.164	0.336	0.225	0.540	0.270
B3 主持院校能提供及时有效的服务指导	0.450	0.196	0.297	0.235	0.607	0.266
B4 主持院校能提供及时有效的技术支持	0.399	0.157	0.272	0.272	0.624	0.309
B5 智慧职教操作方便、设计科学合理	0.223	0.194	0.175	0.126	0.792	0.226

续表

题项	F1	F2	F3	F4	F5	F6
B6 智慧职教能提供及时有效的技术服务	0.226	0.261	0.143	0.102	0.736	0.245
B7 学校能够提供足够的建设经费	0.307	0.219	0.241	0.323	0.528	0.407
B8 学校财务部门能对经费使用给予指导	0.303	0.239	0.247	0.311	0.541	0.428
C10 智慧职教的学习界面友好	0.144	0.345	0.295	0.182	0.587	0.142
B9 学校教学相关部门能给予支持	0.347	0.211	0.263	0.219	0.291	0.679
B10 学校领导重视资源库建设并给予支持	0.320	0.257	0.284	0.248	0.221	0.680
B11 学校给予充足的人力资源支持	0.331	0.280	0.289	0.174	0.314	0.651
B12 相关校企合作单位给予支持	0.362	0.272	0.251	0.181	0.297	0.667
B13 学校给予职称评定的政策支持	0.225	0.253	0.186	0.034	0.147	0.756
B14 学校奖励了课程建设与应用的老师	0.137	0.248	0.116	0.127	0.347	0.657

* 提取方法：主成分。

* 旋转法：具有 Kaiser 标准化的正交旋转法。

*a. 旋转在 7 次迭代后收敛。

2. 因子分析结果与检验

根据前述因子分析过程及筛选结果可知，影响智慧景区资源库参与教师的感知因素可以分为 6 大类：F1 资源库建设意义、F2 课程宣传推广与应用、F3 资源库整体、F4 资源库课程建设、F5 资源库综合服务、F6 资源库政策保障。通过 6 大因子的检验分析发现，其信度系数值 α 均大于 0.9（如表 5-55 所示），说明结果良好。

表 5-55 因子分析结果及内部信度检验

因子名称	题项	F1	F2	F3	F4	F5	F6	α 系数
F1 资源库建设意义	E1 有利于推动新形态教材建设	0.750						0.984
	E2 有利于推进教学方式方法的创新	0.755						
	E3 有利于对学生实施精准施教	0.708						
	E4 有利于高效利用碎片化时间	0.747						

因子 名称	题项	F1	F2	F3	F4	F5	F6	α 系数
	E5 有利于促进教考分离	0.654						
	E6 有利于共建共享优质教学资源	0.754						
	E7 有利于课程组或教学创新团队建设	0.703						
	E8 有利于改善学风	0.699						
	E9 有利于学生自主学习	0.695						
	E10 有利于提高课堂教学质量	0.733						
	E11 有利于建立校校、校企之间教师 共同体	0.740						
	E12 有利于提高教师教学能力与水平	0.742						
	E13 有利于提升院校间协作水平与质量	0.727						
	E14 有利于优质资源的开放应用	0.784						
	E15 有利于省级及以上精品在线课程培育	0.749						
	C6 标准化课程建设是核心与关键	0.521						
F2 课程 宣传推 广与应 用	D1 课程在国内职业院校有影响力		0.789					
	D2 课程在国内旅游类院校有影响力		0.795					
	D3 课程在国内旅游类专业有影响力		0.807					
	D4 课程通过多种途径进行宣传推广		0.752					
	D5 课程充分利用学校平台进行宣传推广		0.641					
	D6 课程充分利用资源库平台进行宣传 推广		0.637					0.976
	D7 课程充分利用团队资源进行宣传推广		0.608					
	D8 课程宣传推广形式丰富多样		0.676					
	D9 课程有众多院校师生学习或应用		0.712					
	D10 资源库会议提供宣传推广平台		0.547					
	D11 主持院校提供宣传推广平台		0.532					
	D12 学校提供宣传推广平台		0.565					
	D13 宣传中对课程建设质量有信心		0.546					

续表

因子名称	题项	F1	F2	F3	F4	F5	F6	α系数
F3 资源库整体	A1 符合职教发展新趋势			0.813				0.968
	A2 促进专业（群）综合发展			0.819				
	A3 促进校企深度融合发展			0.797				
	A4 促进教师的综合提升与发展			0.812				
	A5 促进教师教学创新团队建设			0.694				
	A7 促进院校间的合作与交流			0.693				
	A9 资源应持续更新完善			0.772				
	A10 促进我国终身教育体系的形成			0.745				
F4 资源库课程建设	C1 全程参与资源库课程建设				0.789			0.952
	C2 积极参与课程架构设计与标准研发				0.811			
	C3 积极参与课程资源的设计与制作				0.765			
	C4 设计多样的个性化资源及微课				0.773			
	C8 积极参与课程的实践与应用				0.586			
	C9 积极参与课程的全方位推广宣传				0.632			
	C13 团队成员认真努力完成课程建设				0.529			
	C18 课程资源质量优秀品质高				0.518			
F5 资源库综合服务	B1 建设方案与任务书设计科学合理					0.580		0.951
	B2 建设目标与步骤清晰明确且推进有序					0.540		
	B3 主持院校能提供及时有效的服务指导					0.607		
	B4 主持院校能提供及时有效的技术支持					0.624		
	B5 智慧职教操作方便、设计科学合理					0.792		
	B6 智慧职教能提供及时有效的技术服务					0.736		
	B7 学校能够提供足够的建设经费					0.528		
	B8 学校财务部门能对经费使用给予指导					0.541		
	C10 智慧职教的学习界面友好					0.587		

因子名称	题项	F1	F2	F3	F4	F5	F6	α 系数
F6 资源库政策保障	B9 学校教学相关部门能给予支持						0.679	0.934
	B10 学校领导重视资源库建设并给予支持						0.680	
	B11 学校给予充足的人力资源支持						0.651	
	B12 相关校企合作单位给予支持						0.667	
	B13 学校给予职称评定的政策支持						0.756	
	B14 学校奖励了课程建设与应用的老师						0.657	

（二）主要分析与讨论

1. F1 资源库建设意义

智慧景区资源库的相关参与教师对资源库建设意义（F1）方面的感知是第一大因子，共涉及 16 个题项指标。与实际建设成效基本一致，即通过三年多的项目建设，对于参建院校教师教学创新团队在促进"三教改革"、改善学风、促进教考分离、实施精准施教、提高教学质量、共享优质资源、培育在线精品课程以及提升校际、校企协作水平等方面均取得了长足的进步。值得注意的是，院校参与程度不同（一般认为共建院校参与程度最深、参建院校参与程度较深，其他院校参与程度较浅且以应用为主），其在推动新形态教材建设、实施精准施教、高效利用碎片化时间、促进教考分离、共享优质资源、建设创新团队、改善学风、增强自主学习、提高教学质量、建立师资发展共同体、提交教学能力与水平、提升协作水平等方面的认知或感知得分存在显著差异，且参建院校教师得分均值明显高于共建院校；而在在线精品课程建设、标准化课程建设等方面，共建院校标准化课程建设数量与获得认证的在线精品课程数量比例没有本质性差异（表 5-56）。

表 5-56　不同性质院校对资源库建设意义的均值差异分析

学校性质	共建院校		参建院校		其他院校		显著性水平
题项	均值	标准差	均值	标准差	均值	标准差	
E1 有利于推动新形态教材建设	4.44	0.809	4.66	0.533	4.20	1.095	0.027
E2 有利于推进教学方式方法的创新	4.44	0.777	4.62	0.556	4.20	1.095	0.067
E3 有利于对学生实施精准施教	4.30	0.863	4.62	0.569	4.20	1.095	0.003
E4 有利于高效利用碎片化时间	4.34	0.841	4.64	0.564	4.20	1.095	0.004
E5 有利于促进教考分离	4.27	0.795	4.47	0.664	3.80	1.095	0.031
E6 有利于共建共享优质教学资源	4.40	0.789	4.62	0.556	4.00	1.000	0.012
E7 有利于课程组或教学创新团队建设	4.34	0.841	4.57	0.591	4.20	1.095	0.041
E8 有利于改善学风	4.26	0.882	4.52	0.607	4.00	1.000	0.018
E9 有利于学生自主学习	4.30	0.833	4.61	0.572	4.20	0.837	0.004
E10 有利于提高课堂教学质量	4.30	0.863	4.58	0.602	4.20	1.095	0.016
E11 有利于建立校校、校企之间教师共同体	4.34	0.841	4.59	0.575	4.20	1.095	0.021
E12 有利于提高教师教学能力与水平	4.35	0.813	4.62	0.556	4.20	0.837	0.009
E13 有利于提升院校间协作水平与质量	4.35	0.797	4.62	0.584	4.40	0.894	0.019
E14 有利于优质资源的开放应用	4.43	0.759	4.64	0.540	4.40	0.894	0.052
E15 有利于省级及以上精品在线课程培育	4.44	0.809	4.64	0.564	4.40	0.894	0.077
C6 标准化课程建设是核心与关键	4.15	0.858	4.33	0.785	4.40	0.894	0.287

2.F2 课程宣传推广与应用

智慧景区资源库的相关参与教师对资源库课程宣传推广与应用方面的感知是第二大因子，共涉及 13 个题项指标。对于优质教学资源而言，在建成初期尤其需要通过各种渠道、创新方式进行宣传与推广，避免出现课程"无人问津"的尴尬局面。在课程宣传推广与应用层面，不同参与程度的院校之间基本上没有显著差异，仅在"学校提供宣传推广平台"方面存在差异。这个与现实情况一致，即智慧景区资源库的部分参建院校在子项目课程立项之后，对课程建设以及后期的应用推广、更新完善等均处于"不闻不问"状态，第一主持院校的不同子项目课程之间受诸多因素影响实际建设水平、应用推广能力差异巨大（表 5-57）。

表 5-57　不同性质院校对课程宣传建设意义的均值差异分析

学校性质	共建院校		参建院校		其他院校		显著性水平
题项	均值	标准差	均值	标准差	均值	标准差	
D1 课程在国内职业院校有影响力	4.02	0.842	4.18	0.785	4.20	1.095	0.386
D2 课程在国内旅游类院校有影响力	4.04	0.818	4.25	0.781	4.20	1.095	0.181
D3 课程在国内旅游类专业有影响力	4.07	0.839	4.20	0.812	4.00	1.000	0.500
D4 课程通过多种途径进行宣传推广	4.18	0.839	4.30	0.778	4.20	0.837	0.550
D5 课程充分利用学校平台进行宣传推广	4.19	0.887	4.38	0.777	4.20	0.837	0.225
D6 课程充分利用资源库平台进行宣传推广	4.33	0.868	4.40	0.730	4.20	0.837	0.713
D7 课程充分利用团队资源进行宣传推广	4.20	0.877	4.42	0.733	4.20	0.837	0.132
D8 课程宣传推广形式丰富多样	4.08	0.897	4.36	0.772	4.00	1.000	0.044
D9 课程有众多院校师生学习或应用	4.22	0.871	4.35	0.741	4.00	1.000	0.385
D10 资源库会议提供宣传推广平台	4.24	0.889	4.43	0.724	4.20	1.095	0.216
D11 主持院校提供宣传推广平台	4.25	0.879	4.44	0.705	4.20	1.095	0.194
D12 学校提供宣传推广平台	4.07	0.978	4.42	0.692	4.00	1.000	0.008
D13 宣传中对课程建设质量有信心	4.30	0.833	4.46	0.706	4.20	1.095	0.263

3. F3 资源库整体

对于教学资源库建设的整体认知作为一个重要影响因子，其重要性只能占到第三位，说明在普通专业教师面前，他们更加关心与其直接相关的课程建设意义及其宣传推广、应用等方面的影响因素。也就是说，普通专业教师的"站位"依然不够高、视野依然不够开阔。在其包含的 8 个题项指标中，不同院校教师对资源库建设符合现代职业教育发展新趋势、有利于促进专业（群）综合发展、有利于促进教师的综合提升与发展等方面的认知存在显著差异，但是对促进校企深度融合发展、团队建设、校际交流等方面的认知差异不大（见表5-58）。

表 5-58　不同性质院校对资源库整体认知的均值差异分析

学校性质	共建院校		参建院校		其他院校		显著性水平
题项	均值	标准差	均值	标准差	均值	标准差	
A1 符合职教发展新趋势	4.45	0.825	4.72	0.567	4.60	0.894	0.021
A2 促进专业（群）综合发展	4.46	0.826	4.72	0.567	4.80	0.447	0.023
A3 促进校企深度融合发展	4.45	0.794	4.62	0.676	4.40	0.894	0.240
A4 促进教师的综合提升与发展	4.46	0.826	4.72	0.577	4.80	0.447	0.020
A5 促进教师教学创新团队建设	4.41	0.837	4.62	0.748	4.80	0.447	0.137
A7 促进院校间的合作与交流	4.44	0.840	4.58	0.713	4.80	0.447	0.300
A9 资源应持续更新完善	4.40	0.821	4.63	0.652	4.60	0.894	0.077
A10 促进我国终身教育体系的形成	4.49	0.779	4.64	0.614	4.60	0.894	0.263

4. F4 资源库课程建设

资源库课程建设（F4）作为第四大影响因子，共涉及 8 个题项指标。与前面三大影响因子不同的是：首先，在资源库课程建设方面，不同院校教师在各个题项指标的认知得分方面没有显著差异（如表 5-59 所示）；其次，共建院校的认知得分与参建院校的认知得分基本持平。或许是因为资源库课程建设才是专业教师感受最直接且属于无差异感知的重要体现。

表 5-59　不同性质院校对课程建设认知的均值差异分析

学校性质	共建院校		参建院校		其他院校		显著性水平
题项	均值	标准差	均值	标准差	均值	标准差	
C1 全程参与资源库课程建设	4.41	0.882	4.47	0.812	3.80	1.643	0.223
C2 积极参与课程架构设计与标准研发	4.37	0.946	4.36	0.879	4.00	1.732	0.678
C3 积极参与课程资源的设计与制作	4.53	0.811	4.51	0.757	4.40	0.894	0.941
C4 设计多样的个性化资源及微课	4.39	0.834	4.41	0.835	4.40	0.894	0.977
C8 积极参与课程的实践与应用	4.47	0.763	4.49	0.707	4.40	0.894	0.952
C9 积极参与课程的全方位推广宣传	4.36	0.815	4.46	0.765	4.00	1.000	0.348
C13 团队成员认真努力完成课程建设	4.51	0.746	4.62	0.630	4.80	0.447	0.391
C18 课程资源质量优秀品质高	4.35	0.828	4.50	0.717	4.40	0.894	0.374

5.F5 资源库综合服务

资源库综合服务（F5）作为第五大影响因子，共涉及 9 个题项指标。与其他影响因子相比，资源库综合服务的综合平均得分相对较低（如表 5-60 所示）：首先，与资源库课程建设层面的影响因子不同，各个院校教师对智慧景区资源库建设前期、中期与后期的"顶层设计"、后勤保障体系建设并不熟悉；其次，智慧景区资源库在建设方案普及、建设目标与过程设计、技术指导与服务等环节尚有可提升空间。值得注意的是，在各个题项指标中，主持院校在提供技术指导和智慧职教的学习界面友好这 2 个题项指标方面差异不明显。

表 5-60　不同性质院校对资源库综合服务认知的均值差异分析

学校性质	联合主持院校		共建院校		其他院校		显著性水平
题项	均值	标准差	均值	标准差	均值	标准差	
B1 建设方案与任务书设计科学合理	4.19	0.858	4.55	0.617	4.00	1.000	0.001
B2 建设目标与步骤清晰明确且推进有序	4.26	0.882	4.57	0.591	4.60	0.894	0.009
B3 主持院校能提供及时有效的服务指导	4.27	0.871	4.57	0.604	4.20	0.837	0.012
B4 主持院校能提供及时有效的技术支持	4.30	0.863	4.51	0.664	4.20	0.837	0.098
B5 智慧职教操作方便、设计科学合理	3.93	1.111	4.38	0.776	4.20	0.837	0.002
B6 智慧职教能提供及时有效的技术服务	3.91	1.058	4.34	0.833	4.20	0.837	0.005
B7 学校能够提供足够的建设经费	4.18	0.897	4.48	0.664	4.00	1.000	0.011
B8 学校财务部门能对经费使用给予指导	4.15	0.858	4.46	0.716	4.00	1.000	0.011
C10 智慧职教的学习界面友好	4.11	1.019	4.23	0.898	3.80	1.304	0.449

6.F6 资源库政策保障

资源库政策保障（F6）作为第六大因子，共涉及 6 个题项指标。与其他因子相比，智慧景区资源库的政策保障方面的平均得分也相对较低（如表 5-61 所示）：首先，智慧景区资源库的建设，尤其是校际联合选课等相关工作均有二级院系负责完成，导致其相关评价得分较低；其次，智慧景区资源库建设过程中，仅浙江旅游职业学院、太原旅游职业学院等小部分院校在课题级别认定、工作量认定及职称评定上给予相关政策支持。

表 5-61　不同性质院校对资源库政策保障认知的均值差异分析

学校性质	共建院校		参建院校		其他院校		显著性水平
题项	均值	标准差	均值	标准差	均值	标准差	
B9 学校教学相关部门能给予支持	4.20	0.920	4.55	0.651	4.20	0.837	0.004
B10 学校领导重视资源库建设并给予支持	4.29	0.860	4.59	0.624	4.40	0.548	0.010
B11 学校给予充足的人力资源支持	4.18	0.868	4.58	0.626	4.20	0.837	0.000
B12 相关校企合作单位给予支持	4.18	0.854	4.48	0.727	4.00	1.225	0.015
B13 学校给予职称评定的政策支持	3.95	1.042	4.43	0.703	4.00	1.000	0.000
B14 学校奖励课程建设与应用的老师	3.78	1.113	4.12	0.992	4.00	1.000	0.060

五、主要结论与启示

(一) 主要结论

1. 总体面上结论

首先，通过影响因子分析发现，影响参与智慧景区资源库申报、建设、应用的专业教师感知、判断的主要影响因子有资源库建设意义、课程宣传推广与应用、资源库课程建设、资源库整体感知、资源库综合服务、资源库政策保障6个。专业教师对资源库的建设意义、课程建设及应用推广的敏感度要明显高于其他影响因子。其次，通过描述统计分析发现，教师对智慧景区资源库的整体感知与判断十分积极正面，尤其是对促进教师自身综合提升与发展、促进专业（群）综合发展以及符合现代职业教育发展新趋势等方面尤为认可；教师对智慧景区资源库的综合服务管理水平及配套政策支持的感知与判断十分积极，尤其是对学校领导重视、建设目标与步骤清晰、提供有效服务指导方面尤为认可，但是对平台技术服务及学校政策支持、奖励等方面的认知得分相对偏低；教师对智慧景区资源库的课程建设方面的感知与判断十分积极，但是对育训并举的理念及其面对四个用户群体的认知区分度不明显，对智慧职教的学习端存在的问题较为"痛苦"与"敏感"；教师对智慧景区资源库课程的宣传推广与应用的认知评价得分都很高，认为课程建设质量较高，但是在影响力方面自信心略显不足、有待提升；教师对智慧景区资源库建设的感知与判断评价极高，普遍认为其对促进"三教"改革具有重要意义。

2. 具体特征结论

首先，不同学校性质的教师主要对智慧景区资源库的建设过程及建设意义的判断存在较大差异，其中共建院校对于智慧景区资源库的评价与认可程度相对并不显著。共建院校由于对智慧景区资源库的参与度最为深入，因此对其判断更加客观多元，但也在一定程度上表明，资源库共建院校的骨干教师对项目整体情况、所在院校支持情况、技术平台支撑情况等方面存在不满意之处，未来需进一步重点提升。其次，不同专业的教师主要对智慧景区资源库的作用和价值存在较大分歧，智慧景区专业对资源库的感知评价最好，而旅游管理专业和其他旅游类专业的认可度相对偏低，这也与资源库主要基于智慧景区专业发展需要建设有直接关系。且各院校对于资源库建设过程中的教师个人考核中存在一定偏差，非直接相关的专业教师参与反倒可以获得较多激励，这样不利于提高直接相关专业教师的积极性。再次，不同性别的教师对资源库感知的差异性指标相对较少，主要表现在男性教师在量表选择过程中相对明确果决，对智慧景区资源库整体感知更强烈，认可度更高。最后，不同职称的教师对资源库的感知存在较多差异，从维度来看，对于智慧景区资源库建设过程及成效的感知差异最为明显，助教职称的教师相对而言对智慧景区资源库的认可度偏低，而拥有教授（正高级）职称的教师对资源库项目整体和资源库建设意义最为认可，拥有讲师（中级）职称的教师占比最大，也是智慧景区资源库建设的主力军，但在指标平均值上均处于中等偏下水平，整体满意度有待提升。

（二）启示

1. 加强技术支撑平台监管

智慧职教是国内职业教育教学资源库的主流平台之一，但由于平台运营管理问题，导致出现平台迁移、新旧平台衔接不畅等诸多问题，严重影响课程建设者、参与者和使用者的正常应用，也对专业教师相对偏低的评价感知负有直接责任。同时，需积极对接平台研发方与管理方，促进平台在管理、服务、应用等方面进行革新优化，优化学习和使用界面，简化各项功能，完成新旧平台数据迁移工作，并做好用户咨询和平台维护工作，提高师生满意度。

2. 持续推进资源库内容完善与应用推广

持续完善以用促建、边建边用的长效机制，发挥共建院校的统筹组织作用，继续督促参与教师对自己所负责课程的教学资源进行定期修改和完善，并给予一定的经费保障和制度保障。保证每年新增或更新的资源比例不低于验收时总量 10%，每年新增用户数不低于验收时总数的 10%，并通过院校课程互选、学分银行、教考分离等多种方式持续更新用户并保持用户活跃程度。

3. 扩大资源覆盖面，持续提升课程影响力

首先，是扩大专业覆盖面，以泛景区概念为核心，延伸覆盖到旅游相关专业，进一步完善课程体系；其次，是扩大使用主体覆盖面，除学生主体外，坚持育训并举，重点结合各类培训需求，鼓励以资源库内的各类资源为载体，面向企业员工、退役军人、新型职业农民等社会学习者广泛开展技术技能培训；再次，是扩大地域覆盖面，进一步推动优质资源向偏远贫困地区覆盖，发挥资源库共建共享的功能优势，加大对偏远贫困地区相关院校师生使用资源库的服务保障；最后，是提升国际化水平，积极开发双语课程资源，满足国际化学习或传播需要，尤其是在"展现美丽中国形象，讲好美丽中国故事"方面的相关课程。

4. 完善教师激励机制，激发参与热情

一方面，共建院校与参建院校应共同研究并完善针对资源库建设参与教师的激励机制，最大限度地将项目成果与绩效落实到个人。通过课程荣誉、物质激励、职称评定倾斜等多种方式让参与教师获得切实的物质和精神激励，激发教师参与建设和应用的热情。另一方面，探索采用课程数字版权保护、授权使用等形式，使课程建设教师能够获取合理的版权收益。激活资源建设良性竞争和持续更新的内生动力，推动资源库的可持续发展。

第六章　智慧景区资源库迭代升级的对策与措施

　　未来智慧景区资源库的迭代升级，应坚持立德树人根本任务，紧紧围绕现代职业教育发展新趋势与文旅深度融合发展新态势，紧扣不同层次的学生、教师、企业用户与社会用户的学习需求。以《职业教育专科智慧景区开发与管理专业教学标准》与旅游景区系列国家标准、行业标准为基准，聚焦新技术、新标准、新工艺与新规范，着重梳理课程体系、知识体系、能力体系与应用体系，着重创新课程与素材资源的表现形式，着重强化知识产权保护与课程资源质量监督管理，着重增强课程资源转换利用并促成"三教"改革，使之成为旅游大类国家级教学资源库的示范与标杆。

一、发展理念与思路的迭代升级

　　智慧景区资源库应以完善现代职业教育体系为目标，以标准为示范引领，秉承育训结合与共商共建共享的发展理念，持续坚持创新创业与课程思政，坚持"岗课赛证"融合，积极服务国家乡村振兴战略与"一带一路"倡议。

（一）标准示范引领

1. 研读宣贯已有国家（行业）标准

　　首先，智慧景区资源库应充分利用第一主持单位牵头修订《职业教育专科智慧景区开发与管理专业教学标准》的契机，重新梳理其核心课程体系；其次，应充分利用第一主持单位作为全国旅游职业教育教学指导委员会景区与休闲类专业委员会主任委员单位的优势，整合国内开设智慧景区开发与管理专业（方向）的院校与教师资源，系统研发智慧景区开发与管理专业的课程标准体系并应用于子项目课程知识点或知识树的梳理；最后，应以《旅游景区质量等级的划分与评定》《旅游规划通则》《旅游资源分类、调查与评价》以及涉及景区游客中心、接待服务、标识导览系统、智慧景区管理等方面的国家标准或行业标准，国家旅游类职业资格或职业技能标准等为核心，强化"课证"与"岗课"的融合，实现课程建设基于国家标准又高于国家标准，能有效服务于各个院校或旅游行业企业。

2. 充分借鉴已有景区头部企业标准

智慧景区资源库应充分利用共建行业企业的行业话语权，充分借鉴或利用其已有的企业标准，并有效融入专业核心课与岗位选修课，真正做到育训结合与"岗课"融合。首先，第一主持单位可联合其他共建院校，与宋城演艺、乌镇旅游、华侨城欢乐谷、华强方特、上海迪士尼等共同建立校企合作关系的行业头部企业加强合作广度与深度，对企业已有接待服务、商业运营、安全管理、市场营销、资源与环境管理等方面的岗位制度、服务流程与规范进行脱敏处理，以共建企业岗位培训教材或工作手册式教材为目标，重点面向景区企业员工培训、职业院校学生实习实践培训等需求。其次，第一主持单位可联合蜗牛（北京）景区管理集团、浙江朗域视觉科技、浙江省旅游发展研究中心、乡伴文旅、乡立方等咨询决策与管理类共建单位，联合推进旅游策划、旅游规划与开发、旅游设施设计等相关课程的建设，重点面向景区经营管理层或技术骨干的技能提升培训需求与乡村振兴方面的需求。

3. 积极研发地方标准与团体标准

智慧景区资源库应充分依托第一主持单位作为中国旅游研究院标准化研究基地、浙江省旅游标准化技术委员会秘书长单位的优势，有效依托中国旅游景区协会、全国工商联旅游商会等具有团体标准立项与发布资质的协会资源，充分利用各共建院校、行业企业的优势资源与专业特长，开展契合各个地方特色与特长的地方标准、团体标准的研发工作，并有机融入相关专业核心课程、岗位选修课或地方特色，使子项目课程能紧跟行业新技术、新规范与新工艺。如东北地区的院校可有针对性地研发冰雪旅游类相关地方标准或团体标准，西北地区的院校可针对性地研发滑沙旅游类相关地方标准或团体标准，东部沿海地区的院校可针对性地研发海洋旅游类相关地方标准或团体标准等。

4. 率先研发专业课程标准与实训标准

智慧景区资源库应充分吸取第一轮资源库建设过程中课程标准制（修）订对其相关子项目课程以及未来推广应用方面所产生影响的经验与教训，要借助全国旅游职业教育教学指导委员会景区与休闲类专业委员会、国家级职业教育教师教学创新团队文体旅游（二）协作共同体以及中国智慧景区开发与管理专业发展共同体等机构的指导、协同作用。以《职业教育专科智慧景区开发与管理专业教学标准》为基础，充分吸收前述三类标准资源与技术规范，积极推动子项目课程的课程标准以及实践实训标准研发，使之兼顾覆盖学生、教师、企业用户与社会用户等群体，构建完善的智慧景区开发与管理专业标准体系。

（二）教育培训结合

1. 构建中高本硕一体化的职业教育体系

智慧景区资源库应学习借鉴 2020—2021 年新一轮职业教育目录与专业教学标准修订工作的相关经验，以构建中高本硕一体化的职业教育体系为目标，系统梳理其课程体系及其知识体系与能力体系。首先，应明确智慧景区开发与管理专业作为职业教育专科学历在智慧景区资源库中扮演的核心地位与枢纽作用，可适当辐射旅游管理、茶艺与茶文化、研学旅行管理与服务、定制旅行管理与服务、智慧旅游技术应用、休闲服务与管理等尚未有国家级资源库立项的旅游类专业，也可以适当辐射休闲体育、休闲农业经营与管理等相关专业。其次，应充分调研各高职院校已有"中高一体化""专升本""高本一体化"等合作培训机制，重点考查中职旅游服务与管理、康养休闲旅游服务、茶艺与茶营销等旅游类专业以及园林技术等相关专业。尤其应鼓励中职院校的相关专业及教师能参与到课程标准的制（修）订、课程建设需求调研甚至课程建设与应用推广中来。最后，应适当考虑职业本科、应用型本科乃至相关旅游类专业硕士的培养需求，尤其是偏向应用管理类、咨询决策类课程的建设方面。

2. 构建全年龄段的职业培训体系与终身学习体系

智慧景区资源库应秉承育训结合的发展理念，积极服务于职业启蒙教育与职业继续教育，努力服务全年龄段人群，积极助力构建现代职业教育体系。首先，应依托"旅游概论""旅游文化""旅游资源调查与评价""解说系统设计与应用"等课程，针对中小学生乃至学龄前儿童，以职业启蒙或劳动认知、劳动教育为主要目的，以认知乡情县情、省情国情为主要内容，以研学旅行为主要形式。其次，应依托"旅游职业礼仪""旅游政策与法规""旅游标准化知识""景区接待服务""景区运营与管理实务"等课程，针对新入职景区从业人员或再就业群体，以入职或再就业培训为主要目的，以景区基础就业岗位或实习实践岗位技能养成为主要目的，此项建设内容是"育训结合"的最重要领域之一。再次，应依托"职业教育专科智慧景区开发与管理专业教学标准"中的其他相关课程，针对景区已就业群体或技术骨干，以从业人员岗位技能再提升为主要目的。实际上，此项建设内容是"育训结合"的最重要领域之二。复次，应依托"旅游概论""旅游文化""旅游资源调查与评价""解说系统设计与应用"等课程及地方特色课程，针对普通社会大众以及境外人群，以展示美丽中国形象、讲好中国故事为主要目的，以通俗易懂、形象生动的话语技巧及中英双语为主要展现形式。最后，应依托专业园地建设及专业基础课程、专业核心课程与岗位选修课程以及其他特色模块，针对职业院校专业教师群体，以教学能力设计、专业能力提升、教学方法创新等为主要内容，以教师"双师"能力提升为主要目的。

（三）岗课赛证融合

1. 岗课融合为基础

智慧景区资源库的课程建设应坚持以"岗课融合"为基础，即以旅游景区行业企业的岗位需求为导向，以旅游景区类企业的岗位职责为课程培养目标，以岗位工作流程与规范为课程标准研发的主体内容，实现智慧景区开发与管理专业的全部专业基础课程、专业核心课程以及岗位选修课程和企业岗位工作流程与规范（或企业标准）的有机融合。

2. 岗课赛融合为核心

智慧景区资源库的课程建设应坚持以"岗课赛融合"为核心，即在"岗课融合"的基础之上，以讲解接待、旅游策划、市场营销、规划设计等专业类行业技能比赛为核心，以导游、研学等其他旅游类职业技能竞赛为补充，以乡村振兴职业技能大赛、大学生乡村振兴创新创业大赛、职业生涯规划大赛、中国"互联网＋"大学生创新创业大赛、"挑战杯"、大学生科技创新行动计划（新苗人才）等公共类技能比赛为特色，以技能比赛的规程与评分（评价）规则为课程标准研发的主要依据，具体可参见表6-1。

表6-1　智慧景区资源库"岗课赛融合"课程一览（部分＊）

序号	课程名称	课程性质	可融合赛项（举例）
1	智慧旅游与信息技术	专业基础课	乡村振兴职业技能大赛
2	旅游标准化知识	专业基础课	职业生涯规划大赛
3	旅游职业礼仪	专业基础课	职业生涯规划大赛、导游技能大赛、研学技能大赛
4	旅游文化	专业基础课	导游技能大赛、研学技能大赛
5	景区接待服务	专业核心课	乡村振兴职业技能大赛、导游技能大赛、研学技能大赛
6	大数据分析与市场营销	专业核心课	乡村振兴职业技能大赛、大学生乡村振兴创新创业大赛、研学技能大赛
7	解说系统设计与应用	专业核心课	乡村振兴职业技能大赛、大学生乡村振兴创新创业大赛、导游技能大赛、研学技能大赛
8	景区运营与管理实务	专业核心课	乡村振兴职业技能大赛、大学生乡村振兴创新创业大赛、职业生涯规划大赛
9	数字媒体设计与制作	专业核心课	乡村振兴职业技能大赛、大学生乡村振兴创新创业大赛、研学技能大赛
10	旅游资源调查与评价	专业核心课	乡村振兴职业技能大赛、大学生乡村振兴创新创业大赛、研学技能大赛
11	旅游策划	专业核心课	乡村振兴职业技能大赛、大学生乡村振兴创新创业大赛、职业生涯规划大赛、导游技能大赛、研学技能大赛
12	旅游规划实务	专业核心课	乡村振兴职业技能大赛、大学生乡村振兴创新创业大赛、职业生涯规划大赛

续表

序号	课程名称	课程性质	可融合赛项（举例）
13	研学旅行课程设计	专业选修课	乡村振兴职业技能大赛、大学生乡村振兴创新创业大赛、导游技能大赛、研学技能大赛
14	景区智慧技术应用与实践	专业选修课	乡村振兴职业技能大赛
15	新媒体运营	专业选修课	乡村振兴职业技能大赛、大学生乡村振兴创新创业大赛、职业生涯规划大赛、研学技能大赛
16	广告设计与策划	专业选修课	大学生乡村振兴创新创业大赛、研学技能大赛
17	旅游设施设计与管理	专业选修课	乡村振兴职业技能大赛
18	园林植物识别与应用	专业选修课	导游技能大赛、研学技能大赛
19	景观设计	专业选修课	乡村振兴职业技能大赛、大学生乡村振兴创新创业大赛
20	旅游商品设计	专业选修课	乡村振兴职业技能大赛、大学生乡村振兴创新创业大赛

*注：部分基础课程可适用于所有赛项，故不再单独列举。

3. 岗课证融合为补充

智慧景区资源库的课程建设应坚持以"岗课证融合"为补充，即在"岗课融合"的基础上，以职业资格证书与职业技能证书的相关标准融合为目标。值得说明的是，截至 2023 年年底，国内尚无与智慧景区开发与管理专业直接相关的职业资格证书或职业技能证书标准。首先，从职业资格证书方面而言，与智慧景区开发与管理专业相关的主要有导游证且有相关标准体系与考评体系；虽然《中华人民共和国职业分类大典（2015 年版）》及后续增补职业分类中已有旅游咨询员（4-07-04-04）、公共游览场所服务员（4-07-04-05）、讲解员（4-13-01-03）以及景区运营管理师，但均缺乏相应的标准体系与考评体系。其次，就职业技能证书（即 1+X 证书）方面而言，《职业教育专科智慧景区开发与管理专业简介》中明确说明的有新媒体运营、新媒体营销、旅游大数据分析师、研学旅行课程设计与实施、研学旅行策划与管理等。因此，智慧景区资源库的相关专业基础课程、专业核心课程与专业拓展课程，应未雨绸缪，主动对接行业企业及相关旅游行业协会机构，共同商议相关职业岗位的标准体系建设与考评体系建设（具体如表6-2所示）。

表6-2　智慧景区资源库"岗课证"融合课程一览（部分）

序号	课程名称	课程性质	匹配岗位	匹配证书
1	智慧旅游与信息技术	专业基础课	旅游资源开发与规划、游客服务、信息化运营与管理、旅游营销、商业管理、行政管理	导游、旅游咨询员、公共游览场所服务员、讲解员、景区运营管理师、新媒体运营、新媒体营销、旅游大数据分析师
2	旅游标准化知识	专业基础课	旅游资源开发与规划、游客服务	导游、旅游咨询员、公共游览场所服务员、讲解员、景区运营管理师
3	旅游职业礼仪	专业基础课	游客服务、信息化运营与管理、旅游营销、行政管理	导游、旅游咨询员、公共游览场所服务员、讲解员
4	旅游文化	专业基础课	旅游资源开发与规划、游客服务、旅游营销	导游、旅游咨询员、公共游览场所服务员、讲解员、景区运营管理师、新媒体运营、新媒体营销
5	景区接待服务	专业核心课	游客服务、信息化运营与管理、旅游营销、商业管理	导游、旅游咨询员、公共游览场所服务员、讲解员、景区运营管理师、研学旅行课程设计与实施、研学旅行策划与管理
6	大数据分析与市场营销	专业核心课	旅游资源开发与规划、游客服务、信息化运营与管理、旅游营销、商业管理	景区运营管理师、新媒体运营、新媒体营销、旅游大数据分析师
7	解说系统设计与应用	专业核心课	旅游资源开发与规划、游客服务、信息化运营与管理、旅游营销	导游、旅游咨询员、公共游览场所服务员、讲解员、新媒体运营、新媒体营销、旅游大数据分析师
8	景区运营与管理实务	专业核心课	游客服务、信息化运营与管理、旅游营销、商业管理	景区运营管理师、新媒体运营、研学旅行课程设计与实施、研学旅行策划与管理
9	数字媒体设计与制作	专业核心课	旅游资源开发与规划、旅游营销	景区运营管理师
10	旅游资源调查与评价	专业核心课	旅游资源开发与规划、游客服务、信息化运营与管理、旅游营销、商业管理、行政管理	导游、旅游咨询员、公共游览场所服务员、讲解员、景区运营管理师、研学旅行课程设计与实施、研学旅行策划与管理

续表

序号	课程名称	课程性质	匹配岗位	匹配证书
11	旅游策划	专业核心课	旅游资源开发与规划、游客服务、信息化运营与管理、旅游营销、商业管理、行政管理	导游、旅游咨询员、公共游览场所服务员、讲解员、景区运营管理师、新媒体运营、新媒体营销、旅游大数据分析师、研学旅行课程设计与实施、研学旅行策划与管理
12	旅游规划实务	专业核心课	旅游资源开发与规划、游客服务、信息化运营与管理、旅游营销、商业管理	景区运营管理师、旅游大数据分析师、研学旅行课程设计与实施、研学旅行策划与管理
13	研学旅行课程设计	专业选修课	旅游资源开发与规划、游客服务、信息化运营与管理	导游、旅游咨询员、公共游览场所服务员、讲解员、景区运营管理师、研学旅行课程设计与实施、研学旅行策划与管理
14	景区智慧技术应用与实践	专业选修课	游客服务、信息化运营与管理、旅游营销、商业管理、行政管理	景区运营管理师、新媒体运营、新媒体营销、旅游大数据分析师
15	新媒体运营	专业选修课	信息化运营与管理、旅游营销、商业管理	新媒体运营、新媒体营销、旅游大数据分析师

*注：部分基础课程可适用于所有岗位与证书，故不再单独列举。

4. 岗课赛证融合为愿景

智慧景区资源库的课程建设应坚持以"岗课赛证融合"为愿景，即在"岗课证融合"与"岗课赛融合"的基础上，实现以课程为核心载体，课程考核评价—岗位技能考核—职业技能证书考评—职业技能竞赛获奖逐级递进的学习与考评体系。值得注意的是，智慧景区开发与管理专业的核心职业资格标准是景区运营管理师，而相应的职业技能竞赛则主要体现在旅游策划与设计等方面，要实现真正的"岗课赛证"融合还有很长的道路要走。

（四）共商共建共享

所谓共商共建共享，其本质是延续智慧景区资源库第一轮建设时提出的"以智慧景区专业教学资源库为基础的、涵盖'需求共预、方案共订、质量共管、资源共制、课程共建、教材共编、证书共推、基地共营、学生共育、成果共享'的校企深度融合体制机制"，而其最根本的可持续发展机制，则是需求共同研判、目标共同制定、任务共同建设以及效益共同分享。

1. 需求共同研判

所谓需求，是指智慧景区资源库建设过程中，其面向服务的学生、教师、企业用户与社会用户等群体的实际需求，可能包括职业启蒙、职业认知、教学能力提升、岗位技能提升、企业入职培训等定性需求，还包括相关岗位的技能等级与数量需求。因此，智慧景区资源库应充分利用第一主持单位作为全国旅游职业教育教学指导委员会景区与休闲类专业委员会主任委员单位、国家级职业教育教师教学创新团队文体旅游（二）协作共同体理事长单位的优势，既要联合所有共建单位及相应的成员单位资源，又要充分利用现代大数据抓取与分析技术，每年发布一次专业人才需求预测报告，及时更新各个课程的知识树以及相应的知识体系、能力体系，尤其是应及时体现在"训"相关的资源素材更新方面。

2. 目标共同制定

为确保供需有效匹配、防止出现结构性矛盾，智慧景区资源库应从两个方面来共同制定建设目标：首先，智慧景区资源库共建单位应联合面向服务的学生、教师、企业用户与社会用户等群体开展学习目标的调研工作，尤其是可以针对已有的素材中心、微课中心、技能中心、课程中心、培训中心、专业中心，通过期望值与感知值的差距，找到转型升级的目标方向与目标值。其次，智慧景区资源库的共建院校与共建企业可以根据自身专业发展、企业发展的实际需求，确定相应的建设目标。事实上，各共建院校及景区行业企业的发展水平通常要高于行业平均水平，因此，资源库建设理论上应该能符合大部分职业院校与景区行业企业的实际需求，并在一定程度上能引领旅游职业教育与旅游景区行业的发展。

3. 任务共同建设

要确保高质量的素材与课程资源建设，必须要实施任务的共同建设机制。首先，智慧景区资源库共建单位应根据各个子项目课程组建虚拟教研室，明确联合课程组，尽量规避某个课程完全由一个院校或单位来建设的"封闭"局面；其次，应依托虚拟教研室，联合开展各个子项目课程建设方案的编写，并邀请顾问组与专家组相应的专家学者进行论证，尤其是知识树的梳理以及素材资源的服务对象、表现形式；最后，应依托虚拟教研室，分工、协同推进子项目课程的素材资源设计、制作，包括但不限于教学课件、教学设计、教学案例、教学视频等内容，以确保课程资源达到高质量或先进性水平。

4. 效益共同分享

要确保未来能实现自我更新与造血机制，智慧景区资源库应积极尝试优质资源的认证与交易机制。首先，可依托产业学院等校企合作平台，由共建院校与合作企业成立联合工作室，共同向其他相关职业院校、普通旅游景区企业提供师资培训包、岗位技能训练培训包等培训产品，并获取相应的收入以用于素材资源的更新。其次，可鼓励景区头部企业或景区相关行业协会实施多元化经营策略，即充分利用其已有的"新技术、新工艺、新规范、新标准"，通过一定的"脱敏"处理，形成能供行业普通企业开展系统培训或技术咨询的产品体系。最后，共建单位可通过联合出版新形态培训教材或工作手册式教材等方式，也可以通过联合申请相关版权或品牌，实现共同获益。

（五）乡村振兴战略

党的二十大报告明确指出，要"全面推进乡村振兴。全面建设社会主义现代化国家，最艰巨最繁重的任务仍然在农村"。因此，积极实施乡村振兴战略，是我国进入新时代全面推进社会主义现代化建设过程中的必然要求。旅游业是天然的富民产业、生态产业，能有效促进乡村地区第一、第二、第三产业的融合发展。因此，作为旅游业的"三驾马车"之一，旅游景区与乡村旅游的发展具有天然的耦合性，应该充分承担起乡村旅游可持续发展与助力乡村振兴的职责。智慧景区资源库的迭代升级应该更加考虑乡村旅游可持续发展与乡村振兴方面的需求。

1. 坚持统筹设计与总分结合策略

伴随着全域旅游的全面发展与文旅深度融合的全面推进，乡村地区旅游业发展已经形成以乡村旅游景区为载体，融合"食、住、行、游、购、娱"等基础性要素与"商、养、学、闲、情、奇"等拓展性要素，初步形成了综合性发展态势、协同性发展格局。因此，智慧景区资源库在迭代升级的过程中，应坚持从全域旅游与文旅深度融合的视角出发，将乡村旅游发展尤其是现代职业农民的培养纳入整个旅游景区乃至旅游目的地的人才培养体系中，同时也要突出乡村旅游或乡村振兴的主线，实现总分结合的策略。具体而言，就是要在景区类专业基础课、专业核心课与专业拓展课等各个层面，均应纳入乡村旅游发展的相关知识、技能模块。

2. 坚持以培养现代职业农民为首要任务

除历史文化名城、主题公园等部分类型的旅游景区之外，我国大部分旅游景区均位于村镇地区，均可归属于乡村旅游的范畴（郎富平，2008），并带动了乡村旅游的集聚化发展，未来也将进一步促进城乡统筹与村镇地区的高质量发展。而要实现村镇地区乡村旅游的高质量发展及实现村镇地区的高效治理，必然要求培养契合现代乡村旅游高质量发展，尤其是乡村旅游运营与管理人才。因此，智慧景区资源库应以第一轮建设为基础，重点以《乡村旅游开发与管理》课程为基础，进一步强化乡村旅游运营与管理的职业技能训练模块建设，进一步夯实现代职业农民（即乡村旅游运营管理师）培训基地的地位与作用。

3. 坚持以社会用户学习为重要补充

智慧景区资源库未来应积极助推现代职业教育体系的构建，充分发挥其"展示美丽中国形象""讲好美丽中国故事"的功能与定位，重点服务好三大社会用户群体。首先，各个子项目课程，尤其是专业基础课和专业选修课或地方特色课程，应紧扣中小学生的职业启蒙教育、劳动教育、科普教育与研学旅行等需求，设计一批视频类、动画类或虚仿类素材资源并做好个性化课程的建设与推广；其次，地方特色课程应紧扣普通社会大众的科普教育与研学旅行等需求，做好社会大众外出旅行的"参谋"与认知祖国并实现文化自信的重要窗口，设计一批视频类或虚仿类素材资源并做好个性化课程的建设与推广；最后，地方特色课程应紧扣老年人的社区教育与科普教育等需求，满足其足不出户即可游览天下的心愿，设计一批视频类、虚仿类素材资源并做好个性化课程的建设与推广。

（六）"一带一路"倡议

国际化建设是智慧景区资源库新一轮迭代升级的重要战略方向，其首要任务便是积极响应国家"一带一路"倡议，明确并积极推进"走出去"。

1. 明确走出去的思路与路径

智慧景区资源库未来"走出去"应充分发挥联合主持院校的既有国际化品牌优势及其渠道载体，重点是利用浙江旅游职业学院的中俄旅游学院、中塞旅游学院、中意厨艺学院等境外办学机构和云南旅游职业学院的中国—东盟旅游人才教育培训基地等平台，着力实施"一体两翼"工程，服务好境内留学生与境外友好人士，不断提升知名度与美誉度，有效彰显"展示美丽中国形象""讲好美丽中国故事"的功能与形象。

2. 明确"走出去"的重点任务

智慧景区资源库在新一轮建设过程中，应着力实施"一体两翼"工程。首先，是积极推进"双语"素材资源、课程标准及课程体系的建设，重点涉及专业核心课与地方特色课，是实施走出去战略的基础工程。其次，充分利用"中国旅游文化""中国旅游地理""茶文化"等专业基础类课程及地方特色课的"双语"素材资源，构建面向境内留学生或境外友好人士的个性化课程，搭建促进文化交流与互动体验的"平台翼"。最后，充分利用专业核心课和专业选修课的"双语"素材资源，以规划设计、营销策划与运营管理等技能传授为核心，构建面向境内留学生或境外友好人士的个性化课程，搭建促进旅游目的地技术技能传授的"技术翼"。

二、建设内容与主体的迭代升级

（一）建设内容的重构与梳理

1. 课程体系的重构与梳理

首先，智慧景区资源库应在原有课程结构体系的基础上，秉承"岗课赛证"融合与育训并举发展理念，依据《职业专科教育智慧景区开发与管理专业教学标准》，紧扣国内外经济与社会发展的新形势与新要求，体现新技术、新规范与新工艺，主动对接新职业、新岗位、新业态与新模式，重点构建四个层次的课程。一是专业基础课程，即在原有旅游基础类课程的基础之上，新增"旅游政策与法规""管理学基础""智慧旅游与信息技术"等新设课程，调整"中国旅游文化"为"旅游文化"；二是专业核心课程，即在原有专业核心课程的基础之上，调整"景区服务与管理"为"景区接待服务"和"景区运营与管理实务"，调整"市场调查与分析"和"旅游市场营销"为"大数据分析与市场营销"，调整"景点导游"为"解说系统设计与应用"，调整"计算机辅助设计"为"数字媒体设计与制作"；三是专业选修课程，即在原有专业选修课或地方特色课的基础上，明确分设专业选修课，重点关注规划设计、营销策划与运营管理等方向模块；四是地方特色课程，即在原有专业选修课或地方特色课的基础上，明确分设地方特色课程，并需增设华南地区、西南地区、西北地区等地方特色课程或彰显地方特色民俗文化的相关课程。其次，智慧景区资源库在明确不同类型育训对象及多元利益主体需求的基础上，结合各共（参）建院校的办学目标与定位、人才培养与职业培训的规格要求，综合考虑专业（群）建设实际，重点围绕职业院校教育的基础维度，兼顾职业启蒙教育与职业继续教育两个扩展维度，同步应做好四个方面的衔接：一是做好职业高等教育专业的核心课程体系与职业中等教育、职业本科教育的衔接；二是要做好校内学生培养的课程体系与校外行业企业培训课程体系的衔接；三是要做好校内学生培养的课程体系与职业院校同行教师培训课程体系的衔接；四是要做好职业院校教育课程体系与职业启蒙教育课程体系、职业继续教育课程体系的衔接。

2. 知识体系的重构与梳理

在全面完善智慧景区资源库课程体系的基础上，应对其知识体系进行系统重构与梳理。首先，是要进一步完善子项目课程的知识树与知识图谱，即分别通过目录式与图谱式等两种方式展现各个课程的知识结构体系，既要方便教学资源库总负责人及监督团队的日常监督管理，方便课程团队成员的建设应用与推广，又要方便注册学习用户的选择应用或学习。其次，子项目课程的知识树与知识图谱应根据"一体多支点"的目标群体进行内容框架的重构与梳理，其中：基于中高本一体化的职业教育学习人群是"一体"，应注重层次的逐级递增；中小学生、社会大众、老年人群体等是"多支点"，需不同子项目课程充分发挥自身特色与优势，进行个性化的支撑或辅助性开发建设。最后，充分结合课程思政的相关要求，在原有知识目标与能力目标的基础上，增加综合素质与品德目标，尤其是应根据不同受众群体应有分层差异的体现，不能"一概而论"。

3. 内容体系的重构与梳理

智慧景区资源库的各子项目课程应重新撰写相应课程的建设方案，重点包括：第一，是基于目标学习用户的课程说明，即根据各个子项目课程的目标学习用户类型，分别设计相应的课程学习或使用说明，可以是视频类或文本类资源，尤其是子项目课程建设的基础内容，不可或缺。第二，是基于教师学习用户的课程设计，即主要供各相关院校的教师使用，重点是让教师学习用户知道"为什么要上课""要上什么课""该怎么样上课"，教师经过学习与评估后，就可以成为一名该专业课程的"合格"教师，可以解决当前专业教师缺乏课程认证的问题。此项内容通常包括但不限于课程标准、课程教案、教学设计、考试大纲等相关内容，可以是文本类、视频类资源。第三，是基于学生学习用户的分层设计，即以知识树或知识图谱为架构体系，重点基于中高本一体化的分层递进教学需求，分类设置不同学历层次学生的学习需求。第四，是基于社会学习用户的入职培训、再就业培训或科普研学需求，主要是充分利用智慧景区资源库的"技术翼"和"平台翼"。前者主要依托专业核心课与专业选修课，后者主要依托地方特色课，以视频类、动画类或虚仿类素材资源为主。第五，是基于启蒙学习用户的职业（劳动）认知需求，即主要供中小学生的职业启蒙教育或劳动实践教育，以专业核心课或专业选修课为主要依托，以动画类、虚仿类素材资源为主要表现形式。第六，是基于企业学习用户的技能培训，即重点面向合作企业及其他旅游景区行业企业的在职员工，主要依托专业核心课与专业选修课，结合岗位、标准与技能比赛，以视频类、文本类、虚仿类素材资源为主要表现形式。

4. 专业园地的重构与梳理

专业园地是供国内职业院校开设同类专业的院校教师参考使用的重要板块，通常包括人才需求调研报告、人才培养方案、专业教学标准、专业课程标准、专业实训标准、行业标准体系、行业政策文件等内容。智慧景区资源库在未来迭代升级过程中，不仅要紧跟文旅行业发展新趋势、新要求、新标准、新工艺以及新政策并进行更新相关内容，而且要创新系列内容的表现形式，着重通过文旅名家说专业、说课程、说政策、说热点与说趋势等形式，重点通过视频类或文本类素材予以展现。

（二）建设主体的调整与完善

根据智慧景区资源库的多年实践，尤其是前述分析讨论，在未来迭代升级过程中，对建设主体进行调整与完善已成必然。

1. 共（参）建院校的调整与完善

智慧景区资源库在未来共（参）建院校及子项目课程负责人的调整与完善过程中，应遵循如下四个原则：首先，拟共（参）建院校应设置有稳定的智慧景区开发与管理专业或者旅游管理专业，重点参考其每年的招生量，对招生量无法达到标准班的相关院校不予考虑。同时，优先选择专业排名靠前，或已经纳入省级及以上专业群的相关院校作为联合主持院校。其次，拟参建院校的相关专业应开设相关课程，重点考察其专业人才培养方案，对未纳入专业人才培养方案的课程不予考虑。同时，对于地方特色课程如果没有进入人才培养方案的，则必须进入院系级或校级公共选修课。再次，拟共（参）建院校必须出台相应的鼓励政策并配套建设资金，原则上子项目课程应作为省级及以上教改课题予以认定，并根据实际建设任务给予配套建设资金及后续更新维护的资金。最后，拟推荐的课程负责人及其团队应具有明显的开放性与协同性，对不符合建设标准与要求的课程团队成员可根据实际情况进行调整。其中，课程负责人原则上应具有讲师以上职称，并具有较为丰富的"三教"改革经验与行业培训经验。

2. 参建企业的调整与完善

智慧景区资源库在未来参建企业的调整与完善过程中，应重点考虑三类企业：首先，是旅游景区运营管理类企业。一般而言，该类企业必须拥有丰富的旅游景区运营管理经验，且负责运营的旅游景区至少是国家 4A 级及以上旅游景区或国内外知名连锁品牌主题公园，也可以是纳入全国 50 强的文旅集团公司。其次，是旅游规划设计咨询类企业。一般而言，此类企业一般要求拥有丰富的项目实践经历，或者拥有较多旅游景区的托管经历，其往往具有较强的行业发展趋势研判能力、具有较大的行业人才培训需求，有利于后期教学资源库的推广与应用。最后，是旅游信息技术类企业。一般而言，此类企业一般要求要有丰富高等级旅游景区的实践案例，尤其是在景区运营管理、物业管理、市场管理、安全管理等方面。同时，优先选择与共（参）建院校拥有共同合作关系的行业企业，且愿意投入建设资金、分享先进理念或经验、协同开展素材资源的制作等。

3. 参建机构的调整与完善

为进一步提升智慧景区资源库的行业地位与影响力，应进一步充实相关机构，主要是三类：首先，是全国旅游职业教育教学指导委员会。智慧景区资源库的第一主持单位和第三主持单位分别是全国旅游职业教育教学指导委员会景区与休闲类专委会的主任委员和副主任委员单位，应力争其成为教学资源库的正式参建单位，并依托景区与休闲类专委会开展相关标准研讨、课程建设研讨、课程推广应用以及"三教"改革等相关事宜，这有利于促进教学资源库的深度衍生利用。其次，是中国旅游景区协会和各省级旅游景区协会。景区协会在参与行业标准研发、技能比赛承办、培训课程设计等方面拥有巨大的市场需求量，能为智慧景区资源库的推广与应用提供广泛的市场与渠道资源。尤其值得重视的是，目前正由中国旅游景区协会牵头编制景区运营管理师的职业资格标准，有利于未来实施"课证""课赛"融合。最后，是综合性出版社或旅游类出版社，如高等教育出版社、中国旅游出版社或旅游教育出版社等。高等教育出版社已与智慧景区资源库的第一主持单位——浙江旅游职业学院签订全面战略合作协议，也参与了智慧景区资源库的各个重要事件，拥有良好的合作基础与条件。中国旅游出版社或旅游教育出版社目前与国内主要旅游类职业院校或开设旅游业专业的相关职业院校拥有良好的合作关系，尤其是在教材研发方面拥有扎实的基础条件，有利于促进教学资源库的子项目课程向新形态教材、数字教材、工作手册式教材或培训教材转变。

三、宣传推广与应用的迭代升级

教学资源库的宣传推广与应用是真正发挥其综合性价值的重要路径，尤其是在当下海量数据时代，面对大数据的冲击，如何能快速找到契合注册学习用户所需的学习资源，是摆在每个教学资源库面前的重要课题。在当下特别讲究绩效的年代，如何促进教学资源库的深度利用尤其是促进"三教"改革与"课堂革命"并形成一批标志性成果，是摆在每个教学资源库面前的重要任务。

（一）宣传推广的迭代升级

1.宣传主体的分层分类

教学资源库的建设是典型的多重利益主体深度交融于一体的命运共同体，是"校企政协"协同发展的示范项目，也应该是市域产教融合共同体、行业产教融合共同体的重要建设内容。因此，未来智慧景区资源库应明确各个利益主体的宣传职责。第一，是共（参）建院校层面。各共（参）建院校作为教学资源库的建设主体，应充分利用校级官网或官方公众号等自媒体平台，设置教学资源库专栏，对教学资源库相关的重大事件、标志性成果等进行专题跟踪报道，尤其是共建院校。第二，是参建企业与行业协会、机构层面。无论是全国旅游职业教育教学指导委员会，还是中国旅游景区协会与各省级旅游景区协会或各参建企业，均应从应用或实践层面进行宣传推广，全面扩大景区行业的综合影响力或增强行业企业从业人员的综合素质与能力水平。第三，是课程团队层面。课程负责人及其团队成员是子项目课程层面宣传推广的直接主体，应整体性说明课程的实践应用范围，也应根据具体目标群体提供针对性的宣传推广。第四，是学生层面。各共（参）建院校及相关的子项目课程团队应鼓励相关专业学生，协同通过相关自媒体平台对课程进行宣传推广。第五，是其他注册学习用户层面。积极鼓励其他注册学习用户通过活动事件或转发自媒体平台等方式进行宣传推广。

2. 宣传渠道的有序拓展

宣传渠道与目标人群具有高度的耦合性。具体而言，未来智慧景区资源库应重点建设五个渠道：第一，是智慧景区资源库的官方微信服务号与官方网站。应根据第二轮建设方案与任务书，对其官方微信服务号和官方网站进行版面更新，尤其应增强前者的课程互动性与后者的更新频次与内容。第二，是依托共（参）建院校与行业、企业的官方微信公众号与官方网站。其中，共建院校应设置教学资源库专栏，其他参建院校、企业及行业协会、机构等应主动报道重大事件与活动、标志性成果等内容。第三，是电视、报纸、期刊、广播等传统渠道。此类渠道主要是提高公信力，尤其是专业类电视节目、专业类报纸、专业类期刊或专业类广播等，不仅能提高在专业领域的公信力与知名度，而且能提升在社会大众领域的公信力与知名度。第四，是文旅行业与职业教育领域的在线渠道。其主要用途是便于行业企业用户与院校师生转发、推广或直接实践应用，是提高教学资源库知名度的重要途径。第五，是考虑新增抖音、小红书或快手等新媒体渠道，重点面向社会大众群体，以方便"展示美丽中国形象""讲好美丽中国故事"。

3. 宣传内容的迭代创新

在传统常规新闻报道、课程海报及微信推文等形式的基础上，必须增强宣传内容的迭代创新。首先，应创新"说课程"的形式与内容，即可通过动画、虚仿以及实景拍摄等形式，分别制作针对院校教师、职业院校学生以及社会大众的宣传内容，尤其是针对社会大众及中小学生的宣传内容，应专门制作脚本来进行设计制作。其次，应创新教学资源库及子项目课程的宣传内容与形式：一是可以利用课程制作的过程片段并经剪辑后，吸引职业院校的教师与学生使用；二是可以利用学习者以体验者的视角来分享学习感受或收获，形式可以是短视频或短文；三是可以通过最精彩的课程内容或结合行业热点、事件、话题等进行针对性的宣传。最后，应结合标志性成果及"三教"改革等应用实践过程，通过主题讲座、经验分享、论坛交流等形式进行宣传推广。

（二）多维应用的迭代升级

1. 促进教材的改革创新与应用

首先，应充分利用智慧景区资源库的专业基础课和专业核心课的配套素材资源，重点联合高等教育出版社或中国旅游出版社、旅游教育出版社等，出版新形态教材或数字教材。其次，应充分利用教学资源库的专业核心课或专业选修课的配套素材资源，重点联合专业性或地方性出版社，出版工作手册式教材或培训教材。最后，应充分利用教学资源库的地方特色课程，重点联合地方性出版社，出版科普类新形态读物。此外，建议地方特色课程能以"双语"形式出版相关科普读物，便于境外或留学生学习使用。

2. 促进教学方法的改革与创新

智慧景区资源库应在如下四个方面重点开展教学方法的改革与创新：首先，可充分利用子项目课程的大量素材资源，积极推动线上线下混合式教学改革与实践，探索线上课程与线下课程相结合，尤其是纯理论或演示部分可通过课余或线上课程完成，实践或讨论部分通过线下课程完成，有效节约线下课程的时间占用，提高课堂学习效率。其次，可基于智慧职教平台的数据监测功能，有效监测每个学生的学习习惯与效果，以有效开展精准化教学探索与实践。再次，可基于教学资源库的标准化试题库、课程标准及考核标准，依托校际课程团队或组建虚拟教研室等，积极探索校际教考分离，尤其是涉及"岗课赛证"融合类课程。最后，可有效依托教学资源库，联合开展课程思政改革与实践，重点围绕工匠精神、文化自信、政党认同、国家认同等角度开展。

3. 促进模块化教学改革与实践

模块化教学改革是国家级教师教学创新团队建设的核心任务之一，也是当下职业教育改革与实践的重要方向。通过教学资源库的建设，有利于促进各专业便利促进模块化教学改革与实践。首先，是有利于专业（方向）教师教学创新团队及相关课程组的建设。智慧景区资源库应充分利用全国旅游职业教育教学指导委员会景区与休闲类专委会、中国智慧景区开发与管理专业发展共同体以及职业教育国家级教师教学创新团队文体旅游（二）协作共同体等机构，充实完善智慧景区开发与管理专业教学资源库共建共享联盟，依托新的子项目课程体系组建相应的专业（方向）教师教学创新团队与相关课程组，便于联合开展标准研制、资源设计制作、教学研讨等工作。其次，是有利于各教学任务（或模块、岗位群）便利组织标准化的教学资源。即各职业院校可根据实际情况（如岗位群、项目驱动、任务导向、技能竞赛、创新创业等），在某个教学单元（时间段）内实现多门标准化课程的协同推进，以完成特定教学目标与任务。而在没有教学资源库作支撑时，很多院校可能会受师资力量的限制导致模块化教学执行落地艰难。

4. 促进职业启蒙教育与应用

职业启蒙教育是构建现代职业教育体系的重要组成部分，更是让社会大众知晓职业教育尤其是具体某个专业的重要渠道与载体。智慧景区资源库未来应积极促进职业启蒙教育与应用。首先，应积极鼓励走进小学与幼儿园。即应鼓励小学与幼儿园教师充分利用智慧景区资源库的旅游基础类课程与地方特色课程，以动画、视频或虚仿等形式展示给学生。其次，应鼓励走进中学校园。即应鼓励中学教师充分利用智慧景区资源库的专业核心课与地方选修课，以职业形象展示或地方乡土乡情学习为重点。再次，应鼓励走进社区与老年大学。即应鼓励社区老年团队组织者或地方开放大学教师，充分利用智慧景区资源库的地方特色课程及其视频类或虚仿类资源，带领社区居民或老年人在线畅游祖国大好河山、欣赏美丽中国新形象。最后，应鼓励通过多种形式，尤其是应高效利用资源库及各共（参）建院校的自媒体平台，以简约的动画或视频类资源为主，展示景区游览技巧或美丽中国形象，有利于提升专业在社会公众中的知名度与美誉度，间接强化专业招生效果。

5. 促进文旅行业培育与发展

智慧景区资源库建设的最终价值，应该是促进文旅行业的高质量发展并满足人民群众对美好生活的向往。因此，在未来的多维应用过程中，必须关注如何促进文旅行业的人才培育与产业发展。首先，是要积极关注并大规模培养在校旅游类专业学生。近十年来，我国文旅行业高速发展，但受新冠感染疫情影响导致大量人才流失。未来，我国经济高质量发展的主要驱动有赖于消费驱动，而文旅消费在现代服务业体系中占据重要地位，也就是说未来文旅行业人才将更加缺乏。因此，要促进智慧景区资源库能惠及更多在校旅游类专业学生。其次，是要积极关注并大规模培养文旅行业从业人员。近年来，受数字经济快速迭代及新冠感染疫情等多重因素影响，文旅行业发展也呈现出快速迭代升级但行业从业人员转型较慢的境况。因此，智慧景区资源库必须紧跟行业新业态、新需求、新技术与新规范，加速迭代更新并服务于行业从业人员，助力其转型升级。最后，是要积极关注并促进乡村旅游类新型职业农民的培养，真正促进乡村旅游产业的运营与管理并实现可持续发展，构建乡村旅游与社区的"自我造血"机制，通过乡村旅游产业带动相关产业的发展及转型升级，并最终促进乡村振兴，助力共同富裕。

6. 促进多维学习场景的设计与应用

在海量教学资源建设与更新的基础上，未来智慧景区资源库应根据目标细分群体或学习用户的学习需求及学习环境实际，形成两大系列学习场景及配套课程包的设计与应用。首先，应根据学习用户的细分需求，针对性地设计高职智慧景区专业学生学历教育产品包、乡村旅游类新型职业农民培训产品包、旅游景区新进员工入职培训产品包、老年人线上云游美丽中国产品包、中小学生讲好美丽中国故事产品包等，相应用户群体可以实现模块化学习。其次，应根据高职院校旅游类专业学生的学习环境特征，针对性地设计寝室自主学习、普通教室课堂讲授、智慧教室翻转课堂、实训基地实践训练、实习基地技能应用等学习产品包。

四、质量监督与评价的迭代升级

（一）强化建设方案与任务书的论证

1. 做好教学资源库建设方案的论证

首先，智慧景区资源库应在构建并完善共建共享联盟的基础上，有效依托全国旅游职业教育教学指导委员会景区与休闲类专委会、中国智慧景区开发与管理专业发展共同体以及职业教育国家级教师教学创新团队文体旅游（二）协作共同体等平台，扎实做好教学资源库的建设需求，内容包括但不限于建设框架、课程体系、共（参）建意愿、宣传应用、改革意愿、成果总结、机制创新等内容。其次，在完成建设需求调研报告的基础之上，完成新一轮教学资源库的建设方案，并在征求共（参）建单位的意见建议之后，提交智慧景区资源库建设顾问专家组及建设领导小组审核后发布实施。

2. 做好子项目课程建设方案的论证

首先，在审核通过的教学资源库建设方案与任务书的基础上，正式组建各子项目课程团队，并由其根据建设目标与实际条件完成子项目课程的建设方案。内容应包括但不限于团队成员、现状分析、建设总则、课程标准、知识树与知识图谱设计、基本素材资源、应用实践、"三教"改革、宣传推广、时序安排、资金预算等内容。其次，各子项目课程负责人应向智慧景区资源库建设领导小组提交建设方案，并经顾问专家组论证通过后才能实施，以保证子项目课程建设的方向与举措有效。

（二）强化职能部门的协同监督与管理

1. 教务主管部门的职责

教务主管部门是教学资源库申报、立项、建设、推广、应用与总结等各项工作的重要管理部门。首先，智慧景区资源库的第一主持单位，应联合其他共（参）建单位的教务主管部门，共同推进教学资源库建设的各个环节工作。尤其是在建设方案、子项目课程设置及其建设方案论证的时候，应充分借助其设置的专家库资源并做好相应的论证完善工作。其次，教务主管部门应积极推进校级课程互选互推、学分互认以及相关课程进人才培养方案等事宜，应积极督促相关子项目课程团队开展"三教"改革并给予相应的经费支持与项目级别认证。最后，教务主管部门应在促进校级教考分离探索与实践、跨校虚拟教研室建设等方面给予支持与指导，以真正促进专业发展的标准化。

2. 质量监督部门的职责

质量监督管理部门是教学资源库能按照既定建设任务书完成各项建设工作的重要保障部门。首先，各共（参）建院校应对本校负责的子项目课程及配套子项目的建设进度与建设质量进行监督管理，重点抽查素材资源的制作质量与完成率，并将监督结果按规定时间报送给第一主持院校，汇总后报送给智慧景区资源库建设领导小组并作出后续处理安排。其次，质量监督管理部门应做好智慧职教相关数据的采集与对接，对师生教学数据进行分析与诊断，相关结果可纳入各共（参）建院校的教学质量分析诊断与改进系统，以更好地指导各子项目课程进行教学改革与提升完善工作。最后，质量监督管理部门应结合前期采集的相关数据，每年针对本校参与智慧景区资源库的师生进行满意度调查，相关结果报送至第一主持院校后汇总并对外发布。

3. 信息管理部门的职责

信息管理部门是教学资源库建设、推广与应用过程中的重要保障部门，是专业数字化转型升级及教育教学数字化改革的技术保障部门。首先，要强化对智慧景区资源库官方网站及微信公众号等自媒体平台的二次开发进行技术指导，以增强对社会大众、行业企业从业人员尤其是中小学生的吸引力。其次，要加强对合作平台——智慧职教的沟通、联系与监管，确保合作平台能有效服务于日常教学，避免被平台方捆绑或绑架的风险。再次，要加强与教务主管部门及相关二级院系的沟通联系，协助质量监督管理部门进行数据的采集、监测与分享应用。最后，要积极协助教务主管部门及二级院系对智慧职教平台服务方提出高效、精准的服务需求，以满足新时期教育教学改革与创新实践。

4. 财务管理部门的职责

财务管理部门是教学资源库建设中仅次于业务部门的重要保障，是做好项目预算、执行与验收等关键环节的重要设计者与执行者。首先，财务管理部门应全程参与教学资源库的建设，尤其是项目的立项与预算阶段，有效指导业务技术部门（通常是二级院系），确保预算收入的执行率。其次，财务管理部门应有效整合并统筹推进上级财政划拨经费、校级自筹经费、企业投入经费及上级主管部门的专项经费，尤其是企业投入经费的高效使用，确保预算执行率及相关绩效达到既定标准。最后，财务管理部门应积极协助审计部门、资产（采购）部门，及时协助做好特殊子项目的单一来源采购或上级财政划拨经费的转移支付等相关工作，确保特殊项目及委托参建院校开展子项目建设的进度。

5. 科研管理部门的职责

科研管理部门是激发教学资源库建设团队动力的重要保障。与其他科研项目不同的是，教学资源库建设一项长期建设项目，即便在验收通过之后，每年依然要保持 10% 以上的更新率及日常课程维护、宣传推广及应用实践。在未来教学资源库的迭代更新时期，如何认定教学资源库迭代升级期间的项目性质、子项目课程性质，是一个创新的改革项目。因此，科研管理部门应协同教务主管部门、人事主管部门，对未来教学资源库的迭代升级与课程更新进行二次认定，以激发教师教学创新团队或课程团队的积极性。

6. 审计主管部门的职责

审计部门与质量监督部门是共同确保教学资源库高效完成的有力保证。首先，审计部门应根据项目建设任务书，对教学资源库的课程建设、平台建设、制度建设、预算收入与支出、绩效完成情况等进行全面审计，并提出专业提升或修改完善的意见。其次，审计部门应对其他共（参）建院校的子项目课程建设进度、预算收入及支出、绩效完成情况及资金使用的合理性、合规性等进行全面审计，及时提出相应的整改意见。尤其值得注意的是，不同地区、不同院校在项目采购制度与程序设计、地方供应商等方面均有较大差距，需要审计部门结合实际进行甄别处理。

7. 人事管理部门的职责

人事管理部门是推进教学资源库建设的人力资源保障部门。首先，应该根据教学资源库建设项目"体量大、难度高"的特征，协同教学主管部门、科研管理部门确定后续迭代更新的项目性质、项目负责人或执行负责人及子项目负责人在后续职称评定、聘期考核等方面的配套政策，以解决团队教师的原生动力问题。其次，应该根据专业园地建设、子项目课程建设及标准化体系建设等需求，联合其他共（参）建院校推进跨校教师教学创新团队及虚拟教研室的建设，共同举办相应的教师技能提升培训班。最后，应根据校际选课协调、学分互认、宣传推广等海量工作，为教学资源库配置 1~2 名专职人员，以有效缓解既有团队成员的工作压力。

附　录

附录1：智慧景区资源库建设成果（2019.10—2022.06）

（请直接扫码查阅建设成果）

附录2：智慧景区资源库专业教师感知调查问卷

关于智慧景区开发与管理专业国家级教学资源库的建设与
应用态度感知调查问卷

尊敬的各位老师：

　　首先感谢您深度参与为期三年的智慧景区开发与管理专业国家级教学资源库（以下简称资源库）的建设、应用与推广工作。为进一步总结经验、剖析问题并为未来资源库的迭代升级提供思路与帮助，我们需要了解您对资源库建设、应用与推广过程中的相关情况，请您花费3分钟左右时间，选择合适的选项中或在空格内填写合适的内容。再次感谢您的大力支持与配合！

景区开发与管理专业教学资源库建设领导小组

2022年11月16日

一、教师个人的基本情况（绝对保密，不对外公开，请放心填写）

1.您的学校名称：

2.您所在的专业：○智慧景区开发与管理专业　○旅游管理专业　○其他旅游类专业　○其他非旅游类专业

3.您的性别：○男　○女

4.您的教龄：○3年（含）以内　○3~5年　○5~10年　○10~20年　○20年以上

5.您的职称：○助教　○讲师（中级）　○副教授（副高级）　○教授（正高级）

6.您是否主持过教材编写并出版？○是　○否　○有计划或进行中

7.您是否主持过校级及以上的教改课题与项目？○是　○否　○有计划或进行中

二、您对资源库的感知与判断（以下观点，5分代表完全赞成SA，4分表示比较赞成A，3分表示中立M，2分表示基本反对D，1分表示完全反对SD，请您根据第一直觉判断选择）

（一）您对资源库项目整体的感知与判断

序号	题项	SA	A	M	D	SD
A1	资源库建设项目符合职业教育发展的新趋势	5	4	3	2	1
A2	资源库建设项目有利于促进专业（群）的综合性发展	5	4	3	2	1
A3	资源库建设项目有利于促进校企深度融合发展	5	4	3	2	1
A4	资源库建设项目有利于促进教师的综合提升与发展	5	4	3	2	1
A5	资源库建设项目有利于促进教师教学创新团队建设	5	4	3	2	1
A6	资源库建设项目已经过时，应该摒弃	5	4	3	2	1
A7	资源库建设项目有利于促进院校间的合作与交流	5	4	3	2	1
A8	资源库建设项目可能导致部分专业教师下岗或分流	5	4	3	2	1
A9	资源库建设项目应该持续更新完善下去	5	4	3	2	1
A10	资源库建设有利于促进我国终身教育体系的形成	5	4	3	2	1

（二）您对资源库综合服务管理（含技术支持与保障）的感知与判断

序号	题项	SA	A	M	D	SD
B1	资源库建设方案、任务书或整体设计让您感觉科学合理	5	4	3	2	1
B2	资源库建设目标与步骤清晰明确，推进有条不紊	5	4	3	2	1
B3	资源库主持院校能提供及时有效的服务指导	5	4	3	2	1
B4	资源库主持院校能提供及时有效的技术支持	5	4	3	2	1
B5	资源库老平台（智慧职教）操作方便、设计科学合理	5	4	3	2	1
B6	资源库老平台（智慧职教）能提供及时有效的技术服务	5	4	3	2	1
B7	资源库主持院校及本校能够提供足够的建设经费	5	4	3	2	1
B8	资源库主持院校及本校财务部门能对经费使用给予指导	5	4	3	2	1

序号	题项	SA	A	M	D	SD
B9	本校教学管理部门及二级院系能对项目建设给予支持	5	4	3	2	1
B10	本校领导非常重视资源库建设并给予支持	5	4	3	2	1
B11	本校在课程或项目建设中给予了充足的人力资源支持	5	4	3	2	1
B12	相关校企合作单位对项目建设给予了支持	5	4	3	2	1
B13	本校对参与或主持资源库课程建设给予职称评定的政策支持	5	4	3	2	1
B14	本校对参与或主持资源库课程建设与应用的老师给予了奖励	5	4	3	2	1

（三）您对资源库课程建设的感知与判断

序号	题项	SA	A	M	D	SD
C1	本人全程参与了资源库课程的建设	5	4	3	2	1
C2	本人积极参与了课程架构的设计、课程标准的研发	5	4	3	2	1
C3	本人积极参与了课程资源的设计与制作	5	4	3	2	1
C4	本人充分考虑受众群体设计了多样的个性化资源及微课	5	4	3	2	1
C5	本人觉得课程建设只需要针对高职专科学生即可	5	4	3	2	1
C6	本人觉得资源库的标准化课程建设是核心与关键	5	4	3	2	1
C7	本人觉得资源库的配套慕课或 SPOC 建设更有意义	5	4	3	2	1
C8	本人积极参与了资源库课程的实践与应用	5	4	3	2	1
C9	本人积极参与了资源库课程的全方位推广宣传	5	4	3	2	1
C10	本人觉得资源库老平台（智慧职教）的学习界面友好	5	4	3	2	1
C11	本人参与或主持的课程资源没有版权问题	5	4	3	2	1
C12	本人参与或主持的课程资源都是原创设计制作的	5	4	3	2	1
C13	本人和团队成员都是认真努力地完成了课程建设	5	4	3	2	1
C14	本人参与或主持的课程已经兼顾了四大学习用户的需求	5	4	3	2	1
C15	本人参与或主持的课程能够契合行业企业的培训需求	5	4	3	2	1
C16	本人参与或主持的课程需要持续更新与完善	5	4	3	2	1
C17	本人愿意继续参与或主持完善相关课程	5	4	3	2	1
C18	本人参与或主持的课程资源质量优秀品质高	5	4	3	2	1

（四）您对资源库课程应用推广的感知与判断

序号	题项	SA	A	M	D	SD
D1	本人参与或主持的课程在国内职业院校有影响力	5	4	3	2	1
D2	本人参与或主持的课程在国内旅游类院校有影响力	5	4	3	2	1
D3	本人参与或主持的课程在国内旅游类专业有影响力	5	4	3	2	1
D4	本人参与或主持的课程通过多种途径进行了宣传推广	5	4	3	2	1
D5	本人参与或主持的课程充分利用学校平台进行了宣传推广	5	4	3	2	1
D6	本人参与或主持的课程充分利用资源库平台进行了宣传推广	5	4	3	2	1
D7	本人参与或主持的课程充分利用了团队资源进行了宣传推广	5	4	3	2	1
D8	本人参与或主持的课程宣传推广的形式丰富多样	5	4	3	2	1
D9	本人参与或主持的课程有众多院校师生来学习或应用	5	4	3	2	1
D10	资源库年度会议提供了非常好的宣传推广平台	5	4	3	2	1
D11	资源库主持院校提供了非常好的宣传推广平台	5	4	3	2	1
D12	本校提供了非常好的宣传推广平台	5	4	3	2	1
D13	本人在宣传过程中，对课程建设质量有信心	5	4	3	2	1

（五）您对资源库建设意义的感知与判断

序号	题项	SA	A	M	D	SD
E1	资源库建设项目有利于推动新形态教材建设	5	4	3	2	1
E2	资源库建设项目有利于推进教学方式方法的创新	5	4	3	2	1
E3	资源库建设项目有利于对学生实施精准施教	5	4	3	2	1
E4	资源库建设项目有利于高效利用碎片化时间	5	4	3	2	1
E5	资源库建设项目有利于促进教考分离	5	4	3	2	1
E6	资源库建设项目有利于共建共享优质教学资源	5	4	3	2	1
E7	资源库建设项目有利于课程组或教师教学创新团队建设	5	4	3	2	1
E8	资源库建设项目有利于改善学风，提高课堂手机使用效率	5	4	3	2	1
E9	资源库建设项目有利于学生自主学习	5	4	3	2	1

续表

序号	题项	SA	A	M	D	SD
E10	资源库建设项目有利于提高课堂教学质量	5	4	3	2	1
E11	资源库建设有利于建立校校、校企之间教师共同体	5	4	3	2	1
E12	资源库建设有利于提高教师教学能力与水平	5	4	3	2	1
E13	资源库建设有利于提升院校间协作水平与质量	5	4	3	2	1
E14	资源库建设有利于优质资源的开放应用	5	4	3	2	1
E15	资源库建设项目有利于省级及以上在线开放课程的培育	5	4	3	2	1

致　谢

春去秋来，当资源库立项的回音还在空气中隐约可闻，我们已经如期完成了国家级专业教学资源库的建设验收。三年多来，智慧景区资源库各共建单位捷报频传，教学能力大赛、精品在线课程、教学团队、专业建设、新形态教材以及教学改革等，尤其是浙江旅游职业学院、江西旅游商贸职业学院和苏州旅游财经高等职业技术学校三所共建院校入选教育部第二批职业教育教师教学创新团队。各子项目课程及其团队除了在各自教学领域取得成功并获得应有的褒奖以外，在专业教学资源库的建设中奉献的智慧最终形成了能够链接多校、横跨区域的庞大教学资源库。

三年磨一剑，合作是关键。从前期启动申报到智慧景区开发与管理专业教学资源库（以下简称智慧景区资源库）于 2019 年 11 月正式列为国家级教学资源库，到目前大功告成，共三年有余。三年多来，由浙江旅游职业学院、太原旅游职业学院和云南旅游职业学院联袂牵头，联合江西旅游商贸职业学院、郑州旅游职业学院等院校、企业等共建单位，共建标准化课程 38 门（含 1 门旅游类创新创业课程《旅游创新创业》），较好建成了能够满足职业教育教学和行业企业培训需求的高质量专业教学资源库，并在资源库建设中凝聚成高水平、结构化的国家级引领的教师教学创新团队，充分彰显了智慧景区资源库建设的成绩及其强大的带动效应。

在智慧景区资源库建设过程中，我们根据专业、课程的组群逻辑以及产业链、技术链等实际情况，组建了跨区域、跨专业、跨领域、专兼结合、校际联手、社会参与的资源库建设团队，满足资源库的个性化、特色化需求以及对应行业的职业化需求。在此，我们对在智慧景区资源库建设过程中奉献智慧、贡献资源的建设者们表示崇高的敬意和衷心的感谢。俗话说："兄弟同心，其利断金。"如果没有各兄弟院校、兄弟单位结成的建设共同体，就不可能取得如此辉煌的成果。

首先，要感谢智慧景区资源库牵头单位浙江旅游职业学院及资源库建设专家咨询团队和管理团队，感谢他们三年多来以目标为导向、以任务为载体对资源库建设的精心指导、整体部署和持续推进。感谢共建单位太原旅游职业学院、云南旅游职业学院的大力支持，他们不仅给予政策上、资金上的大力支持，并且集中全校力量全程参与了建设、应用与推广。

其次，要感谢各资源库共建单位，感谢郑州旅游职业学院、江西旅游商贸职业学院、苏州旅游与财经高等职业技术学校、黑龙江农业经济职业学院、甘肃工业职业技术学院、日照职业技术学院、淮南联合大学、吉林省经济管理干部学院、吉林外国语大学、南京旅游职业学院、江苏经贸职业技术学院、广州番禺职业技术学院、三峡旅游职业技术学院、杭州趣牛旅游设计有限公司、上海华侨城投资发展有限公司、杭州西溪湿地旅游发展有限公司、浙江省旅游发展研究中心有限公司、华强方特（宁波）文化旅游发展有限公司、浙江旅游科学研究院有限公司、乌镇旅游股份有限公司、浙江朗域标识工程有限公司等，正因为这些单位结成精诚合作的资源库建设共同体，我们求同存异，同向同行，齐心协力，求得最大的公约数，出色地完成了建设任务。

再次，要感谢在建设过程中给予工作指导、建设经费、素材资源支持的政府机关、行业企业。文化和旅游部科技教育司、教育部职业教育与成人教育司、全国旅游职业教育教学指导委员会、浙江省文化和旅游厅等各级文旅主管部门和共建院校的校企合作单位。他们或提供素材资源、或提供经费支持、或提供场地与人员，为智慧景区资源库的建设提供了极大支持。

最后，要感谢在资源库建设信息技术、专业上给予支持的单位，感谢杭州大河在线教育科技有限公司、北京超星智慧教育科技有限公司、杭州良渚遗址管理区管理委员会等，他们在课程视频、资源拍摄和制作中，提供了许多专业意见，保质保量地完成了拍摄和制作任务。

当然，还要感谢在资源库申报、建设过程中，给予大力宣传推广的媒体，感谢《中国旅游报》、中国旅游出版社教材与学术编辑室、高等教育出版社高职事业部、《教育与职业》编辑部等单位一直持续关注和传播报道，扩大智慧景区资源库建设的社会影响力和美誉度。包括各个使用单位，也对智慧景区资源库的传播起到了十分重要的作用。我们谨表示真诚的感谢，向你们致敬！

前人时常将"功在生民，业隆匡济"作为人生追求，这对处于新时代洪流中的我们来讲，也未尝不是一种策励。作为高等职业教育工作者，我们理应担负起立德树人、教书育人的重任。我们愿以智慧景区资源库为平台，深化职业教育改革，推进专业建设和课程建设，肩负起培养德智体美劳全面发展的社会主义接班人和高素质技术技能人才的责任。

"雄关漫道真如铁，而今漫步从头越"。让我们坚守教育的初心，扬帆起航，再次出发！

郎富平

2023 年 3 月

参考文献

［1］李杰，张际平.通用多媒体教学资源库系统的设计及实现［J］.包头钢铁学报，1999（1）：35-37.

［2］曾亦琦.基于网络的教学信息资源库及其教学应用［J］.广州师院学报（自然科学版），2000（8）：72-75，102.

［3］郭庆志，等.国家级职业教育专业教学资源库建设与应用分析报告2016［M］.北京：中央广播电视大学出版社，2017.

［4］［19］宗诚.职业教育专业教学资源库研究热点与趋势［J］.中国职业技术教育，2019（2）：68-72.

［5］吴启迪.国家示范性高等职业院校建设计划总体框架［J］.职业技术，2007（4）：15-16.

［6］罗红.对共享型专业教学资源库建设的思考［J］.职业教育研究，2008（8）：148-149.

［7］戴桂荣.会计专业"共享型"教学资源库建设思路［J］.职业技术教育，2009，30（23）：5-7，65.

［8］刘卫，李林.创建中职畜牧兽医专业教学资源库的构想［J］.现代农业科技，2009（8）：201-202.

［9］许云川.论高职院校图书馆服务资源与专业教学资源库建设［J］.农业图书情报学刊，2007（11）：32-34，68.

［10］李剑飞，李茂仁.利用图书馆资源构建高校专业教学资源库［J］.中国科技信息，2008（22）：253，255.

［11］姜敏凤.高职专业教学资源库与图书馆数字资源建设［J］.无锡职业技术学院学报，2008（1）：3-5.

［12］丁佩芬.高职共享型专业教学资源库建设框架探析［J］.中国教育信息化，2010（1）：31-33.

［13］张力，朱葛俊.以学习者为中心的教学资源库建设研究——以网络技术专业为例［J］.软件导刊，2012，11（12）：218-219.

［14］章晓兰.基于工作过程校企共建中职专业教学资源库探索［J］.职业技术教育，2013，34（23）：5-8.

［15］金天泽，武变霞.高职高专共享型专业教学资源平台建设研究［J］.软件导刊，2011，10（4）：73-75.

［16］［17］金静梅.高职"嵌入式"校企合作教学资源建设探索［J］.职教通讯，2015（12）：78-80.

［18］姜敏凤.高职数字化教学资源的建设与共享机制的研究［J］.中国教育信息化，2010（13）：23-25.

［20］熊建宇.基于"互联网+"的专业教学资源库建设思考——以互联网金融专业为例［J］.中国职业技术教育，2018（14）：91-96.

［21］艾雨兵，贾让成，周菊芝，等.康复治疗技术专业教学资源库建设的逻辑起点、实施路径及推进策略［J］.中国康复医学杂志，2019，34（5）：579-583.

［22］魏顺平，魏芳芳，宋丽哲.基于职业教育专业教学资源库的高职院校校际合作结构与特点分析［J］.中国职业技术教育，2021（17）：31-40.

［23］宗诚.基于访谈调查的职业教育专业教学资源库优化策略探析［J］.职业技术教育，2019，40（32）：23-26.

［24］张启明，李晓秋，李礼，等.职业教育专业教学资源库提质转型与升级策略［J］.中国职业技术教育，2021（17）：25-30.

［25］宗诚.职业教育专业教学资源库学生学习行为影响因素与改善对策的实证分析［J］.国家教育行政学院学报，2019（8）：73-80.

［26］罗炳金.国家职业教育专业教学资源库的资源·平台·机制协同探讨［J］.职教论坛，2019（12）：47-51.

［27］尹成鑫，张启明，方灿林.职业教育专业教学资源库十年建设与实践［M］.北京：高等教育出版社，2023.